新疆高速公路
柔性基层沥青路面设计与施工

杨新龙　申爱琴　徐岩　著

李志农　审

知识产权出版社
全国百佳图书出版单位
—北京—

图书在版编目（CIP）数据

新疆高速公路柔性基层沥青路面设计与施工/杨新龙，申爱琴，徐岩著. —北京：知识产权出版社，2021.3

ISBN 978-7-5130-7385-1

Ⅰ.①新… Ⅱ.①杨… ②申… ③徐… Ⅲ.①高速公路—柔性路面—沥青路面—路面基层—路面设计—新疆②高速公路—柔性路面—沥青路面—路面基层—道路施工—新疆 Ⅳ.①U416.217

中国版本图书馆 CIP 数据核字（2021）第 008527 号

内容提要

本书旨在为从事公路设计与施工的工程技术人员提供柔性基层沥青路面设计、施工的基本指标、方法及相关参数，为工程实践提供技术参考。本书首先介绍了国内外高速公路柔性基层沥青路面发展概况，然后分别论证和介绍了新疆柔性基层沥青路面对交通及气候环境的适应性、新疆柔性基层沥青路面结构的设计指标及影响因素、基于新疆气候环境的柔性基层沥青路面结构优化方法、新疆高速公路柔性基层沥青路面材料优化设计、新疆高速公路级配碎石施工关键技术，最后对柔性基层沥青路面的推广应用前景做了简要论述。本书可供交通、市政及相关领域的工程技术人员参考，也可供科研院所、高等院校的师生等阅读参考。

责任编辑：张雪梅　　　　**责任印制**：刘译文

封面设计：曹　来

新疆高速公路柔性基层沥青路面设计与施工

XINJIANG GAOSU GONGLU ROUXING JICENG LIQING LUMIAN SHEJI YU SHIGONG

杨新龙　申爱琴　徐岩　著　李志农　审

出版发行：知识产权出版社有限责任公司　　**网　址**：http://www.ipph.cn

http://www.laichushu.com

电　话：010－82004826

社　址：北京市海淀区气象路 50 号院　　**邮　编**：100081

责编电话：010－82000860 转 8171　　**责编邮箱**：laichushu@cnipr.com

发行电话：010－82000860 转 8101　　**发行传真**：010－82000893

印　刷：三河市国英印务有限公司　　**经　销**：各大网上书店、新华书店及相关专业书店

开　本：720mm×1000mm　1/16　　**印　张**：16

版　次：2021 年 3 月第 1 版　　**印　次**：2021 年 3 月第 1 次印刷

字　数：290 千字　　**定　价**：98.00 元

ISBN 978-7-5130-7385-1

前　言

进入21世纪以来，尤其是2010年以来，新疆公路交通基础设施建设进入了发展的快车道，截至2019年年底，新疆公路总里程达到近20万公里，其中高速公路总里程超过5300公里。半刚性基层沥青路面由于具有板体性好、整体强度高、建设成本相对经济等优点，基本成为新疆乃至全国高速公路采用的主流的路面结构形式。

众所周知，半刚性基层沥青路面有着先天性的、源于自身材料及结构特点的“顽症”，如半刚性基层材料的温缩和干缩导致的沥青面层早期开裂，半刚性基层材料在水与荷载、温度的综合作用下出现的基层唧泥等。新疆由于年、日大温差特殊气候环境的原因，这些“顽症”表现得更为突出。虽然多年来我国包括新疆的广大交通科研工作者、设计和施工单位的科研人员与工程技术人员进行了合力攻关，但实践证明，要么效果不大，要么成本过高，难以从设计上找到根本的解决之道。

柔性基层沥青路面在国外特别是美国及欧洲国家有着较为广泛的运用，是国外高速公路普遍采用的沥青路面结构形式。该种路面不仅可以较好地解决半刚性基层路面的上述问题，而且路面使用寿命更长，全寿命周期成本更低。国内的专家和科研人员对柔性基层沥青路面结构也进行了多年的研究和探索，柔性基层沥青路面作为一种高等级路面结构形式已在我国部分省份进行了一定规模的铺筑，并取得了较好的效果，显示出良好的应用前景。

本书主要以新疆维吾尔自治区交通运输厅2013年立项的科技攻关研究项目——新疆荒漠区高速公路柔性基层沥青路面成套技术研究为基础，经总结提炼写作而成。该项目由新疆维吾尔自治区交通规划勘察设计研究院、长安大学等组成的研究团队历时6年共同完成，期间得到了新疆维吾尔自治区交通运输厅有关领导和专家的大力支持和帮助，在此表示衷心感谢。

本书主要基于新疆交通环境气候特点，针对新疆柔性基层沥青路面设计施工中存在的关键问题，借鉴国内外学者最新的研究成果，阐述了柔性基层沥青路面对新疆交通及气候环境的适应性，研究了新疆不同区划的柔性基层沥青路面结构设计指标、不同区划的柔性基层沥青路面结构设计和优化及级配碎石材料的级配设计和优化方法等，为从事高速公路柔性基层设计与施工的工程技术人员提供设计、施工的基本思路、方法及相关参数。本书中的研究成果不仅可为新疆各区划中柔性基层沥青路面的结构设计及应用奠定理论基础，丰富新疆高等级公路的结构形式，而且可为我国其他地区柔性基层沥青路面的应用提供技术借鉴和参考。

限于笔者的学识水平和实践经验，书中难免存在不足之处，恳请读者不吝赐教，敬请同行批评指正。

目　录

第1章　绪　　论

柔性基层沥青路面指的是采用沥青混凝土作为面层，沥青混合料、沥青贯入式碎石、粒料类等柔性材料作为基层的路面结构形式。其结构层传力的特点为依靠级配碎石和沥青碎石或者二者结合以分散和承受车辆荷载产生的压应力及剪应力等作用，沥青层主要起传递荷载的作用，并作为表面功能层。柔性基层结构的沥青路面比传统的半刚性基层结构沥青路面具有更强的柔性和变形能力，使承载力在面层和基层之间的传递更具均匀性，能大幅提高结构变形协调性，有效减轻路面结构中的应力集中现象，延缓路面反射裂缝的发生，提高路面的使用寿命。柔性基层沥青路面结构在国外高速公路上有着广泛的运用，在我国部分地区也有一定量的铺筑。

我国高等级公路目前普遍采用半刚性基层结构，具有较高的承载能力与分布能力，但其疲劳性能受轴载的影响较大，相较于柔性基层更易发生疲劳损坏。随着我国经济的高速发展，近年来我国部分地区铺筑了柔性基层沥青路面。从使用效果来看，采用柔性基层的沥青路面疲劳性能与路面耐久性能均优于传统的半刚性基层结构路面。然而，以往对柔性基层沥青路面的研究往往集中于路面结构设计、材料组成设计等方面，未进行整体的系统性研究。

为便于读者更全面地了解当今国内外高速公路柔性基层沥青路面的研究与实践现状，有必要对常用的柔性基层沥青路面设计方法、结构形式、级配碎石层材料及施工技术等方面的相关研究和实践成果进行总结，在此基础上提出并简要介绍本书的主要内容。

1.1　国内外高速公路柔性基层沥青路面发展概况

1.1.1　柔性基层沥青路面设计方法及结构形式

沥青路面结构有着众多的设计方法，主要可以分为三类，即经验法、力学-经验法和基于性能的设计法。

经验法即通过修筑的试验路或者现有道路观察路面结构（路面厚度和组合形式等)、汽车荷载（荷载大小和作用次数等）和路面性能之间的关系，代表性的设计方法主要有 CBR（California Bearing Ratio，承载能力）法和早期的 AASHTO（American Association of State Highway and Transportation Officials，美国州公路和运输官员协会）法。

力学-经验法是利用力学原理在汽车荷载作用下的路面结构力学响应量与路面性能之间建立关系，根据经验法或力学-经验法建立的关系再进行沥青路面结构的设计。基于力学-经验的设计方法有很多，如 SHELL 法、AI（Asphalt Institute，沥青协会）法、2002 年的 AASHTO 法和我国的沥青路面设计方法等。

基于性能的设计方法主要有美国的 SUPERPAVE（Superior Performing Asphalt Pavement，高性能沥青路面）设计法和加拿大的 OPAC2000 设计法。SUPERPAVE 设计法是美国 SHRP（Strategic Highway Research Program，公路战略研究项目）计划的一项研究成果，该计划旨在改变道路的使用性能和耐久性。SUPERPAVE 设计法的指导思想是按照路面的使用性能进行路面结构和材料的设计，以达到路面抗车辙、抗疲劳、抗低温的目的，并同时考虑老化、水损坏及黏附性损失。与传统的路面设计方法不同的是，SUPERPAVE 将结构设计作为路面设计的基础，将材料设计作为路面设计的最终归宿。SUPERPAVE 分析设计体系给出了基于使用性能的路面设计方法。该方法以流变学为基础，应用 Maxwell 模型模拟材料特性。它制定了路面损坏标准，通过损坏预测模型把材料设计和路面结构设计联系起来，体现了基于使用性能的基本设计思想。

交通部公路科学研究所沈金安等对沥青稳定碎石基层的组成设计方法进行了研究，在分析国外沥青稳定碎石基层级配设计的基础上提出沥青稳定碎石的级配范围及性能要求，同时，通过对国内粗粒径沥青碎石混合料应用情况的调查对沥青稳定碎石基层性能进行了评价，借鉴国外方法提出采用大马歇尔试验方法确定沥青稳定碎石的最佳沥青用量，通过铺筑试验路对沥青稳定碎石的施工工艺进行了研究，并分析了沥青稳定碎石基层的经济性。

东南大学严二虎对柔性基层的路面结构设计进行了研究，提出了沥青稳定碎石的级配范围及性能要求、混合料设计指标及性能评价方法，对合理的沥青稳定碎石基层混合料类型及级配范围提出了建议，对比研究了大小马歇尔试验方法对沥青稳定碎石组成设计的影响，并推荐使用以大马歇尔试验确定最佳沥青用量的方法。

同济大学杨群进行了高速公路沥青稳定基层结构与设计方法研究，提出了沥青稳定基层沥青路面的设计指标和标准，进行了设计指标影响因素分析，提出了沥青稳定基层混合料的组成设计方法，并铺筑了试验路。葛折圣选出两种沥青稳定碎石级配，进行了应力控制的疲劳试验，研究其抗疲劳性能，并进行了疲劳寿命预估。

长安大学申爱琴在吉林省季冻区柔性基层沥青路面项目中研究得出了一系列

实用性结论，并铺筑了试验路段。通过对季冻区柔性基层沥青路面的适应性研究，申爱琴首先提出了柔性基层沥青路面对于吉林省特殊季冻区环境和交通荷载的适应条件，然后对季冻区柔性基层沥青路面级配碎石材料进行了优化设计研究，提出了季冻区级配碎石材料组成设计方法，供级配碎石材料设计时参考，最后对季冻区柔性基层沥青路面关键施工技术进行了深入研究，提出了适合该地区的碾压工艺，并为柔性基层沥青路面在季冻区的推广和全面实施提供了技术指导和施工指南。

柔性基层沥青路面结构在国外特别是美国及欧洲国家有着广泛的运用，而在国内大都处于试验路阶段，以下给出国外部分国家和国内部分地区常用的柔性基层沥青路面结构，见表 1.1 和表 1.2。

表 1.1　国外常采用的柔性基层沥青路面结构　　单位：cm

国家	沥青面层及厚度	基层及厚度	底基层及厚度
美国	7.5SMA+7.5AC	20AM+5AC	20 石灰稳定土
	5SMA+7.5AC	30AM	15 级配碎石
	5SUPERPAVE	14HMA+15.5HMA	25 级配碎石
德国	3+4+5 沥青混凝土	18 沥青稳定碎石	15 级配砂砾+防冻层
	4+8 沥青混凝土	18ATB+15 级配碎石层	15 水稳砂砾层
法国	8～10 沥青混凝土	37 沥青稳定粒料	15～30 级配碎石
	8～10 沥青混凝土	17 沥青稳定粒料	25 水泥稳定层
荷兰	4+4 沥青混凝土	12～18 沥青稳定砂砾	15～40 水泥稳定砂砾
瑞典	5 沥青混凝土	7.5 沥青稳定碎石层	18 水泥稳定砂砾
澳大利亚	7.5 沥青混凝土	15 级配碎石+30 石灰稳定砂	25 补强层
日本	5+6 沥青混凝土	10～20 沥青稳定碎石	15～30 级配碎石
	4+6 沥青混凝土	8～14 沥青稳定碎石	20～25 水泥稳定层
南非	5 沥青混凝土	15 级配碎石	30～40 水泥稳定层
	5 沥青混凝土	18ATB	45 水泥稳定层

表 1.2　国内部分地区采用的典型柔性基层沥青路面结构　　单位：cm

地区或路段	沥青面层及厚度	基层及厚度	底基层及厚度
福建省（重交通）	4.5/4+5.5/6 沥青混凝土	16ATB+16 级配碎石层	30 水泥稳定碎石层
福建省（轻交通）	4.5/4+5.5/6 沥青混凝土	12ATB+10 级配碎石层	30 水泥稳定碎石层
黑龙江省	4+6 沥青混凝土	8+8ATB	18 水稳碎石层+30 二灰土
青岛和四川高速公路试验路	4+6 沥青混凝土	10ATB+16 级配碎石层	20 水泥稳定碎石层

续表

地区或路段	沥青面层及厚度	基层及厚度	底基层及厚度
平西高速公路	4+7 沥青混凝土	14ATB+25 级配砾石层	15 天然砂砾
四川南充广安高速公路	5+8 沥青混凝土	12ATB	40 级配砾石层
长沙理工大学试验段	5+6 沥青混凝土	12ATB+AC-13	30 天然碎石
通丹高速公路	5+7+10 沥青混凝土	12ATB+20 级配碎石层	30 水泥稳定山砂层+20 天然砂砾
	5+7 沥青混凝土	15ATB+20 级配碎石层	20 级配碎石层+15 天然砂砾
	5+7 沥青混凝土	12ATB+5AC-13	15 级配碎石层+30 水泥稳定碎石层

对比可知，美国和欧洲国家的柔性基层沥青路面具有较厚的沥青层，如美国高等重载公路沥青层达到 40cm 以上，德国一般在 30cm 左右，常采用级配碎石层作为基层，下卧半刚性底基层。日本现行道路中柔性基层沥青路面结构的沥青层厚度均为 18～30cm，采用的底基层主要分为两种形式，一种是级配碎石层，另一种是水泥稳定碎石或水泥稳定砂砾层。南非的柔性基层沥青路面结构的沥青面层在所有国家中是最薄的，仅为 5cm，基层分别采用级配碎石层或者一定厚度的 ATB 层，底基层均为水稳碎石或水稳砂砾层。

1.1.2　沥青路面结构优化设计方法发展现状

沥青路面结构优化设计的目的不仅是期望获得更好的力学性能和经济效益，更重要的是寻求一种合理、科学和现代的路面结构设计方法。

在国外，路面结构优化方案考虑得比较充分和全面，不但要综合考虑路面结构的使用性能、可靠度和造价，还包括交通事故和运输及运行时间等。例如，苏联提出以弯沉、拉应力和剪应力为约束条件的模型；捷克提出以面层拉应力、土基压应力和冰冻为约束的模型；美国的 T. E. 格林提出不直接计算最小造价，而计算相对目标函数最小值的优化模型，使用四层路面结构，约束条件为冰冻系数、土基含水量转移和温度变化，极限指标为路面弯沉、永久变形和疲劳开裂，采用当量层理论、平板理论和层状理论计算弯沉，用非线性弹性理论计算永久变形，用疲劳理论分析疲劳开裂。

大连理工大学关建国对河南焦作地区的重载道路现状以及由于重载交通引起的路面破坏现象及原因进行了细致的调查和较为系统的分析，并利用 HDS－2 移动式轴载仪对现有道路的实际超载情况进行了实测，在此基础上对重载和沥青路面进行了半刚性材料的非线性试验和沥青路面重载车辙试验，从而针对柔性路面结构提出了相应的优化设计方法及路面结构类型。

武汉理工大学汪劭祎针对常用的优化方法解法复杂、计算效率和精度偏低等缺点，提出了以遗传算法为基础的沥青路面结构优化设计方法。

为了保证橡胶沥青路面能够满足寿命期内使用性能的要求，且不出现结构性破坏，长安大学申爱琴针对河北地区的橡胶沥青路面材料和结构特性，结合河北地区的气候、交通状况等特点，依托廊沧高速公路建设工程开展了橡胶沥青路面结构优化设计研究。

1.1.3　级配碎石基层的级配设计及施工发展现状

1. 级配碎石基层的级配设计及设计参数

级配设计方法主要有连续级配设计法、间断级配设计法及逐级填充法。连续级配设计法是目前最常用的设计方法，具体有苏联的K法、美国的Fuller法和林绣贤教授提出的I法。间断级配设计法因缺少一档或几档集料，易造成集料的离析而影响其使用性。逐级填充法缺少确定集料级配组成的依据，方法尚不健全。

在级配优化方面，新疆维吾尔自治区交通科学研究院马磊依据关键筛孔对级配碎石密度和CBR值的影响，对不同公称最大粒径及不同结构的级配碎石给出了推荐范围；长沙理工大学龚璐通过对CBR值、回弹模量、变形等量的对比分析，对级配碎石的级配进行了优化；长安大学马骉以不同级配下级配碎石的抗剪强度作为控制指标，规定了关键筛孔的范围，提出将抗变形能力作为级配碎石组成设计的依据；重庆交通大学柳音研究了以回弹模量和永久变形作为级配优化目标的级配设计方法。

通过对级配碎石材料级配设计方法的调查可知，各种级配设计多停留在理论阶段，级配设计方法多是在传统设计方法的基础上稍加改良而提出的，缺乏与道路工程实际的结合。

在SHELL设计法中，级配碎石层厚度与下层路基土回弹模量是决定级配碎石级配的主要设计参数；在AI法中，级配碎石回弹模量主要受应力水平的影响；法国、澳大利亚、南非等国也根据本国需要分别对级配碎石的回弹模量范围做了规定。

我国学者也对级配碎石的回弹模量范围进行了大量研究：长安大学郑传超通

过建立级配碎石的本构模型，对其弹性模量的变化规律进行了深入分析，编制了计算级配碎石各点处弹性模量的计算程序，并绘制了回弹模量的等值线图；山东建筑大学任瑞波以试验路的承载板试验数据为依据，对在半刚性基层上设置级配碎石过渡层的沥青路面进行了级配碎石回弹模量的反推，并与规范推荐的回弹模量进行了对比；东南大学黄晓明通过级配碎石的动三轴试验对级配碎石渗水条件下的回弹模量进行了研究，建议其动态弹性模量宜控制在200～300MPa；哈尔滨工业大学王龙通过循环加载试验、三轴试验等对不同层位级配碎石的回弹模量进行了研究，并推荐了相应的取值范围。

我国级配碎石的路面结构设计采用的回弹模量是通过室内静态回弹模量试验测得的，其值随试验方法、加载条件、测试方法的不同而存在较大的差异，模量取值的不同又会在结构计算中影响到应力、应变的计算结果，理论计算与实际的受力存在较大偏差。

2. 级配碎石材料的物理力学性能

约德（Yoder）和海恩斯（Haynes）对级配碎石含水量的研究表明，当其含水量超过8%后在动载作用下将变得不够稳定，在应用中应考虑上层位的防水性；拜尔（Bayer）和贾努（Janoo）对级配碎石集料的形状、表面纹理及棱角等物理学性能进行了试验，对集料的等级进行了划分，确定相应的评价标准，并就级配碎石的黏聚力及内摩擦角对级配碎石应力-应变曲线的影响进行了相关分析。长安大学的马骉、莫石秀对不同密实度、侧压力、含水率、剪切速度等影响因素下级配碎石的抗剪性能进行了研究，提出压实度大于96%、围压较大和剪切速率较小、最大粒径不大于31.5mm的级配碎石具有较好的物理及力学性能。

雅各布·于藏（Jacob Uzan）对粒料类材料的力学性能进行了相关研究，通过编制的软件对材料的强度及变形进行了计算；伯格（Berg）等通过对极寒地区道路在级配、含水率、水力特征等变量条件下级配碎石路面的动三轴试验，对级配碎石在冻融过程中的密实度、耐久性及级配特性进行了相关研究；曹建新通过不同试验方式下级配碎石组成结构与动力特性的对比提出了能够分离弹性变形与塑性变形的重复加载动力CBR试验法；东南大学何兆益对级配类型、筛孔通过率和最大粒径等因素对级配碎石力学性能的影响进行了相关研究；严二虎通过对级配碎石力学特性的研究对级配碎石的级配范围与技术要求进行了推荐；大连理工大学李君通过级配碎石的动三轴试验提出围压是影响级配碎石强度、变形的主要因素，偏压是判断结构破坏与否的依据。

雅各布·于藏的研究还表明级配碎石的变形具有滞后性及非线性的特征，

在经超过10000次动载的重复作用下，级配碎石散粒体可看作弹性体；保特（Paute）提出永久应变在经历足够多次的荷载作用时会趋向一个稳定值；道森（A. R. Dawson）和莱卡普（F. Lekarp）通过级配碎石在一定荷载作用次数下的动三轴试验得出级配碎石在荷载作用下承受压力而拉应力很小的结论，并建立了级配碎石永久变形的模型；陈国兵对级配碎石的永久变形模型进行了预估，通过有限元分析探究永久变形的影响因素，指出偏应力、围压、含水率、压实度是影响级配碎石永久变形的主要因素；重庆交通大学柳音将不同种级配碎石混合料在MTS试验仪上重复加载试验后得到永久变形的预估模型参数；哈尔滨工业大学王龙通过增加动荷载对级配碎石的变形特性进行了研究，提出以弹性模量和塑性变形作为级配碎石级配选择的控制指标；大连理工大学金刚对级配碎石动态弹性模量的影响因素进行了分析，通过重复加载试验研究永久变形，并对其临界动应力进行了探索。

3. 级配碎石基层施工技术现状

吉林大学李东起在对级配碎石材料研究的基础上分析了级配组成对施工工艺的影响，对试验路的铺筑检测结果表明，优质的级配碎石材料基层在抑制反射裂缝、减小裂缝间距方面具有优良效果，在适应重载交通道路的疲劳应变方面也卓有成效，以振动压实工艺修筑的骨架密实型级配碎石的回弹模量可达400～450MPa。长安大学郭逸轩对季冻区级配碎石的施工技术进行了研究，对级配碎石在碾压过程中受到的应力及应变进行分析，确定合理的振动参数，用MATLAB对“振动压路机-级配碎石”模型进行仿真，提出以固体体积率指标作为评价级配碎石压实程度的控制指标，依据不同压路机的碾压机理通过现场试验确定了级配碎石的碾压方案，并对级配碎石的层间处置防止渗水对碎石强度的影响进行了试验，提出以抗剪强度作为层间处置的控制指标。

1.1.4　国内外研究和应用现状评析

1. 路面结构形式及设计方法评析

国内外沥青路面结构设计方法大体分为经验法、力学-经验法及基于性能的设计方法。下面就以上三种典型沥青路面结构设计方法作简要的评析，具体见表1.3。

表 1.3　国内外典型柔性基层沥青路面设计方法评析

设计法	主要特点	存在的不足
CBR 法	1. 建立了一套流程的 CBR 试验； 2. 为土基和粒料提供了强度指标	1. 没有反映交通量大小的概念； 2. 无使用标准和损坏标准； 3. 土基 CBR 值与路面结构厚度只是经验关系
早期 AASHTO	1. 首次引进耐用性指数； 2. 建立了不同轴载之间的等效关系； 3. 提出路面结构数 SN 与加权轴载通过次数之间的基本方程	1. 支撑值 S 无法确定； 2. 一种材料用一种结构层系数无法反映； 3. 耐用性指数主要反映不平整度的大小； 4. 地区系数 R 难以确定
SHELL 法和 AI 法	1. 力学-经验法典型的设计方法； 2. 设计控制指标明确； 3. 有专门的软件进行计算，简便易行	1. 限于二维的固定模型，与实际有着较大的出入； 2. 设计指标的建立过多地侧重于半刚性基层的沥青路面模型； 3. Top－Down 裂缝、剪切破坏及永久变形的控制在此指标体系中没有考虑； 4. 对外界环境如温度场缺乏考虑
我国沥青路面设计法		1. 主要用于半刚性沥青路面结构的设计； 2. Top－Down 裂缝、剪切破坏及永久变形的控制在此指标体系中没有考虑； 3. 指标太过笼统，缺少针对性； 4. 对外界环境如温度场缺乏考虑
AASHTO 2002	1. 力学-经验法的集大成者； 2. 给出了较多的力学经验模型； 3. 结构设计中考虑了排水； 4. 对荷载和临界荷位考虑比较全面	1. 大量的复杂计算，设计繁琐； 2. 对车辙的考虑过于简单； 3. 对 Top－Down 裂缝、剪切破坏及永久变形等考虑较少； 4. 路面结构的开裂等控制指标相对简单
SUPERPAVE	1. 以流变学为基础考虑材料特性； 2. 将结构设计与材料设计结合起来	1. 未能做到真正基于性能； 2. 核心模型不能反映实际，需要修改； 3. 缺乏对多种车辆综合作用的考虑

柔性基层沥青路面结构有着良好的路用性能，在国外特别是在美国及欧洲国家有着较为广泛的应用。一般而言，柔性基层沥青路面结构主要被用于中重交通、高等级公路或者长寿命路面。柔性基层沥青路面结构分为全厚式柔性基层沥青路面结构、以级配碎石层为基层的全柔性沥青路面结构和组合式基层沥青路面

结构。其中，全厚式柔性基层沥青路面结构沥青层较厚，在美国和德国达到30～40cm以上；组合式基层沥青路面结构的底基层是以半刚性材料修筑而成的，该种路面结构在半刚性底基层上设置级配碎石层或沥青稳定碎石层（ATB），以隔断底基层的反射裂缝，是一种整体刚度较大且较为经济的路面结构。

不同的路面结构组合形式是由当地不同的交通环境及气候特点决定的，在不同国家甚至不同地区采用的路面结构组合都不尽相同。例如，美、德等国柔性基层沥青路面沥青层较厚，而日本、南非等国家相对较薄。

2. 路面结构优化方法的评析

目前沥青路面结构的优化方法主要从经济性、力学性能和使用性能等方面考虑，或者结合其中一两项对路面结构进行优化。其中，经济性大都从全寿命周期成本或者初期造价角度加以分析；力学性能方面即为研究结构设计参数的变化对沥青路面结构主要力学控制指标的影响，根据约束条件，对结构设计参数进行加大或者减小等优化。优化方法大都与优化模型直接相关，不同的模型代表着不同的方法，如随机试验法、复合形法、DFP算法、改进的网格算法等。由此可以看出，目前的沥青路面结构优化方法大都对外界环境特别是沥青路面结构的温度场及温度应力场考虑甚少。沥青混合料是典型的感温性材料，其性能受温度影响很大。对沥青路面结构的优化不能简单地为降低造价而减小结构层的厚度等参数，应结合当地最不利季节分析温度-荷载耦合场下的沥青路面结构力学性能。

3. 级配碎石层材料研究评析

目前尚没有完整的级配设计方法，级配设计多是在传统方法的基础上提出的，缺乏对粗细料比例的确定；以室内试验确定级配碎石的物理力学性能具有工作量大、离散型高的缺点，其数据与道路实际测试的数据存在偏差；以回弹模量作为结构设计参数显得单一，且以室内静态回弹模量试验作为回弹模量选取的依据与路面实际状况明显不符；级配碎石的破坏模式单纯地停留在剪切破坏上，缺乏细观检测及力学理论方面的分析。

综上所述，加之我国气候及交通环境与国外有着很大的差异，且柔性基层沥青路面初期投入相对较大，结构设计和施工工艺等相对不成熟，柔性基层沥青路面结构在我国的高等级路面上铺筑较少，目前还处于起步发展阶段。

对于新疆来说，其交通及气候环境与我国其他地区有着明显的差异，特别是气候环境，差异很大。新疆气候环境相当恶劣，南疆夏季炎热，北疆冬季寒冷，柔性基层沥青路面结构在这种环境下的适应性等一系列问题有待探讨。

新疆高速公路基本采用半刚性基层沥青路面结构，柔性基层沥青路面在二级及以下等级公路上有一定应用。就目前已有的研究和实践而言，其成果难以直接应用于新疆高速公路及大温差特殊地域，在新疆推广应用柔性基层沥青路面，须解决以下关键问题：

1）柔性基层沥青路面结构能否适应新疆的交通及气候环境。考虑到新疆的经济发展水平，柔性基层沥青路面中的承重层（沥青层）厚度不宜过大，在此种条件下，柔性基层沥青路面能否承受新疆的交通荷载及适应新疆的大温差气候环境？

2）柔性基层沥青路面结构对新疆重载的适应性。新疆高等级公路上货运量逐年增加，进出疆及南北疆通道公路大货车、重载货车占比较高；另外，柔性基层沥青路面结构层间并非完全连续，此状态下的受力情况与层间完全连续状态有着明显的差别。结构层处于不完全连续状态下的柔性基层沥青路面结构是否能够满足新疆重载环境的要求？

3）全厚式柔性基层沥青路面和组合式基层沥青路面结构的设计指标。由于新疆的大温差气候环境，且不同区划中气候环境差异性很大，在路面结构设计指标上如何考虑新疆不同区域的环境因素？

4）推荐的新疆各区划柔性基层沥青路面结构能否充分考虑当地的气候及交通环境？现有研究对路面结构的推荐仅基于常温条件，忽略了路面结构中温度场对路面结构力学性能的影响。推荐柔性基层沥青路面结构时，怎样考虑新疆的大温差环境？

5）新疆级配碎石的材料控制指标和级配设计。级配碎石是典型的松散型材料，且新疆盛产优质的级配碎石材料，在分析级配碎石强度形成机理的基础上，如何选取并确定适合新疆级配碎石原材料性能的控制指标，采用何种设计方法对新疆级配碎石材料进行级配设计，如何进行级配碎石的组成优化设计，如何成型以及成型后的试件怎么评价其物理力学性能等，这些问题都需要考虑。

总之，针对上述新疆柔性基层沥青路面设计施工中存在的关键问题，以新疆大温差环境为出发点，深入开展柔性基层沥青路面对新疆交通及气候环境的适应性、疆内不同区划的柔性基层沥青路面结构设计指标、不同区划的柔性基层沥青路面结构优化以及级配碎石材料的级配设计及优化方法等研究和试验性应用，其成果不仅可为新疆各区划中柔性基层沥青路面结构的设计及应用奠定理论基础，丰富新疆高等级公路的结构，也可为我国其他地区柔性基层沥青路面的应用提供技术借鉴和参考。

1.2　本书主要内容

结合新疆特殊的交通与气候环境，本书将提出柔性基层沥青路面对新疆气候及交通环境的适应性和柔性基层沥青路面结构的设计指标，并探索柔性基层沥青路面的裂缝控制指标，然后通过结构设计指标对新疆柔性基层沥青路面结构进行优化，给出推荐的适宜新疆各区划的柔性基层沥青路面结构。

另外，本书在分析级配碎石的强度形成机理及性能特点的基础上明确级配碎石的层位功能及使用要求；通过对原材料的技术分析，提出适合新疆荒漠区的级配碎石材料评价指标；通过对级配碎石物理力学性能、抗剪性能及永久变形性能的测试，提出适合新疆级配碎石材料组成的设计方法；对级配碎石的施工关键技术进行研究，以验证室内成果，并提出新疆地区级配碎石施工及质量控制技术。

本书主要内容如下：

1）通过对新疆交通环境及新疆常用沥青路面结构的调查，并结合国内高等级公路的柔性基层沥青路面结构，拟定新疆柔性基层沥青路面结构，利用ANSYS有限元软件研究柔性基层沥青路面结构在重载及动载作用下的力学响应量，最终确定柔性基层沥青路面对新疆重载及动载的适应性。

2）通过调查新疆各区划气候环境及路基强度，结合不同温度下的沥青路面材料参数，利用ANSYS有限元软件计算分析柔性基层沥青路面结构在不同区划中的温度场及温度-荷载耦合场作用下的力学响应量，并研究新疆大温差环境下及不同路基强度下沥青路面结构的力学响应量，最终确定柔性基层沥青路面对新疆环境的适应性。

3）对国内外柔性基层沥青路面结构设计指标进行调查，结合柔性基层沥青路面常见的破坏形式，调查新疆沥青路面常见的病害，提出柔性沥青路面结构设计指标，利用ANSYS有限元软件分析柔性基层沥青路面结构设计指标对各种影响因素的敏感性，进而确定新疆柔性基层沥青路面结构设计指标。

4）通过对新疆各区划环境的调查，结合上述研究内容，拟定新疆柔性基层沥青路面的结构，利用ANSYS有限元软件分析各结构层厚度及模量对结构设计指标的影响，并进行温度-荷载耦合场的分析，对拟定路面结构进行优化，最终确定并提出适合新疆各区划的典型柔性基层沥青路面结构。

5）通过原材料技术性能的测试与分析，提出碎石材料的评价指标，以CBR值及空隙率作为粗骨料设计的控制指标，以紧装密度作为骨架填充设计的控制指标进行级配设计。在保证骨架嵌挤良好的前提下，运用I法以抗压强度、CBR值及最大干密度为级配优化的控制指标，进行柔性基层级配碎石的优化设计，推荐适合新疆级配碎石基层的最佳级配。通过对级配碎石不同成型方式下最大干密度及成型前后级配离析情况的物理性能研究和抗压强度、CBR 值及回弹模量等力学性能的研究，明确影响级配碎石物理力学性能的关键指标。通过静三轴试验进行级配碎石的抗剪性能研究，基于库仑定律的相关理论分析，提出评价级配碎石抗剪性能的新指标。通过重复荷载作用下的动三轴永久变形模拟试验研究级配碎石的永久变形，提出控制永久变形的合理范围。

6）针对新疆级配碎石的特点，研究确定最佳碾压方案、施工工艺及质量控制等关键技术。

第 2 章 新疆柔性基层沥青路面对交通及气候环境的适应性

一方面，随着国家“一带一路”倡议的实施，作为“一带”必经之地的新疆被国家确定为“丝绸之路经济带核心区”，新疆未来将建成我国的“交通枢纽中心”和“商贸物流中心”，新疆经济社会也将得到加速发展，新疆境内的高速公路承载的公路客货运输量、周转量、交通量将较快增长；另一方面，沥青混合料是典型的感温性材料，其力学性能如模量及泊松比等受温度的影响较大。新疆属于典型的大温差地区，昼夜温差变化较大，柔性基层沥青路面结构中无论是柔性沥青基层还是沥青面层，当外界环境温度变化较大时，沥青层力学性能的改变直接影响到路面结构的路用性能和使用寿命。例如，夏季的高温车辙和冬季的冷缩裂缝都是与环境因素直接相关的。

本章将通过对新疆气候及交通环境进行调查和研究不同交通参数、南北疆及新疆大温差气候下柔性基层沥青路面结构力学响应的变化规律，提出柔性基层沥青路面对新疆交通及气候环境的适应性条件。

2.1 新疆大温差气候及交通环境和柔性路面结构参数的确定

研究柔性基层沥青路面结构对新疆交通及气候环境的适应性，首先要确定新疆交通及气候环境等参数，并根据新疆公路上常见的沥青路面结构拟定出符合新疆实际情况的柔性基层沥青路面结构。

2.1.1 新疆公路交通组成及交通荷载图式

1. 交通组成调查

为了研究柔性基层沥青路面对新疆交通环境的适应性，首先应对新疆的交通组成及交通状况进行调查。一般来说，不同的柔性基层沥青路面结构对交通荷载的适应性不同。

新疆地大物博，以天山为界分为“南疆”和“北疆”，哈密和吐鲁番盆地等地区则称为“东疆”。不同区域的交通环境存在较大的差异。

（1）南疆片区

南疆片区修筑的高速公路较多，主要有吐和（吐鲁番—和田）高速、喀伊（喀什—伊尔克什坦口岸）高速、麦喀（麦盖提—喀什）高速和三莎（三岔口—莎车）高速。其中，吐和高速 $G30_{12}$ 线是南疆地区的主要交通运输线，其交通量及交通组成见表 2.1 和表 2.2。

表 2.1　$G30_{12}$ 库尔勒至阿克苏高速公路各路段交通量及其预测（小客车）

单位：辆/日

收费站名称	2016 年	2018 年	2025 年	2030 年	2035 年
新和	8087	10772	14853	17641	20450
阿克苏东	8719	8963	12359	14678	17016
平均值	8403	9868	13606	16159	18733

表 2.2　$G30_{12}$ 库尔勒至阿克苏高速公路各路段 2018 年各车型出行比例

单位：%

车型	小客车	大客车	小货车	中货车	大货车	特大货车	拖挂车
绝对数	72.11	1.04	7.20	5.65	2.18	11.82	0.00
折算数	50.75	1.09	5.07	5.96	3.85	33.27	0.01

（2）北疆片区

北疆片区的高速公路有多条，主要有奎阿高速、克塔高速、清伊高速等。其中，奎阿高速 $G30_{14}$ 中奎屯至克拉玛依段、克拉玛依至阿勒泰段及 S11 五彩湾至大黄山段交通量及交通组成见表 2.3～表 2.8。

表 2.3　$G30_{14}$ 奎屯至克拉玛依高速公路各路段交通量及其预测（小客车）

单位：辆/日

收费站名称	2016 年	2018 年	2025 年	2030 年	2035 年
天北	5494	4794	6707	8126	9666
克拉玛依	3586	3127	5335	7100	8288
平均值	4540	3961	6021	7613	8977

表 2.4　$G30_{14}$ 奎屯至克拉玛依高速公路 2018 年各车型出行比例　单位：%

车型	小客车	大客车	小货车	中货车	大货车	特大货车	拖挂车	集装箱车
绝对数	60.69	2.00	22.61	3.29	2.00	9.19	0.11	0.11
折算数	51.15	2.53	19.05	4.15	3.38	19.36	0.19	0.19

表 2.5　$G30_{14}$ 克拉玛依至阿勒泰高速公路各路段交通量及其预测（小客车）

单位：辆/日

收费站名称	2016 年	2018 年	2025 年	2030 年	2035 年
阿勒泰	1636	1238	1707	2027	2350
克拉玛依南	2913	3144	4335	5149	5969
平均值	2275	2191	3021	3588	4160

表 2.6　$G30_{14}$ 克拉玛依至阿勒泰高速公路 2018 年各车型出行比例　单位：%

车型	小客车	大客车	小货车	中货车	大货车	特大货车	拖挂车	集装箱车
绝对数	48.17	6.35	11.93	10.08	2.78	12.37	6.42	1.90
折算数	31.62	6.22	7.86	9.96	3.63	24.35	12.66	3.70

表 2.7　S11 五彩湾至大黄山高速公路路段交通量及其预测（小客车）

单位：辆/日

收费站名称	2016 年	2018 年	2025 年	2030 年	2035 年
五彩湾	2405	2483	4796	6070	8350

表 2.8　S11 五彩湾至大黄山高速公路 2018 年各车型出行比例　单位：%

车型	小客车	大客车	小货车	中货车	大货车	特大货车	拖挂车	集装箱车
绝对数	45.99	1.70	3.56	0.87	35.06	11.87	0.58	0.37
折算数	29.66	1.65	2.30	0.84	45.21	19.13	0.75	0.47

（3）东疆片区

连霍高速 G30 即连云港至霍尔果斯高速公路是我国“五纵七横”公路网主骨架中“七横”之一。其中，星星峡至吐鲁番的高速公路为连霍高速的一段，位于东疆片区。此段高速公路的交通量及交通组成见表 2.9 和表 2.10。

表 2.9　G30 星星峡至吐鲁番高速公路各路段交通量及其预测（小客车）

单位：辆/日

收费站名称	2016 年	2018 年	2025 年	2030 年	2035 年
星星峡	13304	9561	13183	15657	18151
烟墩	14021	9527	13136	15602	18087
二堡	9528	13366	18430	21889	25375
一碗泉	8221	11869	16365	19437	22533
平均值	11269	11081	15279	18146	21036

表 2.10　G30 星星峡至吐鲁番高速公路 2018 年各车型出行比例　单位：%

车型	小客车	中客车	大客车	特大客车	小货车	中货车	大货车	重货车	特大货车
绝对数	36.70	3.34	4.21	2.65	8.62	9.13	10.96	6.79	17.61
折算数	21.88	1.99	3.76	2.37	5.14	8.16	13.07	12.14	31.49

东疆片区除了星星峡至吐鲁番高速公路，还有京新高速 G7 中的明水至哈密段高速公路。此段高速公路交通量及交通组成见表 2.11 和表 2.12。

表 2.11　G7 明水至哈密段高速公路各路段交通量及其预测（小客车）

单位：辆/日

收费站名称	2018 年	2025 年	2030 年	2035 年
白山泉	6328	8725	10363	12013
骆驼圈子	5316	7330	8706	10092
平均值	5822	8028	9534	11053

表 2.12　G7 明水至哈密段高速公路 2018 年各车型出行比例　单位：%

车型	小客车	大客车	小货车	中货车	大货车	重货车	特大货车
绝对数	31.30	1.73	1.91	2.15	3.91	5.08	53.93
折算数	10.99	0.91	0.67	1.13	3.43	7.13	75.75

分析上述各片区代表路段的交通组成和交通量数据可知，南、北疆大货车及以上的车辆占总交通的比例一般在 40%左右，重载车辆相对较少；东疆重载车辆较为普遍，大货车、重货车和特大货车占总交通的比例超过 55%，是典型的重载交通。但也不能一概而论，各区域各路段交通组成和交通量因当地经济社会发展水平不同而差异较大，如北疆的 S11 五彩湾至大黄山段大货车、重货车和特大货车占总交通的比例超过 65%。总体而言，在未来的 15 年新疆高速公路的交通量和重车比例仍呈较快增长的趋势。

2. 新疆常见交通荷载图式

荷载作用图式的选取主要基于两个方面的考虑：一是轮胎的实际作用效果，二是考虑路面结构的最不利形式。轮胎大体分为子午线轮胎、横向花纹轮胎和混合花纹轮胎。

胎压与汽车的类型及满载与否有着很大的关系。根据有关调查资料，在新疆小客车的胎压一般为 460～600kPa，重货车的胎压为 600～810kPa，特大货车在满载的情况下胎压能达到 810kPa 以上。新疆高速公路普遍存在胎压大小不一的情况，南北疆的实际胎压为 460～810kPa，东疆的胎压为 460～1050kPa。

（1）子午线轮胎荷载作用图式

子午线轮胎有着众多优良的特性，如使用寿命长、可降低油耗、承受荷载能力强、散热性能好等，在新疆得到越来越广泛的运用。随着新疆经济的发展，物流等运输越来越多，行驶在高等级公路上的汽车所用轮胎基本以子午线轮胎为主。鉴于子午线轮胎逐渐占据主导地位，子午线轮胎接地压力等的研究亦越来越深入。南非学者比尔（M. de Beer）使用压力传感器法在轮胎-路面接触压力的测量方面做了大量具有开创性的工作。他将子午线轮胎接触区域近似描述为相同宽度、不同长度的矩形，固定的宽度等于花纹的宽度，长度随荷载的增加而增加，随轮压的增加而减小，如图 2.1 所示。

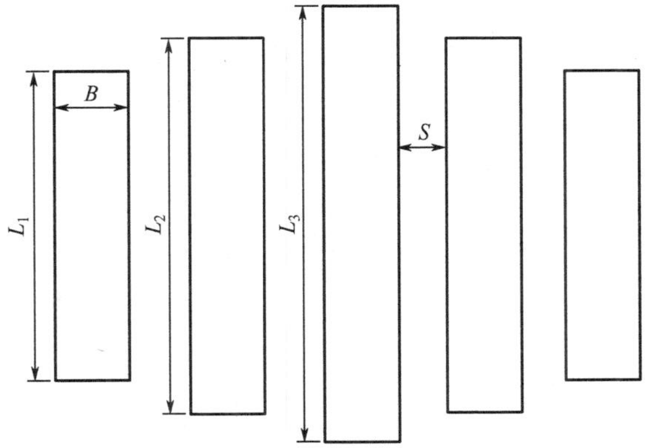

图 2.1　子午线轮胎的荷载图式

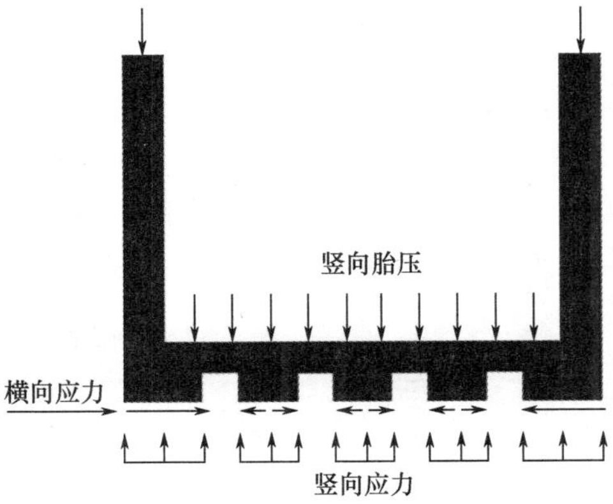

图 2.2　子午线轮胎的接地应力

国内外对于子午线轮胎的研究表明，子午线轮胎在着地时，除竖直方向的荷载外还存在着横向（与行车方向垂直）和水平方向（与行车方向一致）的应力，如图 2.2 所示。其中，横向应力在其方向上大小相等、方向相反。这种应力的产生是由于子午线轮胎产生了“泊松效应”。所谓“泊松效应”，是指当材料在一个方向被压缩，会在与该方向垂直的另外两个方向伸长。当这种伸长的变形受到约束时，就产生了应力。为了方便静力学模型荷载的施加，将这种荷载进行简化，即横向应力取 0.18 倍的竖向应力，水平方向应力取 0.2 倍的竖向应力。

根据胡小弟等对子午线轮胎实际测量的结果，结合新疆的实际情况，以及为了更好地表征实际状况下路面的应力应变状态，特采用非均匀荷载。表 2.13～表 2.16 中列举了四种胎压（460kPa、600kPa、810kPa 和 1050kPa）在不同荷载条件下的小矩形的长、宽、间距及每个矩形对应的平均压力。

表 2.13　胎压 460kPa 时轮胎接地形状

轴载/kN	P_1/kPa	P_2/kPa	P_3/kPa	L_1/mm	L_2/mm	L_3/mm	B/mm	S/mm
100	740	650	520	230	235	240	32	9.5
120	830	675	480	250	255	260	33	9.5
140	935	700	455	275	280	285	34	9.5
160	1030	735	420	290	295	300	35.5	9.5

表 2.14　胎压 600kPa 时轮胎接地形状

轴载/kN	P_1/kPa	P_2/kPa	P_3/kPa	L_1/mm	L_2/mm	L_3/mm	B/mm	S/mm
100	755	700	600	210	220	230	32	10
120	850	755	585	230	240	255	32.5	10
140	940	805	565	255	265	270	33	9.5
160	1030	865	545	270	280	290	34	9.5

表 2.15　胎压 810kPa 时轮胎接地形状

轴载/kN	P_1/kPa	P_2/kPa	P_3/kPa	L_1/mm	L_2/mm	L_3/mm	B/mm	S/mm
100	740	780	800	190	200	210	32	10
120	870	820	740	210	220	230	32	10
140	980	860	680	235	240	245	32.5	9.5
160	1050	935	640	255	260	265	33	9.5
180	1115	1000	625	275	280	285	33.5	9
200	1200	1100	600	290	300	305	34	9

表 2.16　胎压 1050kPa 时轮胎接地形状

轴载/kN	P_1/kPa	P_2/kPa	P_3/kPa	L_1/mm	L_2/mm	L_3/mm	B/mm	S/mm
100	790	860	1000	180	185	190	32	10
120	910	920	960	195	200	205	32	10
140	990	975	935	210	215	225	32.5	9

续表

轴载/kN	P_1/kPa	P_2/kPa	P_3/kPa	L_1/mm	L_2/mm	L_3/mm	B/mm	S/mm
160	1090	1030	880	230	235	240	33	9
180	1185	1085	835	245	255	260	33.5	8.5
200	1270	1140	800	260	265	270	34	8.5

（2）横向花纹轮胎荷载作用图式

横向花纹轮胎由于具有较强的抓地能力等，在新疆货车及重载车中有着一定的运用。横向花纹轮胎实测的接地形状及接地形状的简化示意如图 2.3 所示。

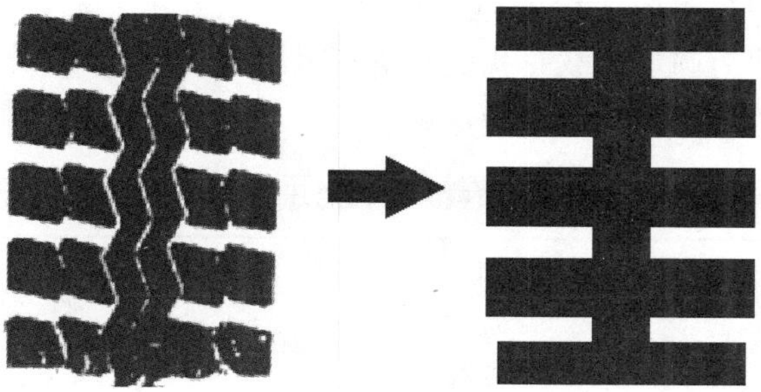

图 2.3　横向花纹轮胎接地形状的简化

长安大学谢水友根据模拟资料及实测资料对横向花纹轮胎接地形状进行了简化，并进行了简化后的一些研究。本书主要参考谢水友和张珊珊的研究，将横向花纹轮胎的接地形状简化为多个小矩形，如图 2.4 所示，并在不同的矩形区域施

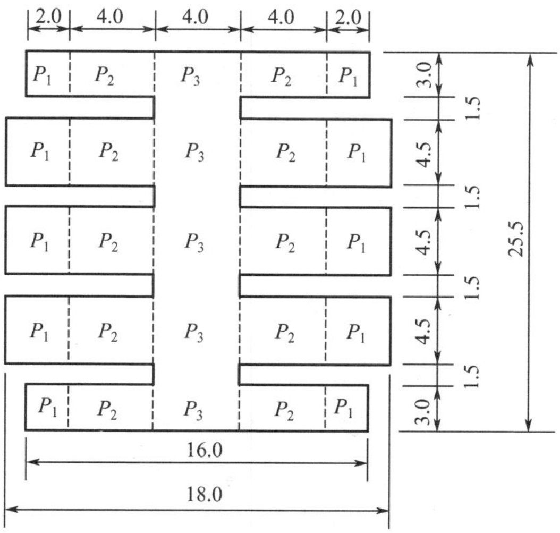

图 2.4　横向花纹轮胎轮迹形状的简化（长度单位：m）

加不同的荷载，见表2.17。从图2.4中可以看出横向花纹轮胎轮迹的接地形状及接地形状的尺寸。

表2.17 横向花纹轮胎各矩形区域的压力

轴载/kN	100	120	140	160	180	200
P_1/kPa	526	716	940	1141	1348	1555
P_2/kPa	680	820	950	1086	1221	1357
P_3/kPa	870	950	1010	1083	1153	1223

（3）其他荷载作用图式

我国《公路沥青路面设计规范》（JTG D50—2017）规定的荷载作用图式为双圆均布荷载，即为圆形荷载。我国规范没有给定超载情况下轮胎压力及半径尺寸，按比利时方法计算，具体参数见表2.18。

表2.18 不同轴载下的轮胎压力与作用圆半径

轴载/kN	100	120	140	160	180	200
压力/MPa	0.7	0.765	0.810	0.847	0.879	0.906
作用圆半径/cm	10.65	11.17	11.73	12.26	12.77	13.26

此外，大量的研究资料表明，轮胎与沥青路面的接地形状随着荷载的增加越来越接近于矩形，具体形状资料见表2.19。

表2.19 矩形荷载及其形状参数

荷载/kN	100	120	140	160	180	200
轮胎压力/MPa	0.7	0.765	0.810	0.847	0.879	0.906
形状尺寸/(m×m)	0.18×0.198	0.19×0.206	0.20×0.216	0.21×0.225	0.22×0.233	0.23×0.24

2.1.2 新疆的气候特点、气候分区及感温性材料参数

1. 新疆气候特点

新疆位于我国西北部，是我国最大的省级行政区，远离海洋，气候上属典型的内陆干旱区，通常以天山山脉为界，将全区分成南疆和北疆两个气候差异极大的区域。全区大部分区域为戈壁荒漠，各类极端气候均有出现。例如，北疆冬季极端寒冷，南疆、东疆盆地夏季极端炎热，气温最高的吐鲁番曾出现48.9℃的高温，富蕴县境可可托海极端最低气温曾低至－51.5℃，分别是中国境内出现的

最高和最低气温。

新疆独特的气候主要受地形影响，来自北大西洋的盛行西风气流和北冰洋的冷湿气流带来了潮湿空气和降水，也带来了冷空气，高耸的青藏高原使得太平洋和印度洋的季风难以进入新疆，由于天山山脉的阻隔，冷空气无法南下。

1）温度情况。南疆平原地区年平均气温为 10～13℃，北疆平原则低于 10℃，吐鲁番极端最高气温曾达 48.9℃，富蕴县境可可托海极端最低气温曾低至−51.5℃。日平均大于 10℃的年累积气温，南疆平原在 4000℃以上，北疆平原大多不到 3500℃。

2）降水分布情况。全疆平均年降水量仅 145mm，为全国平均值（630mm）的 23%。与温度分布特点相同，年均降水也以天山山脉为界，北疆多于南疆，另外还有西部多于东部、山地多于平原等。

3）日照情况。日照小时数方面，由于北疆山地阴雨天气较多，南疆平原浮尘、沙暴天气较多，从北向南略减，由西向东增加，从平原至山区北疆减少、南疆增加。

新疆气候的总体特征是：晴天多，日照强，全年日照时间近 3000 小时，在全国仅次于西藏；昼夜温差大，干燥，少雨，年平均降水量只有 147mm，冬寒夏热，风沙多。

（1）北疆的气候特点

北疆地区主要包括乌鲁木齐市、克拉玛依市、阿勒泰地区、塔城地区、昌吉回族自治州、伊犁哈萨克自治州、博尔塔拉蒙古自治州等地区，气候特点为降水稀少、分布不均，日照充沛、蒸发强烈，日温差大，风大沙多，低温持续时间长。该地区冬季寒冷漫长，降雪较多，夏季气温不高，路面结构设计应考虑防冻要求。

1）高寒干燥。北疆冬季可长达 5 个月，北疆北部和西部夏季仅为 2 个月，低温持续时间长。北疆部分地区年最低气温低至−40℃以下，降水稀少，大部分地区的年降水量只有 200mm 左右，年蒸发量为年降水量的数倍至数十倍。同一地区的降水量差异较大，如北疆山区的年降水量为 500～600mm，伊犁地区的年降水量可达 1000mm。

2）温差较大。北疆地区夏热冬冷，冷热悬殊，年、季、日温差大。春季升温快，但极不稳定，多有寒潮侵袭造成回寒；冬季气温普遍较低，在山区至盆地边缘积雪丰富，易产生雪害，受逆温层影响中低山区气温较盆地高，冬季少有大风。春季气温回升且变化剧烈，4 月份日温差范围明显较大；夏季气温最高且日照强烈；入秋后气温下降显著，各地气温平均月下降 10℃左右；四季降水较均匀。北疆地区季温差均在 20℃以上，福海等地区季温差高达 33℃。

可见，新疆北疆部分地区夏季极端高温，冬季极端低温，部分地区季温差达 30℃，季地表温差达 50℃左右。

（2）南疆的气候特点

南疆地区按地理区域划分为天山山脉以南的阿克苏地区、喀什地区、巴音郭楞蒙古自治州、和田地区、克孜勒苏柯尔克孜自治州等地。该地区的气候特点为降雨较北疆少，但高温持续时间较长，日照时间长，一年中日照最长在 7 月份，最短出现在 12—1 月份。年蒸发量大于北疆，为 2000～3400mm。

1）持续高温，日照时间长。南疆地区冬季时长不足 4 个月，而夏季时长一般为 4～5 个月，光照充足、炎热期长、高温酷热，多干热风天气，降水量少。南疆地区 6、7 月气温多为持续高温状态，尤其是吐鲁番地区平均炎热日数（最高气温≥35℃日数）最多，吐鲁番、鄯善、托克逊分别为 98 天、71 天、92 天，酷热日数（最高气温≥40℃日数）分别为 34 天、13 天、29 天。吐鲁番、鄯善、托克逊最高气温分别可达到 47.7℃、46.5℃、48.0℃。

另外，南疆地区太阳辐射强，日照时间长，光能丰富，年平均总辐射量达 6000MJ/m^2，年中最大值出现在 7 月，为 680.3～800.2MJ/m^2。全年总日照时数平均为 3056.4 小时，年总日照时数最多达 3349.6 小时，年日照百分率为 69%。

2）干旱少雨。南疆年降水量不足 100mm，而年蒸发量为 1000～4500mm。且末、若羌年平均降水量仅约 10mm，为全国降水量最少的地区。干旱少雨是新疆南疆地区明显的气候特点之一。

2. 新疆公路沥青路面使用性能气候分区

2013 年新疆维吾尔自治区交通运输厅依据现行设计规范及近年来新疆公路建设中路面设计工作的经验和已有成果，组织编制了《新疆公路沥青路面设计指导手册》（以下简称《手册》）。《手册》综合考虑了部颁规范中高、低温和降雨的因素，按照温度和降水分布将全疆沥青路面气候分为 4 个区一级分区和 15 个二级分区，分区的定名反映了沥青路面设计和施工中应解决的主要矛盾。气候分区的目的在于表达同一气候区中各地区间的气候差异。二级分区的下脚标依据气候的影响程度按由小到大的顺序编号。为反映新疆地区的实际情况，本书充分借鉴了《手册》的分区成果。新疆公路沥青路面使用性能气候分区见表 2.20。

表 2.20　新疆公路沥青路面气候分区

Ⅰ区：水稳及冻稳区	Ⅰ1	天山中部中山带和天山西部中山带
	Ⅰ2	天山中部高山区和天山西部高山区
	Ⅰ3	阿勒泰山中高山区
	Ⅰ4	准噶尔西部山区
Ⅱ区：低温抗裂区	Ⅱ1	塔城盆地
	Ⅱ2	阿勒泰、富蕴、哈巴河一带、昭苏盆地
	Ⅱ3	沿天山一带
	Ⅱ4	伊犁河谷
	Ⅱ5	巴里坤、伊吾一带、昆仑山中高山区
	Ⅱ6	大小尤尔多斯盆地
Ⅲ区：高低温过渡区	Ⅲ1	准噶尔盆地
	Ⅲ2	塔里木盆地西北部及南缘
	Ⅲ3	哈密北部
Ⅳ区：高温抗车辙区	Ⅳ1	哈密南北戈壁的三塘湖、淖毛湖一带
	Ⅳ2	塔里木盆地腹部和东部地区及吐鄯托盆地

3. 感温性材料参数

(1) 热力学参数

沥青混合料的热力学参数受到多种因素的影响，如密度、孔隙率、沥青品种及集料品种等。笔者查阅国内外资料发现，有关沥青混合料热力学参数的试验较少，各地区的沥青混合料热力学参数难以准确确定。虽然温度对沥青混合料的密度有一定的影响，但是沥青混合料的密度对路面结构力学响应的影响较小，为了统一起见，这里取相同的密度值，具体见表 2.21。

表 2.21　新疆沥青混合料热力学参数

温度/℃	导热系数/[W/(m·K)]	密度/(kg/m³)	比热容/[J/(kg·℃)]
−50	2.444	2500	790
−40	2.3	2500	810
−30	2.1	2500	830
−20	1.87	2500	850
−10	1.2	2500	870
0	1	2500	920

续表

温度/℃	导热系数/[W/(m·K)]	密度/(kg/m³)	比热容/[J/(kg·℃)]
10	1.1	2500	930
20	1.17	2500	910
30	1.33	2500	930
40	1.49	2500	980
50	1.7	2500	960
60	1.9	2500	940
70	2.15	2500	920
80	2.35	2500	910
90	2.58	2500	900

查阅相关文献可知，温度对沥青层以下各种材料的影响较小，且其材料热力学参数随温度的变化有限，因此设定为定值，见表 2.22。

表 2.22　其他材料及环境热力学参数

材料类型	导热系数/[W/(m·K)]	密度/(kg/m³)	比热容/[J/(kg·℃)]
级配碎石	1.40	2300	920
砂砾	1.30	2200	900
水泥稳定碎石	1.1	2400	810
水泥稳定山砂	1.1	2400	810
路基	1.30	1900	860
太阳辐射吸收率	0.9		
绝对零度值/℃	−273		
路面反射率	0.9		
对流换热系数/[W/(m²·K)]	20.5		
斯蒂芬-玻尔兹曼常数/(J/K)	5.6697×10^{-8}		

（2）与温度应力相关的材料参数

周继业在沥青路面低温开裂的分析研究中提出了中粒式沥青混合料劲度模量的测量方式及测量结果。查旭东根据落锤式弯沉仪实测的弯沉盆，采用同伦分析方法反算沥青路面结构层的模量，分析沥青面层模量与温度的统计关系，并建立了反算模量的温度修正公式。同济大学孙立军和张小宁利用“惰性点”理论开发了一套反算路面面层各层模量的方法。

目前，新疆沥青混合料劲度模量的实测资料较少，本书依据已有的研究成果初步拟定了沥青层及沥青层以下各种材料在不同温度下的劲度模量，见表 2.23。

表 2.23　新疆沥青路面材料劲度模量参数　　单位：MPa

温度/℃	AC－13	AC－16	AC－20	AC－25	SMA－13	SMA－16	ATB－25	ATB－30
－50	21400	23000	23300	27600	20700	20900	25000	20900
－40	14700	15500	15600	17300	14000	14300	16000	13800
－30	10100	10400	10500	10800	9700	9800	10400	9200
－20	7000	7000	7000	6800	6600	6800	6700	6100
－10	4800	4700	4700	4200	4500	4600	4300	4000
0	3300	3100	3100	2600	3100	3200	2800	2700
10	2300	2100	2100	1700	2100	2200	1800	1800
20	1400	1200	1200	1000	1400	1400	1200	1200
30	1070	960	940	650	1000	1000	740	780
40	740	650	630	400	680	700	480	520
50	510	440	420	250	460	480	300	350
60	350	300	280	150	320	330	200	230
70	240	200	190	100	210	230	120	150
80	165	130	125	60	150	150	80	100
90	110	90	80	40	100	110	50	70

用于修筑沥青路面的材料随着沥青路面结构温度场的变化而产生热胀冷缩现象。在气温较高或较低时，沥青路面的膨胀或收缩因受到基层及周围的约束而产生拉应力（应变）。其中，相对于升温，降温对沥青路面的破坏性较大，因此不少冬季负温度较低的国家对沥青混凝土的低温力学性质进行了研究。对于高温而言，沥青路面结构虽然不会由于压应力或者压应变过大而破坏，但是温度较高时沥青层模量较低，容易在行车作用下发生变形破坏。

崔玉珊和张肖宁采用连续降温试验方式得到了沥青混凝土、沥青碎石和沥青砂的温度收缩系数的变化曲线。长安大学郝培文等对沥青混合料低温约束应力做了相应的研究，并且对不同沥青和不同级配沥青混合料的低温性能作了评价。吉林大学高峰对沥青混合料的低温性能进行了详细的研究，给出了不同级配的温缩系数。

国内外该方向的研究较少，我国的周继业经过试验研究拟合得到温度 T 与材料温缩系数 α 之间的关系为

$$\alpha=2.496e^{0.01467T}\times10^{-5} \tag{2.1}$$

本书采用式（2.1）确定沥青材料的温缩系数，计算结果见表 2.24。其中，由于沥青路面面层材料的覆盖，气温对基层和路基的影响很小，所以参考相关文献，沥青层以下各层材料的温缩系数取常数。

表 2.24　新疆沥青路面材料温缩系数　　单位：$\times 10^{-6}$/℃

温度/℃	沥青混合料	级配碎石	砂砾	水泥稳定碎石	水泥稳定山砂	路基
−50	12	10	5	10	10	500
−40	14	10	5	10	10	500
−30	16	10	5	10	10	500
−20	18.6	10	5	10	10	500
−10	21.6	10	5	10	10	500
0	25	10	5	10	10	500
10	28.9	10	5	10	10	500
20	33.5	10	5	10	10	500
30	38.8	10	5	10	10	500
40	44.9	10	5	10	10	500
50	52	10	5	10	10	500
60	60.2	10	5	10	10	500
70	69.7	10	5	10	10	500
80	80.7	10	5	10	10	500
90	93.4	10	5	10	10	500

泊松比在路面结构力学计算中是一个非常重要的参数。泊松比是指材料在受力的条件下横向应变与纵向应变之比。泊松比的大小受温度的影响很大。沥青混凝土的泊松比测定方法有很多，如体积法、波传法和 MTS 环向引伸仪法等。

邵显智等基于电阻应变测量法提出了沥青混凝土泊松比的测量方法，提出了沥青混凝土泊松比与温度的关系回归公式，即

$$\mu(T)=0.07+\frac{1.96\times 10^{0.05T}}{117.49+10^{0.05T}} \tag{2.2}$$

本书中泊松比的确定参考式（2.2），具体数值见表 2.25。

表 2.25　新疆沥青路面材料泊松比

温度/℃	沥青混合料	级配碎石	砂砾	水泥稳定碎石	水泥稳定山砂	路基
−50	0.070	0.3	0.3	0.2	0.2	0.35
−40	0.070	0.3	0.3	0.2	0.2	0.35

续表

温度/℃	沥青混合料	级配碎石	砂砾	水泥稳定碎石	水泥稳定山砂	路基
−30	0.071	0.3	0.3	0.2	0.2	0.35
−20	0.072	0.3	0.3	0.2	0.2	0.35
−10	0.075	0.3	0.3	0.2	0.2	0.35
0	0.087	0.3	0.3	0.2	0.2	0.35
10	0.12	0.3	0.3	0.2	0.2	0.35
20	0.22	0.3	0.3	0.2	0.2	0.35
30	0.28	0.3	0.3	0.2	0.2	0.35
40	0.30	0.3	0.3	0.2	0.2	0.35
50	0.35	0.3	0.3	0.2	0.2	0.35
60	0.39	0.3	0.3	0.2	0.2	0.35
70	0.42	0.3	0.3	0.2	0.2	0.35
80	0.45	0.3	0.3	0.2	0.2	0.35
90	0.48	0.3	0.3	0.2	0.2	0.35

2.1.3 新疆常用沥青路面结构及其特点

新疆常用的沥青路面结构以半刚性沥青路面为主。其中，高速公路基本采用半刚性沥青路面结构，柔性基层沥青路面结构通常铺筑在交通量小的三级公路上。新疆常用的沥青路面结构具体见表 2.26。

表 2.26 新疆常用的沥青路面结构

公路名称	公路等级	区域	结构层及厚度/cm
G30 星星峡至哈密段	高速公路	东疆	4AC-16C+5AC-20C+7AC-25F+1 沥青表处+30 水稳砂砾基层+23/34 砂砾层
G7 明水至哈密段	高速公路	东疆	4AC-16C+5AC-20C+7AC-25F+34 水稳砂砾基层+15 级配砂砾层
$G30_{14}$	高速公路	北疆	4AC-13C+5AC-20C+7AC-25F+1 下封层+35 水稳砂砾基层+22 天然砂砾层
S116	一级公路	北疆	4ARAC-13+6AC-25C+30 水稳砂砾层+21 天然砂砾层
G216	高速公路	北疆	4AC-13C+6AC-20C+7AC-25F+1 下封层+32/40 水稳砂砾基层+20/24 水稳砂砾层

续表

公路名称	公路等级	区域	结构层及厚度/cm
$G30_{12}$	高速公路	南疆	4AC－16C＋6AC－25F＋30 水稳砂砾基层＋15/29 天然砂砾层
$G30_{13}$	高速公路	南疆	4AC－16C＋5AC－20C＋7AC－25F＋1 下封层＋30 水稳砂砾基层＋15 天然砂砾层
麦喀高速	高速公路	南疆	4AC－13C＋5AC－20C＋7AC－25C＋1 下封层＋34 水稳砂砾基层＋26 天然砂砾层
G315 喀什至叶城段	一级公路	南疆	4AC－16＋5AC－25C＋30 水稳砂砾层＋20 天然砂砾层

由表 2.26 可知，新疆常见的沥青路面基本上为半刚性沥青路面结构，且结构具有相似性。新疆沥青路面的结构设计依据我国的沥青路面结构设计规范，通常采用 HPDS 软件进行辅助计算和验证。新疆高速公路沥青路面结构的沥青层一般为三层，通常为 4cm＋5cm＋6cm、4cm＋6cm＋7cm 或 4cm＋5cm＋7cm 形式，厚度一般为 16～20cm，且大都达不到 20cm；基层一般采用 30cm 左右的水泥稳定碎石或者水泥稳定砂砾，沥青层与基层之间采用 1cm 沥青表面处理作为封层，再以天然砂砾或者碎石作为垫层。由此可知，新疆高速公路沥青路面结构较为固定，无论是大温差的南北疆还是重载的东疆，沥青路面结构基本相同，缺少对实际环境状况的考虑。

2.1.4 拟定新疆柔性基层沥青路面结构及其特点

柔性基层沥青路面结构大体可以分为两类，即全柔性基层沥青路面结构和组合式柔性基层沥青路面结构（以下简称组合式基层沥青路面结构）。结合国内柔性基层沥青路面结构设计经验，拟定了以下三种代表性柔性基层沥青路面结构，具体如图 2.5 所示。

如图 2.5 所示，考虑到新疆的经济因素，太厚的沥青层难以付诸实施，所以采用 ATB 层增加沥青层的厚度。结构一和结构三为典型的全柔性基层沥青路面结构，沥青层厚度分别为 5cm＋7cm＋10cm 和 4cm＋6cm＋10cm。结构一与结构三的主要区别在于结构三的土基经过处理，减薄了结构层厚度。新疆土质条件较好，一般均为砂性土，路基回弹模量一般为 60～80MPa。结合在吉林季冻区土基处理的经验，可在砂性土中掺加一定量的碎石并添加 3.5%～4.0%的水泥，经过 7 天养生即可使路基回弹模量达到 140MPa。此外，结构一有 40cm 厚的级配碎石层，可保证柔性基层沥青路面结构有足够的强度，以承受车辆荷载。结构

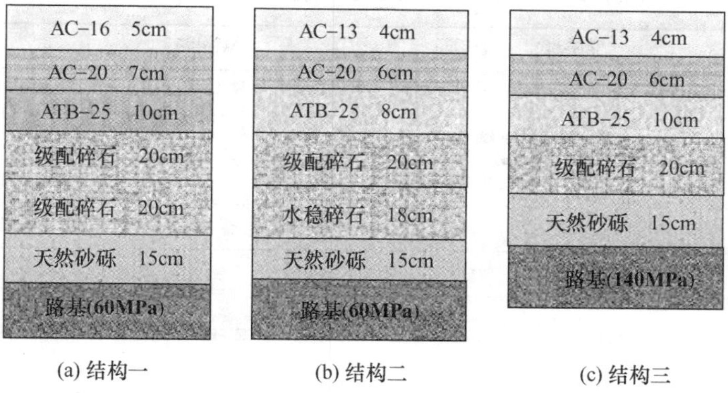

图 2.5　新疆柔性基层沥青路面代表性结构

二为典型的组合式柔性基层沥青路面结构，基层为级配碎石层和 18cm 厚水泥稳定碎石层组合的形式。这种路面结构组合形式不仅可以展现柔性基层沥青路面的特点，还具有半刚性基层沥青路面的特质；采用级配碎石层不仅可以传递荷载，还可以隔断水泥稳定碎石层反射裂缝的传播途径。

2.1.5　路面材料参数的确定

研究柔性基层沥青路面结构对新疆交通荷载的适应性，可采用 ANSYS 有限元分析软件对路面结构进行仿真模拟，通过路面结构的力学响应对其适应性进行研究。本书结合《新疆公路沥青路面设计指导手册》及《公路沥青路面设计规范》(JTG D50—2017)，并参考相关成果，得到新疆沥青路面材料的参数，见表 2.27。

汽车行驶在实际道路上是动态荷载，静态模拟往往不能完全反映现实情况。ANSYS 有限元分析软件有两种方式进行动载的模拟，即显式计算和隐式计算。但无论是显式计算还是隐式计算，均需要基本的路面材料的参数，包括动态回弹模量、泊松比及密度。在进行动力学分析时，由于汽车荷载为动态施加，回弹模量也应是动态的回弹模量。在静载作用下，由于外载恒定，材料变形响应充分，不仅有弹性范围内的瞬间弹性变形，还有流动发生的黏弹变形。而在动载作用下，荷载周期性变化、材料变形响应的滞后使得模量值增大。

在常温条件下的沥青混合料动态回弹模量值的大小主要取决于两个因素：一为加载的频率，二为荷载应力大小。一般而言，同一种沥青混合料的动态回弹模量的值，在荷载应力大小不变时随着加载频率的提高逐渐增大，在加载频率不变时随着荷载应力值的增大逐渐增大。

表 2.27 静力学路面材料参数

材料名称	20℃抗压模量/MPa	15℃抗压模量/MPa	泊松比	劈裂强度/MPa
AC-13	1400	2000	0.3	1.4
AC-16	1200	1800	0.3	1.0
AC-20	1200	1800	0.3	1.0
AC-25	1000	1200	0.3	0.8
SMA-13	1400	1800	0.3	1.6
SMA-16	1400	1800	0.3	1.6
ATB-25	1200	1400	0.3	0.8
ATB-30	1200	1400	0.3	0.8
级配碎石	350	350	0.3	—
砂砾	180	180	0.3	—
水泥稳定碎石	1500	3600	0.2	0.5
水泥稳定砂砾	1300	3400	0.2	0.5
路基	—		0.35	—

长安大学孙建与长沙理工大学羊明均对沥青混合料动态回弹模量进行了系统的研究，推荐了常用沥青混合料在标准条件下动态模量值的范围，并给出了沥青混合料动态模量的计算公式。此外，孙立军等也在沥青混合料动态模量方面做了大量的试验研究，并在沥青路面结构设计中指出密级配沥青混合料和沥青玛𤧛脂碎石泊松比可取 0.25，开级配和半开级配沥青混合料泊松比可取 0.35，无机结合料类材料泊松比可取 0.25，粒料类材料泊松比可取 0.35，路基泊松比可取 0.4。

笔者所在的研究团队通过对新疆沥青混合料进行大量的调研，并参照谢海巍等的《新疆地区沥青混合料动态模量设计参数研究》，给出了路面材料模量，见后文表 2.28。此外，沥青稳定碎石动态模量的确定参考了黄斌的《沥青稳定碎石动态模量研究》。其中，在室外标准条件的温度为 20℃，故沥青混合料试验温度选定为 20℃；在加载频率的选取上，考虑到国外有不少学者的研究表明加载时间与行车速度有直接关系，认为试验频率在 10Hz（加载时间为 0.016s）时对应于沥青混合料路面表面相当于 60～65km/h 的行车速度，故标准条件的频率选定为 10Hz。根据相关成果，面层沥青混合料加载频率采用 10Hz，基层沥青混合料类材料加载频率采用 5Hz。

在对沥青路面结构进行动力学分析时，阻尼是必须关注的参数。阻尼是一种能量耗散机制，它使振动随时间减弱并最终停止。阻尼的数值主要取决于材料、

运动速度和振动频率。动载对沥青路面结构的影响属于瞬间动态分析，其通用的运动方程为

$$\boldsymbol{M}\ddot{\boldsymbol{u}}+\boldsymbol{C}\dot{\boldsymbol{u}}+\boldsymbol{K}\boldsymbol{u}=F(t) \tag{2.3}$$

式中，$\boldsymbol{M}$——结构质量矩阵；

$\boldsymbol{C}$——结构阻尼矩阵；

$\boldsymbol{K}$——结构刚度矩阵；

$F(t)$——随时间变化的荷载函数；

$\boldsymbol{u}$——节点位移矢量；

$\dot{\boldsymbol{u}}$——节点速度矢量；

$\ddot{\boldsymbol{u}}$——节点加速度矢量。

$$\boldsymbol{C}=\alpha\boldsymbol{M}+\beta\boldsymbol{K} \tag{2.4}$$

$$\frac{\alpha}{2\omega}+\frac{\beta\omega}{2}=\zeta \tag{2.5}$$

式中，ω——结构振动频率；

ζ——阻尼比，通常为 0.02～0.09。

运动方程中的结构阻尼矩阵通常采用线性阻尼即瑞利阻尼来近似表示，如式(2.4) 所示。瑞利阻尼包含两个阻尼系数，分别为 α 阻尼（质量阻尼）系数和 β 阻尼（刚度阻尼）系数。质量阻尼系数主要针对低频振动，用于遏制高频振动；刚度阻尼系数主要作用于高频振动。

关于阻尼系数或阻尼比对路面结构的影响，查阅国内外研究资料发现，阻尼对路面结构的影响有限，因此通常取阻尼比为 0.05。表 2.28 中为常见筑路材料的动态路面材料参数。

表 2.28　动态路面材料参数

材料名称	模量/MPa	泊松比	密度/(kg/m³)	阻尼比
AC-13	9000	0.25	2500	0.05
AC-16	9000	0.25	2500	0.05
AC-20	8500	0.25	2500	0.05
AC-25	8000	0.25	2500	0.05
SMA-13	9500	0.25	2500	0.05
SMA-16	9500	0.25	2500	0.05
ATB-25	3000	0.25	2500	0.05
ATB-30	3500	0.25	2500	0.05
级配碎石	600	0.35	2300	0.05

续表

材料名称	模量/MPa	泊松比	密度/(kg/m³)	阻尼比
砂砾	180	0.35	2200	0.05
水泥稳定碎石	7600	0.25	2400	0.05
水泥稳定山砂	6000	0.25	2400	0.05
路基	—	0.4	1900	0.05

2.1.6 级配碎石特性及其参数

级配碎石是粒料中稳定性最好的材料，通常被称为无结合料粒料。级配碎石主要依靠粗集料之间的摩擦、嵌挤作用及细集料的粘结作用形成强度。从力学特性上来说，级配碎石具有典型的非线性特性。一般而言，级配碎石的强度随着围压的增加逐渐增加。然而，无论是规范还是绝大多数研究，对含有级配碎石层的沥青路面进行结构计算时均是依据弹性层状理论进行的，即对级配碎石材料的非线性考虑甚少。

1. 级配碎石特性及其模型

基于试验的摩尔-库仑（Mohr - Coulomb）准则是考虑级配碎石材料特性较为简单的一种方法，但是在利用有限元方法进行计算时，由于该准则的屈服面存在尖角，在计算的收敛方面存在困难。

德鲁克-普拉格（Drucker - Prager）模型是在米塞斯（Mises）模型的基础上发展而来的，并在此模型的基础上考虑了静水压力即围压。经典的 Drucker - Prager 准则在子午线平面上的屈服面为直线，与级配碎石材料的非线性有着一定的差异，因此有必要对经典的 Drucker - Prager 模型进行发展，即引入子午线为非线性的 Drucker - Prager 模型。

对级配碎石这种非线性特性的模拟是利用 ANSYS 有限元分析软件进行的。ANSYS 有限元分析软件对 Drucker - Prager 模型有着自己的发展，根据子午线屈服面形状分为三种，即线性、指数型和双曲线型。经典的 Drucker - Prager 模型一般简称为 DP 模型，由其扩展而来的三种模型被称为 Extended Drucker - Prager 模型，简称为 EDP 模型。

（1）线性

线性 Drucker - Prager 模型的屈服方程为

$$f(\sigma,\sigma_y)=\sigma_e+\alpha\frac{1}{3}\mathrm{tr}(\sigma)-\sigma_y=0 \tag{2.6}$$

式中，σ_e——Mises 等效应力，$q=\sigma_e=\sqrt{3J_2}$，J_2 为偏应力第二不变量；

$\frac{1}{3}\text{tr}(\sigma)$ ——平均应力，$\frac{1}{3}\text{tr}(\sigma)=-p=\frac{I_1}{3}$，$I_1$ 为应力第一不变量；

α——系数；

σ_y——单轴屈服应力。

（2）指数型

指数型 Drucker - Prager 模型的屈服方程为

$$f(\sigma,\sigma_y)=\sigma_e^b+\alpha\frac{1}{3}\text{tr}(\sigma)-\sigma_y^b \quad (2.7)$$

式中，b——指数。

指数型 Drucker - Prager 准则在子午线平面的屈服曲线如图 2.6 所示。

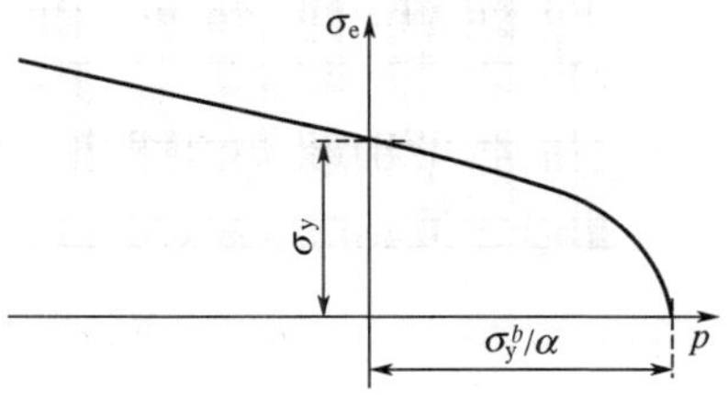

图 2.6　指数型 DP 准则屈服曲线

（3）双曲线型

双曲线型 Drucker - Prager 模型的屈服方程为

$$f(\sigma,\sigma_y)=\sqrt{a^2+\sigma_e^2}+\alpha\frac{1}{3}\text{tr}(\sigma)-\sigma_y=0 \quad (2.8)$$

式中，a——材料参数。

双曲线型 Drucker - Prager 准则在子午线平面的屈服曲线如图 2.7 所示。

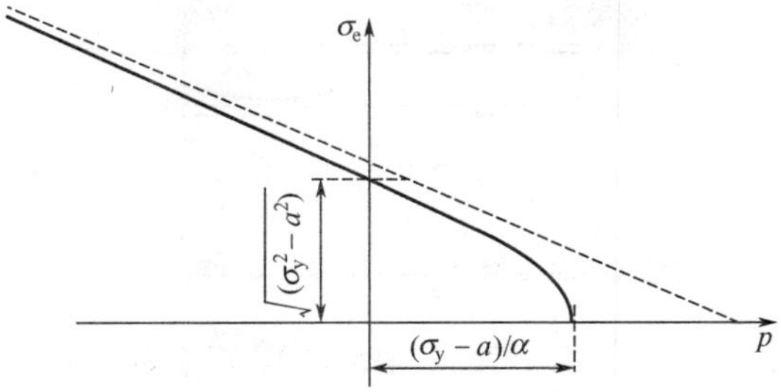

图 2.7　双曲线型 DP 准则屈服曲线

在利用 ANSYS 有限元软件对含有级配碎石层的沥青路面进行仿真模拟时还需输入与塑性流动势 $Q(\sigma, \sigma_y)$ 相关的系数。其中，不同的 EDP 模型有着不同的 $Q(\sigma, \sigma_y)$，线性塑性流动势、指数型塑性流动势和双曲线型塑性流动势分别为式(2.9)、式(2.10) 和式(2.11)。

$$Q(\sigma,\sigma_y)=\sigma_e+\bar{\alpha}\frac{1}{3}\text{tr}(\sigma) \quad (2.9)$$

$$Q(\sigma,\sigma_y)=\sigma_e^{\bar{b}}+\bar{\alpha}\frac{1}{3}\text{tr}(\sigma) \quad (2.10)$$

$$Q(\sigma,\sigma_y)=\sqrt{\bar{a}^2+\sigma_e^2}+\bar{\alpha}\frac{1}{3}\text{tr}(\sigma) \quad (2.11)$$

式中，$\bar{\alpha}$，$\bar{a}$，$\bar{b}$——与塑性流动势 $Q(\sigma, \sigma_y)$ 相关的系数。

2. 级配碎石材料参数

根据上述 DP 模型的相关介绍，需要对级配碎石材料进行成型，通过三轴试验（图 2.8）测试不同围压下级配碎石的强度，回归得到级配碎石材料的 EDP 模型的相关参数。

级配碎石层所受的围压与所处的层位有很大关系。一般来说，当级配碎石层作为过渡层时，围压为 40～100kPa；当级配碎石层作为基层时，围压为 30～80kPa；当级配碎石层作为底基层时，围压为 10～30kPa。因此，在做三轴试验时将围压分别取为 30kPa、50kPa、70kPa、100kPa、120kPa 和 150kPa。

本次试验所用级配碎石材料为石灰岩，如图 2.9 所示。在进行三轴试验时，采用不固结不排水（快剪）的试验方法，并选取试验速率为 0.3mm/min。级配碎石的三轴试验数据见表 2.29。

图 2.8　级配碎石三轴试验

图 2.9　试验用石灰岩级配碎石

表 2.29　级配碎石的三轴试验数据　　　单位：kPa

参数	石灰岩					
σ_1	533	639	784	1027	1101	1270
σ_3	30	50	70	100	120	150

注：σ_1 为第一最大主应力，σ_3 为第三最大主应力。

软件模拟中，级配碎石层运用 EDP 模型中的线性模型进行模拟。根据以上试验数据，并利用 ORIGIN 数据处理软件进行回归，得到的回归曲线如图 2.10 所示，其中 $q=\sqrt{3J_2}$ 为 Mises 等效应力，$p=-\frac{I_1}{3}$ 为平均应力，$b=\sigma_y$，$a=\alpha$。

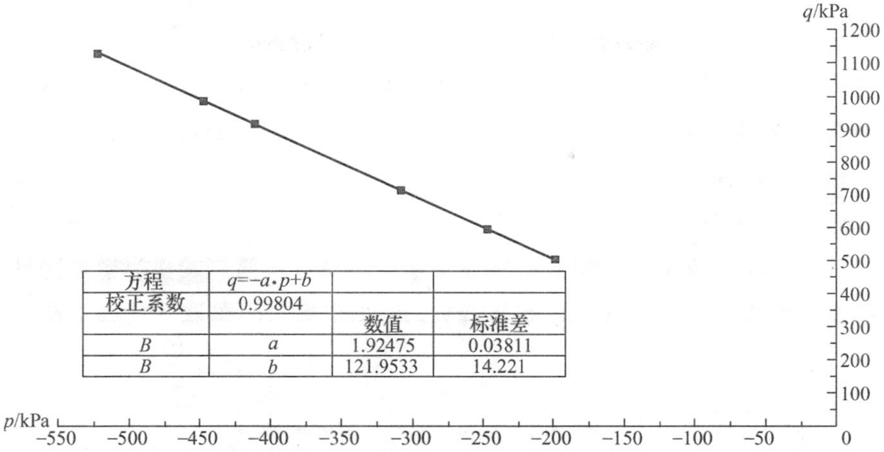

图 2.10　三轴数据拟合曲线

注：B 表示线性拟合的参数，a 为斜率，b 为截距

由图 2.10 可以看出，试验数据用线性 EDP 模型拟合程度高，拟合度因子达到 0.998。其中，$\alpha=1.92475$，$\sigma_y=121.9533\text{kPa}$。

线性塑性流动势的系数$\bar{\alpha}$一般可根据公式(2.12) 求得：

$$\bar{\alpha}=\frac{6\sin\theta_f}{3-\sin\theta_f} \tag{2.12}$$

式中，θ_f——膨胀角，级配碎石一般不考虑膨胀角，认为$\theta_f=0$，因此$\bar{\alpha}=0$。

3. 与级配碎石层相关的参数

基于弹性层状理论对沥青路面结构进行力学计算时，一般假定层与层之间完全连续。对于沥青层之间，通过散布粘层油等措施可以使得沥青层之间近乎完全连续，因而可以视为完全连续。然而，带有级配碎石层的柔性基层沥青路面结构，沥青层与级配碎石层以及级配碎石层与半刚性底基层之间是难以做到完全连续的。ANSYS 有限元分析软件中常利用库仑摩擦模型来模拟层间不完全连续的状态。

根据弹性层状理论可知，层与层之间的结合实际上是面与面之间的接触。在库仑摩擦模型中规定，在层与层之间两接触面相互滑动之前，面与面的界面上会有一个粘结力；当接触面所受的剪应力大于粘结力时，剪应力的大小与接触面所受的压力呈一定的比例关系，具体如图 2.11 所示，其中纵轴 τ 为接触面剪应力，

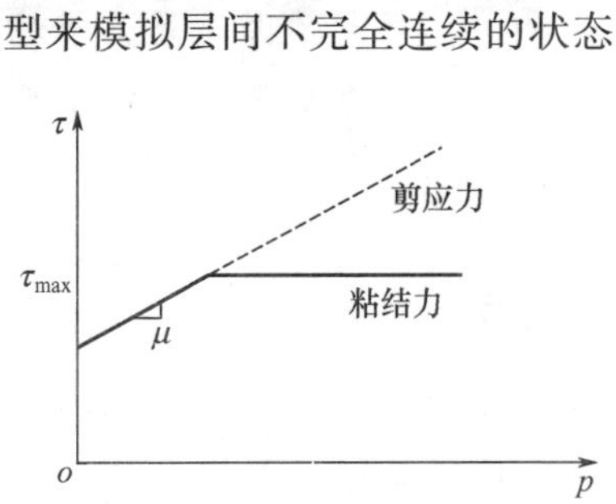

图 2.11　ANSYS 中库仑摩擦模型

横轴 p 为接触面垂直压应力。

由图 2.11 可以得到库仑摩擦模型的原理公式，即

$$\tau=\mu p+\mathrm{COHE} \tag{2.13}$$

式中，τ——接触面剪应力；

μ——摩擦系数；

p——接触面垂直压应力；

COHE——接触面间的粘结力。

对于沥青路面结构来说，摩擦系数 μ 是一个很重要的参数。一般而言，$\mu=0$ 时，层间为完全光滑状态；$\mu=\infty$时，层间为完全连续状态。浙江大学黄志义和潘伟兵在路面接触的研究中指出，石料与石料之间的摩擦系数一般为 0.2 左右，轮胎与沥青路面的最大摩擦系数达到 0.5 左右。沥青层之间由于材料相近，且有粘层油作为粘结层，可以视为完全连续。级配碎石层与粒料层如砂砾因为属于粒料，二者之间可以视为完全连续。级配碎石层与沥青层和半刚性底基层之间的连续状况处于滑动和完全连续之间。

关于结构层之间连续状态的问题，可分别成型沥青混合料和级配碎石试件，并在层间进行一定的处治，然后通过剪切试验（图 2.12）得到不同处治条件下的剪切强度值。通过相关研究可知，当采用同步碎石封层作为层间处治时，层间抗剪强度可以达到 0.44MPa。

图 2.12 剪切试验过程

根据长沙理工大学胡卫国的研究，沥青层与半刚性基层之间的粘结力为 0.13～0.41MPa，摩擦系数为 0.66～0.79。根据长安大学封基良的研究，沥青层与天然砂砾层的摩擦系数为 0.362～0.424，沥青层与水泥稳定砂砾层的摩擦系数为 0.666～0.845。此外，根据长安大学申爱琴的研究，级配碎石的内摩擦

角为 42°～47°，因此级配碎石之间的摩擦系数为 0.9～1.1。结构层之间摩擦系数和粘结力的大小与界面的处治方式密切相关，其中起主要作用的因素是粘结力与碎石的粒径。

结合国内外的研究成果，本书确定沥青层和级配碎石层摩擦系数为 0.2～1.2，粘结力为 0～0.5MPa，级配碎石层与半刚性底基层摩擦系数为 0.2～1.0。

2.1.7　力学指标分析

柔性基层沥青路面结构设计时，采用的力学指标为沥青层层底拉应力及剪应力、级配碎石层最大剪应力、路基顶面竖向最大压应变和路表弯沉。

沥青层层底拉应力是我国沥青路面现用的力学设计指标，其容许拉应力通常与沥青混凝土的劈裂强度、公路等级及轴载作用次数有关。依据新疆大温差环境下高速公路沥青路面的适应性的相关研究，沥青混合料容许抗拉强度一般为 200～300kPa，沥青面层材料一般取上限，而沥青稳定类材料一般取下限，ATB-30 和 ATB-25 材料的容许抗拉强度为 220～230kPa。因为沥青层最大拉应力在沥青层底，即沥青稳定基层底，所以本书将路面结构中沥青层容许拉应力约定为 200～230kPa。

长安大学韩昭对新疆地区高等级沥青路面车辙成因进行了研究，并对沥青层材料进行了剪切试验。同济大学林绣贤和毕玉峰等研究了不同温度下沥青混凝土的容许抗剪强度，研究表明，60℃时不同粒径沥青混凝土（AC-13、AC-16、SMA-13 和 SMA-16）容许抗剪强度为 189～356kPa。新疆属于典型的大温差地区，南疆夏季炎热，基于此，本书将新疆沥青层容许剪应力定为 200～350kPa。

哈尔滨工业大学王磊和长安大学李頔关于级配碎石层抗剪强度的研究认为级配碎石层抗剪强度与围压直接相关，经过回归可表示为式(2.14) 和式(2.15)。

$$\tau = 2.51\sigma_3 + 136.8 \tag{2.14}$$

$$\tau_R = \frac{\tau}{K_T} \tag{2.15}$$

以上式中，τ——抗剪强度；

σ_3——围压；

τ_R——容许抗剪强度；

K_T——安全系数，高速公路和一级公路一般取 1.2。

一般而言，当级配碎石层作为过渡层时，围压为 40～100kPa；当级配碎石层作为基层时，围压为 30～80kPa；当级配碎石层作为底基层时，围压为 10～30kPa。由于这三种层位在本书中均有涉及，约定级配碎石层容许最大剪应力为

130～260kPa。

孔晨光对乌鲁木齐城市道路沥青路面结构设计的研究认为，路基顶面竖向容许压应变与标准轴载作用次数存在一定关系，见式(2.16)。同济大学林绣贤对现有的路基顶面容许压应变设计指标计算公式进行了比较和分析，发现路基顶面容许压应变和标准轴载作用次数的关系与式(2.17)最为接近。

$$\varepsilon_Z = 1.12 \times 10^{-2} N_e^{-0.2055} \tag{2.16}$$

$$\varepsilon_Z = 0.8 \times 10^{-2} N_e^{-0.2} \tag{2.17}$$

以上式中，ε_Z——路基顶面容许压应变；

N_e——标准轴载作用次数。

新疆高速公路上标准轴载作用次数一般为1200～1800万次，所以本书将路基顶面容许压应变定为280～350$\mu\varepsilon$。

2.2 新疆柔性基层沥青路面对交通荷载的适应性

车辆对路面结构施加的荷载是一种动态荷载，有一定的振动效应，与静载有很大的差异，即荷载的大小随时间变化。因此，本节将利用ANSYS有限元软件建立有限元模型，研究荷载作用图式、轴载和胎压等对柔性基层沥青路面力学响应的影响，最终确定柔性基层沥青路面结构对新疆交通荷载的适用条件。

2.2.1 有限元模型的建立

由于本书对级配碎石层采用EDP模型（具有弹塑性特性），选用SOLID185作为建模的基础单元。此外，在建模中利用库仑摩擦模型模拟层间不连续状态，其中单元选用TARGE170和CONTA174。

将路面结构的边界条件设定为：路基底部为完全固定，Y轴方向为行车方向，行车方向上的两截面对Y轴方向的位移进行约束，X轴为路面横断面方向，横断面方向上的两截面约束X轴方向的位移。沥青层之间粘结较好，设定为完全连续状态；级配碎石层与砂砾层均属于粒料层，因此设定为完全连续状态。为了便于分析其影响因素，根据下文2.2.5节的相关内容，沥青层与级配碎石层的摩擦系数取研究中值，即为0.5，黏聚力c为0.3MPa。另外，由于级配碎石之间的摩擦系数为0.9～1.1，经表面处理后的半刚性底基层与级配碎石层之间可以达到较大的摩擦力，将级配碎石层与半刚性底基层摩擦系数约定为0.8。除此之外的各层由于层位较低，设定层与层之间为完全连续状态。

据此建立的路面结构三维有限元模型的尺寸为 5m×5m×6m（X 轴×Y 轴×Z 轴），大约含有 20 万个单元，如图 2.13 所示，其中 X 轴为横向，Y 轴为行车方向，Z 轴为竖向。

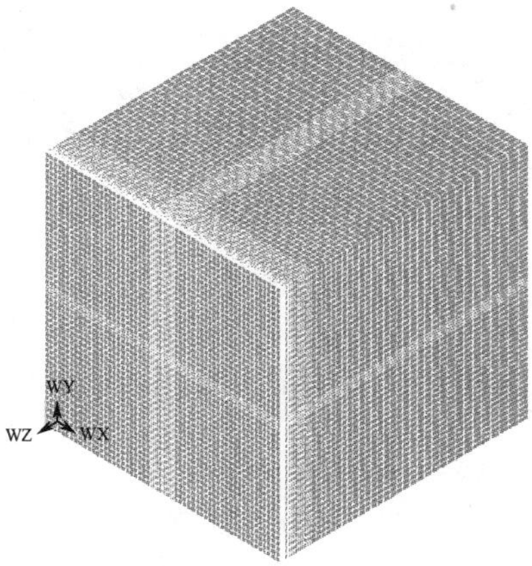

图 2.13　路面结构的三维有限元模型

另外，对于不同的荷载图式规定如下：子午线花纹轮胎作用图式的荷载为三向应力，即竖向、水平方向和横向；横向花纹、双圆和矩形荷载作用图式均为双向应力，即竖向和水平方向，水平方向应力均为 0.2 倍的竖向应力。四种荷载图式的有限元模型如图 2.14 所示。

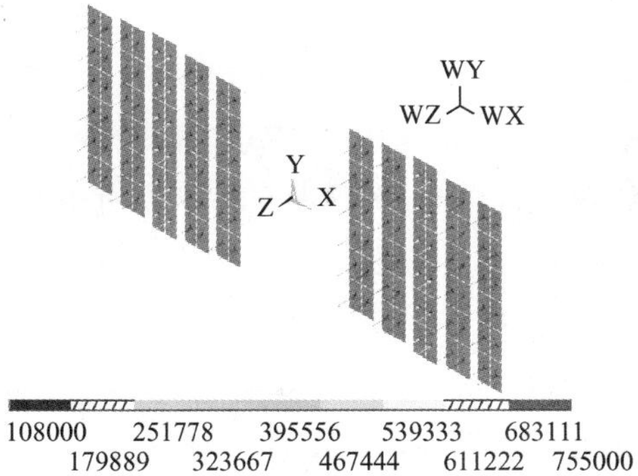

(a) 子午线花纹荷载图式

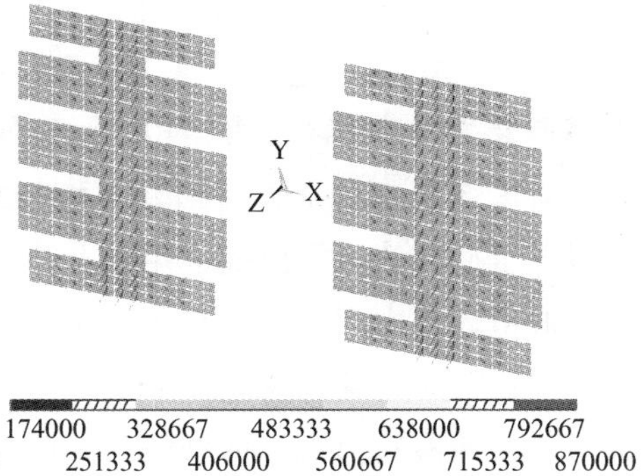

(b) 横向花纹荷载图式

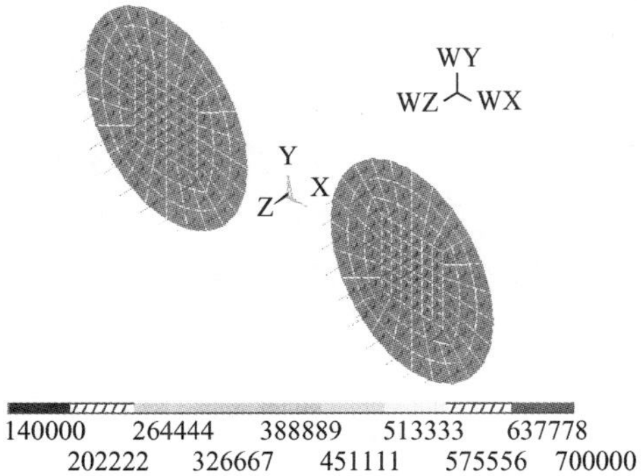

(c) 双圆荷载图式

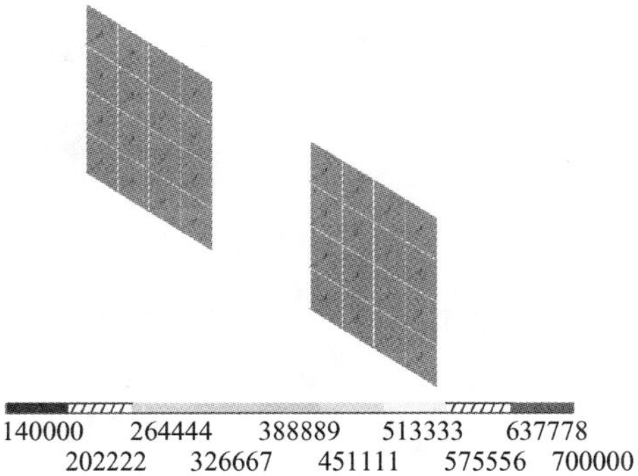

(d) 矩形荷载图式

图 2.14　四种荷载作用图式的有限元模型

2.2.2 动载荷载图式对柔性基层沥青路面力学响应的影响

我国沥青路面结构设计验算采用动态材料模量，但是车载仍为静载，这种假设与车辆在低速行驶条件下的力学状态是相符的。但是随着车速的提高，由于轮胎对路面的冲击放大了荷载作用，所以有必要对动荷载进行研究。湖南大学黄立葵等在《车辆动荷载系数与路面平整度的关系》一文中引入了动荷系数（DAF）的概念，并给出了 DAF 的计算公式，即

$$\mathrm{DAF}=1+a\sqrt{v} \tag{2.18}$$

式中，DAF——动荷系数；

a——路面行驶质量评价系数，表征路面平整度的量，对于新建沥青混凝土路面取 0.035；

v——车辆行驶速度，km/h。

加州大学的罗纳德（Ronald Blab）结合 VRSPTA（Vehicle-Road Surface Pressure Transducer Array，车辆-道路表面压力）的研究成果提出了非均布接地压力的计算公式。一些学者采用动态应力传感器获取了非均匀分布的轮胎-路面接触应力模型。另有学者采用三向接触加载进行沥青路面动力响应数值仿真分析，得出了荷载的分布形式，并提出以竖向荷载作为基数，纵向荷载按照 0.158 的系数取值，横向荷载按照 0.183 的系数取值。

综合现有对动载的研究，采用半正弦波形式的动荷载时程曲线最切合实际，峰值考虑荷载振动因素，乘以动荷系数（DAF）。

$$P_t=P_{\max}\sin\left(\frac{\pi t}{T}\right) \tag{2.19}$$

$$P_{\max}=P\cdot\mathrm{DAF} \tag{2.20}$$

$$T=\frac{12R}{v} \tag{2.21}$$

以上式中，P_t——任意时刻 t 的荷载，MPa；

$P_{\max}$——荷载峰值，MPa；

P——静载数值大小，MPa；

T——荷载作用时间，s；

R——轮载作用面等效半径，m；

v——车速，m/s。

针对不同的荷载作用图式，对动荷载作用下的新疆柔性基层沥青路面进行分析。为了减少不必要的计算，在不同荷载图式作用下柔性基层沥青路面力学响应

的研究中，选用结构一作为代表结构，静态荷载取轴载 100kN，动态荷载取轴载 100kN，车速按 100km/h 计算（后续计算中如不作特殊说明，均以此作为代表荷载和代表车速进行计算）。

不同荷载图式下的沥青层拉应力和剪应力如图 2.15 和图 2.16 所示。

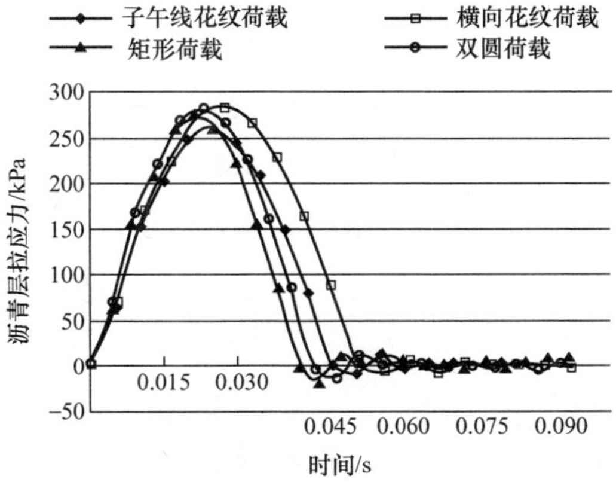

图 2.15　不同荷载图式下的沥青层拉应力

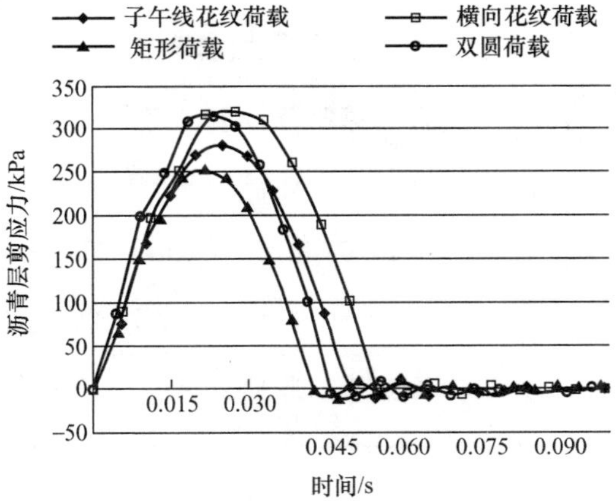

图 2.16　不同荷载图式下的沥青层剪应力

分析图 2.15 可知，在动载作用下，沥青层拉应力随时间逐渐增加，在达到峰值后逐渐减小，并在荷载消失后有小的波动。在子午线花纹荷载、横向花纹荷载、矩形荷载和双圆荷载作用下，沥青层拉应力的峰值分别为 259.92kPa、282.47kPa、276.873kPa 和 282.331kPa，横向花纹荷载作用下的沥青层拉应力峰值最大，子午线花纹荷载最小，相差 7.98%。因此，不同的动荷载作用图式对沥青层拉应力峰值有着一定的影响。

如图 2.16 所示，在动荷载作用下，沥青层剪应力随时间逐渐增加，并在达到峰值后逐渐减小。在子午线花纹荷载、横向花纹荷载、矩形荷载和双圆荷载作用下，沥青层剪应力的峰值分别为 283.557kPa、320.297kPa、254.687kPa 和 315.509kPa，横向花纹荷载作用下的沥青层剪应力最大，而矩形荷载最小，相差 20.48%，子午线花纹荷载图式下的沥青层剪应力峰值与横向花纹荷载相差 11.47%。由此可见，就沥青层剪应力而言，不同的动荷载作用图式下有着较大差异。

综上，结合相关研究可知，轴载对沥青层的拉应力、拉应变和剪应力影响很大。当汽车轴载增大，应力并非同比例增大，增大比例在 7.7%左右。这是因为在胎压不变的情况下轴载增大则接地面积有所增大，荷载是导致沥青层受拉破坏或者剪切破坏的主要因素，在相同车速的情况下由于接地面积增大，荷载对同一部位路面作用的时间有所延长，对路面造成的损害也相应增大。

图 2.17～图 2.19 所示为不同荷载图式下的路表弯沉、级配碎石层剪应力和路基顶面压应变。

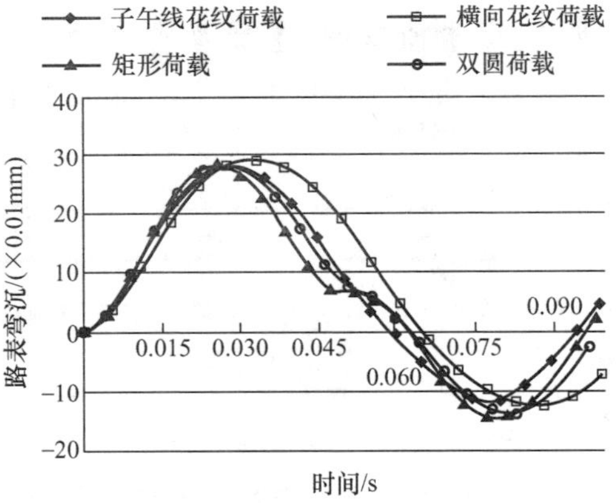

图 2.17　不同荷载图式下的路表弯沉

分析图 2.17～图 2.19 可知，路表弯沉值、级配碎石层剪应力和路基顶面压应变呈现先增大后减小的变化趋势，并在荷载消失后，由于振动效应的存在，各指标值均有一定的波动。其中，四种荷载图式作用下的路表弯沉、级配碎石层剪应力和路基顶面压应变最大值的差值分别为 3.38%、3.94kPa 和 3.63%。

2.2.3　胎压对柔性基层沥青路面力学响应的影响

在动载作用下，由于振动效应的存在，各轴载及胎压对柔性基层沥青路面力学响应的影响不容忽视。通过对三种沥青路面结构施加不同胎压下的动荷载，取得各力学指标的峰值。其中，对轴重和胎压的研究固定车速为 100km/h，行车

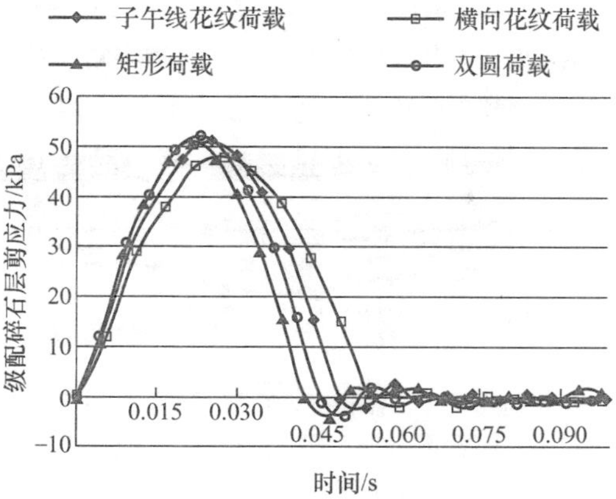

图 2.18　不同荷载图式下的级配碎石层剪应力

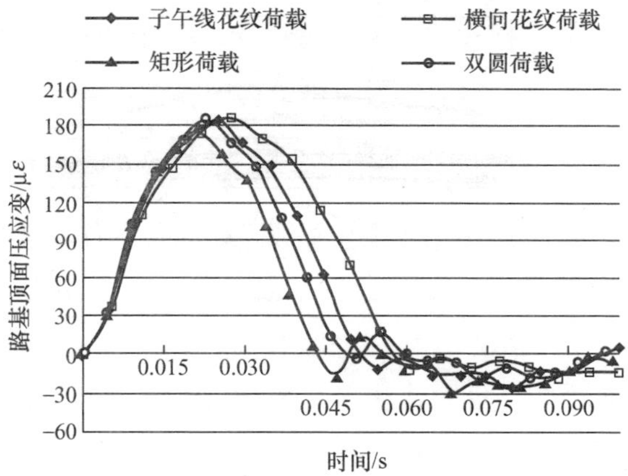

图 2.19　不同荷载图式下的路基顶面压应变

荷载采用标准轴载 BZZ－100。不同胎压下路面结构沥青层的拉应力和剪应力如图 2.20 和图 2.21 所示。

分析图 2.20 和图 2.21 可知，在胎压为 810kPa 以下时，沥青层拉应力和剪应力受胎压大小的影响较小；而当胎压为 810kPa 以上时，沥青层拉应力和剪应力随胎压变化的梯度突然增大。分析数据可知，在胎压为 810kPa 以上时，结构一、结构二和结构三沥青层拉应力随胎压变化的梯度分别是胎压为 810kPa 以下时的 4.95 倍、1.62 倍和 4.64 倍。由此可见，对于沥青层拉应力来说，胎压因素对结构一和结构三影响较大，即对全柔性基层沥青路面结构影响较大，而对组合式基层沥青路面结构影响较小。

分析图 2.21 可以得出，在动载下，当胎压由 810kPa 增加到 1050kPa 时，结构一、结构二和结构三沥青层剪应力分别增加了 7.34%、7.51% 和 7.02%。由

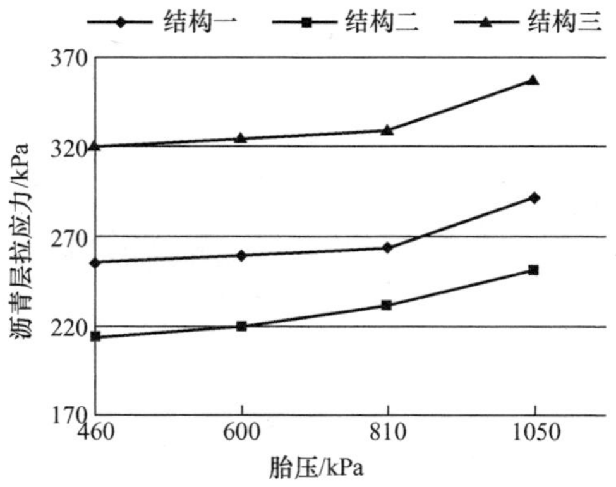

图 2.20　不同胎压下路面结构沥青层的拉应力

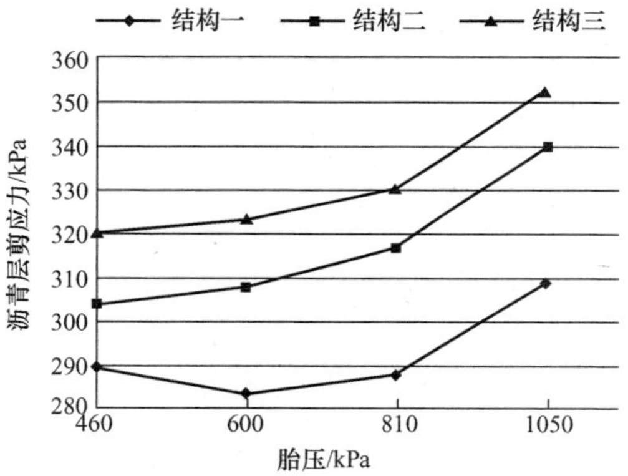

图 2.21　不同胎压下路面结构沥青层的剪应力

此可见，胎压的增加对沥青层剪应力的影响较小。

不同胎压下路面结构的路表弯沉和级配碎石层剪应力如图 2.22 和图 2.23 所示。

由图 2.22 可知，三种柔性基层沥青路面路表弯沉值随着胎压的增加呈现出相似的变化趋势，即先减小后增加。这主要是因为：在轴载不变的情况下，随着胎压的增加，轮胎接地面积减少，平均的接地压力增加。

如图 2.23 所示，三种路面结构的级配碎石层剪应力随胎压变化的规律与沥青层拉应力相同。当胎压为 810kPa 以下时，级配碎石层拉应力受胎压的影响很小；当胎压达到 810kPa 以上时，胎压对级配碎石层拉应力的作用有所增加。当胎压由 810kPa 增加到 1050kPa 时，三种路面结构的级配碎石层剪应力平均增加 6.37％。由此可见，胎压的变化对级配碎石层的影响较小。

不同胎压下三种路面结构的路基顶面压应变如图 2.24 所示。

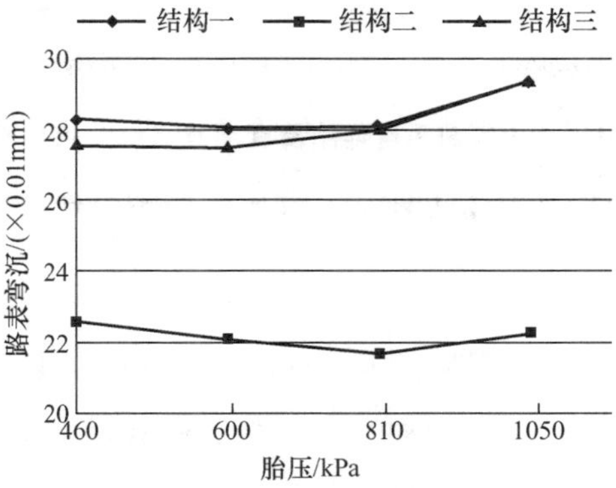

图 2.22　不同胎压下路面结构的路表弯沉

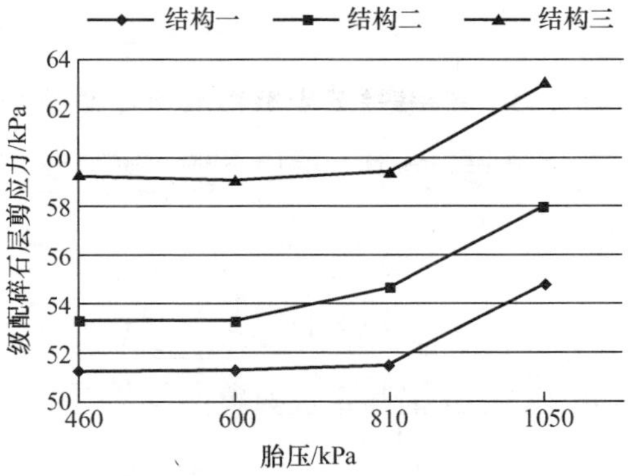

图 2.23　不同胎压下路面结构的级配碎石层剪应力

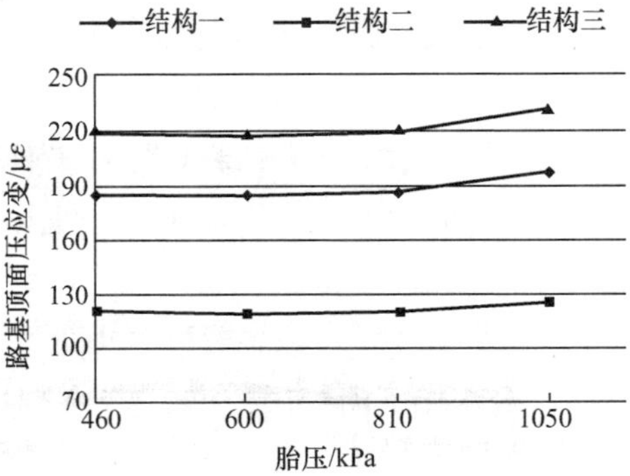

图 2.24　不同胎压下三种路面结构的路基顶面压应变

由图 2.24 可以看出，三种路面结构的路基顶面压应变指标受胎压的影响很小。当胎压由 460kPa 增加到 1050kPa 时，路基顶面压应变仅变化 5.37%。由此可以得出，随着路面深度的加深，胎压的变化对力学响应的影响越来越小。

以上研究表明：①组合式基层对胎压的变化适应性较好；②胎压的变化对沥青层受拉和受剪的影响较大，对级配碎石层剪应力及路基顶面压应变的影响较小。

2.2.4 动载高轴重胎压工况下柔性基层沥青路面的力学响应

根据上文可知，胎压的变化对路面结构的力学响应有着一定的影响，一般在胎压达到 810kPa 以上时影响的程度相对提高。上文主要研究了标准轴载为 100kN 时的情况，现实中高胎压的情况一般出现在汽车超载时。本小节研究在高胎压下超载情况对路面结构力学响应的影响。

动载高胎压下三种路面结构的路表弯沉如图 2.25 所示。

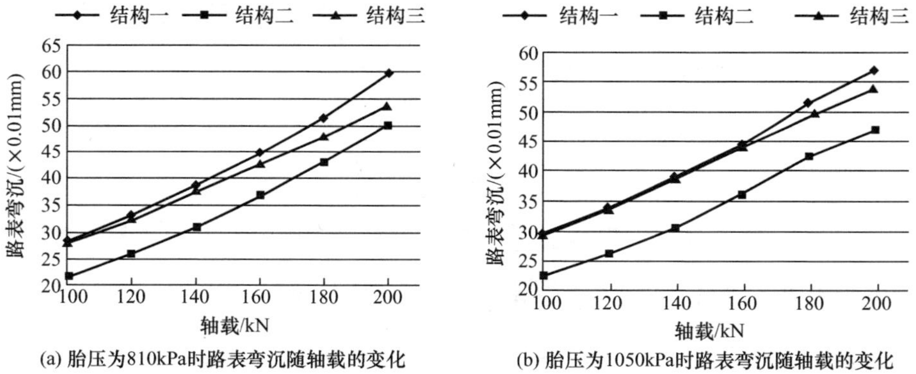

图 2.25　动载高胎压下三种路面结构的路表弯沉

由图 2.25 可知，在胎压分别为 810kPa 和 1050kPa 的情况下，路表弯沉随着轴载的增加逐渐增加。在同一轴载下，结构二的路表弯沉始终最小，结构一的路表弯沉大于结构三。当胎压为 810kPa 时，轴载每超载 10%，结构一、结构二和结构三的路表弯沉平均增加 11.12%、13.20%和 9.28%；当胎压为 1050kPa 时，轴载每超载 10%，结构一、结构二和结构三的路表弯沉平均增加 9.46%、11.20%和 8.36%。对于全柔性基层沥青路面结构（结构一和结构三）来说，当胎压为 810kPa，轴载达到 180kN 以上时，路表弯沉值将大于胎压为 1050kPa 的工况。

动载高胎压下三种路面结构的沥青层拉应力如图 2.26 所示。

由图 2.26 可知，在高胎压下，三种路面结构的沥青层拉应力随着轴载的增加近似线性增加。当轴载达到 200kN 时，结构一、结构二和结构三的沥青层拉应力分别达到 460kPa、360kPa 和 590kPa 以上；轴载每超载 10%，结构一、结

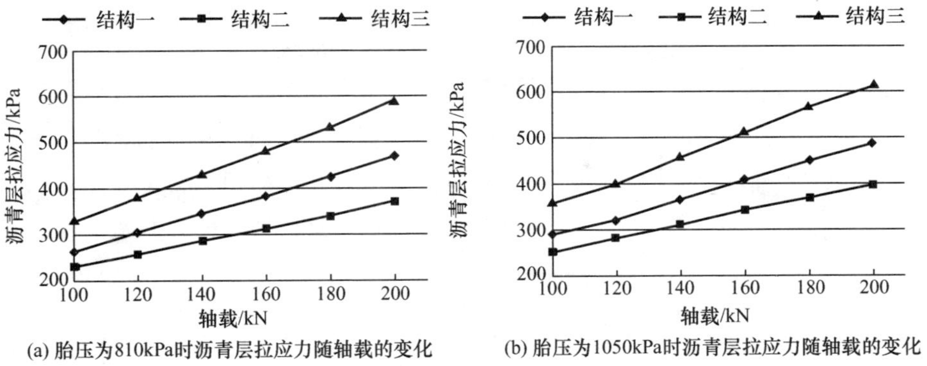

图 2.26　动载高胎压下三种路面结构的沥青层拉应力

构二和结构三的沥青层拉应力平均增加 20.03kPa、14.13kPa 和 25.68kPa。因此，重载高胎压工况对沥青层的拉应力影响较大；对于沥青层拉应力指标而言，结构一和结构二对高胎压重载的适应性好于结构三。

动载高胎压下三种路面结构的沥青层剪应力如图 2.27 所示。

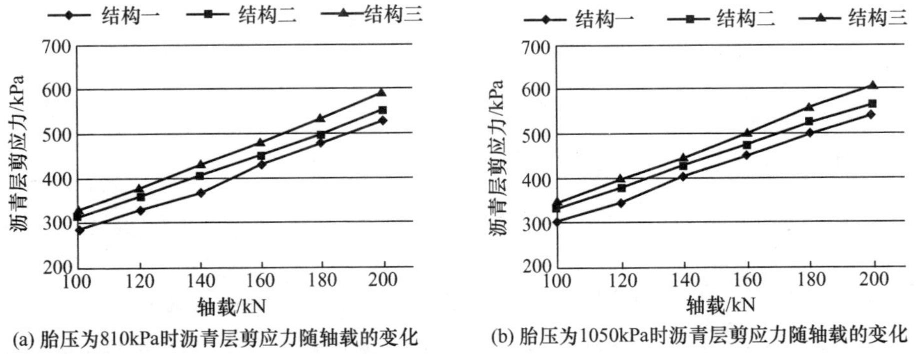

图 2.27　动载高胎压下三种路面结构的沥青层剪应力

如图 2.27 所示，在动载作用下，在高胎压下，柔性基层沥青路面结构的沥青层剪应力与轴载近似呈线性关系。在高胎压下，轴载达到 200kN 时，三种路面结构沥青层的剪应力最大为 607.97kPa。在高胎压下，轴载每超载 10%，结构一、结构二和结构三的沥青层剪应力平均增加 24.09kPa、23.42kPa 和 26.00kPa。对于沥青层剪应力指标而言，在高胎压重载下结构一的适应性最佳，其次为结构二。

动载高胎压下三种路面结构的级配碎石层剪应力如图 2.28 所示。

由图 2.28 可以看出，在高胎压下，级配碎石层剪应力随着轴载的增加逐渐增大。当轴载达到 200kN 时，三种路面结构的级配碎石层最大剪应力为 120kPa，

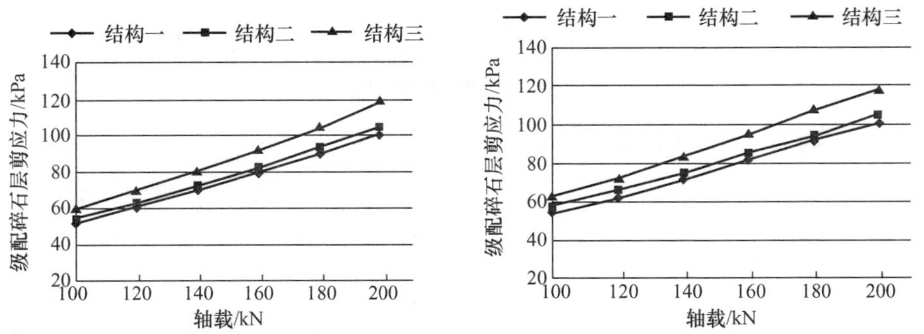

(a) 胎压为810kPa时碎石层剪应力随轴载的变化　(b) 胎压为1050kPa时碎石层剪应力随轴载的变化

图 2.28　动载高胎压下三种路面结构的级配碎石层剪应力

满足级配碎石层容许剪应力（130～260kPa）的要求。轴载每超载 10%，结构一、结构二和结构三的级配碎石层剪应力平均增加 9.08%、8.63%和 9.16%。因此，高胎压下轴载的增加对级配碎石层的剪应力影响较大。对于级配碎石层剪应力指标而言，三种路面结构对高胎压重载的适应性排序为：结构一＞结构二＞结构三。

动载高胎压下三种路面结构的路基顶面压应变如图 2.29 所示。

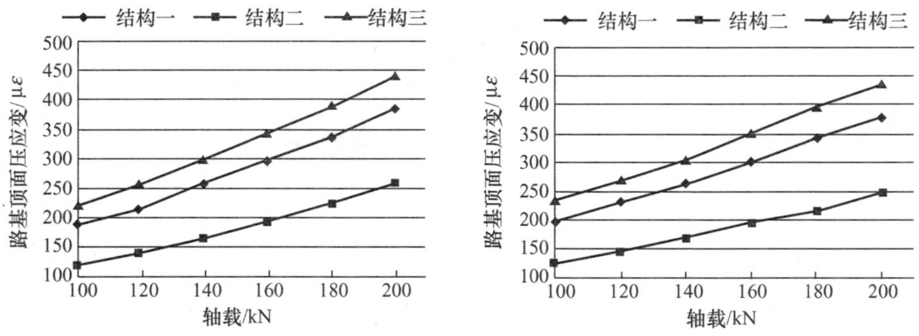

(a) 胎压为810kPa时路基顶面压应变随轴载的变化　(b) 胎压为1050kPa时路基顶面压应变随轴载的变化

图 2.29　动载高胎压下三种路面结构的路基顶面压应变

从图 2.29 中容易看出，在高胎压下柔性基层沥青路面结构路基顶面压应变随着轴载的增加逐渐增大。轴载每超载 10%，结构一、结构二和结构三的路基顶面压应变平均增加 9.91%、10.70%和 9.44%。结构二的路基顶面压应变在轴载为 200kN 时仍小于 280$\mu\varepsilon$，即路基顶面容许压应变的下限值；160kN 轴载作用下的结构一和 140kN 轴载作用下的结构三的路基顶面压应变指标满足该指标的上限（320$\mu\varepsilon$）要求。由上述分析可知，对于路基顶面压应变指标而言，结构二对高胎压重载的适应性最好，结构一次之。

2.2.5　新疆柔性基层沥青路面对动载的适用条件

综合上述动载的分析结果，现给出新疆柔性基层沥青路面对动载的适用条件，并提出以下适当建议：

1）结构一对重载及重载高胎压工况的适应能力要优于结构二，结构二优于结构三。因此，在新疆重载交通区域如东疆优先推荐结构一和结构二路面结构类型。

2）对于各项力学指标而言，结构一和结构二对车速有着良好的适应能力，而结构三相对较差。当车速达到 140km/h 时，结构三的沥青层拉应力达到 345.43kPa。因此，在新疆高速公路上不建议使用增强路基强度而减薄沥青层厚度的路面结构，如结构三。

3）轴载为 100kN 时，胎压达到 810kPa 之后，对沥青层剪应力和拉应力有着明显的影响。因此，应对新疆高速公路上的胎压进行限制，控制在 810kPa 之下。

4）在高胎压工况下（810kPa 和 1050kPa），就沥青层拉应力指标而言，轴重应限制在 310kN 以下。

2.3　新疆柔性基层沥青路面结构对环境的适应性

本节将通过研究不同路基回弹模量、南疆高温及北疆低温气候和新疆大温差气候下柔性基层沥青路面结构的力学响应，提出柔性基层沥青路面对新疆环境的适用条件。

2.3.1　路基回弹模量对柔性基层沥青路面结构的影响

新疆路基土质类别主要为粉土、砾类土和砂类土，一般而言，路基回弹模量一般为 30～120MPa，为此研究中选取路基回弹模量分别为 30MPa、45MPa、60MPa、75MPa、100MPa、120MPa 和 140MPa。

路表弯沉和路基顶面压应变随路基回弹模量的变化如图 2.30 和图 2.31 所示。

分析图 2.30 和图 2.31 可知，三种路面结构路表弯沉和路基顶面压应变随着路基回弹模量的增加逐渐减小，但减小的幅度逐渐降低。当路基回弹模量在 100～140MPa 间变化时，路基回弹模量每减小 10MPa，路表弯沉值和路基顶面压应变分别平均增加 3.60％和 6.02％；当路基回弹模量在 30～100MPa 间变化时，路基回弹模量每减小 10MPa，路表弯沉值和路基顶面压应变分别平均增加 9.96%和 11.03%。因此，在对柔性基层沥青路面进行结构设计时，可通过增大路基回弹模量来减小路基顶面压应变和路表弯沉值，建议路基回弹模量在 30～100MPa 间调整。

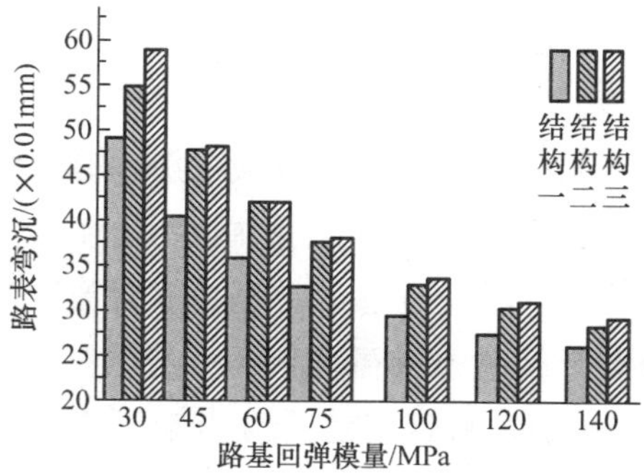

图 2.30　路表弯沉随路基回弹模量的变化

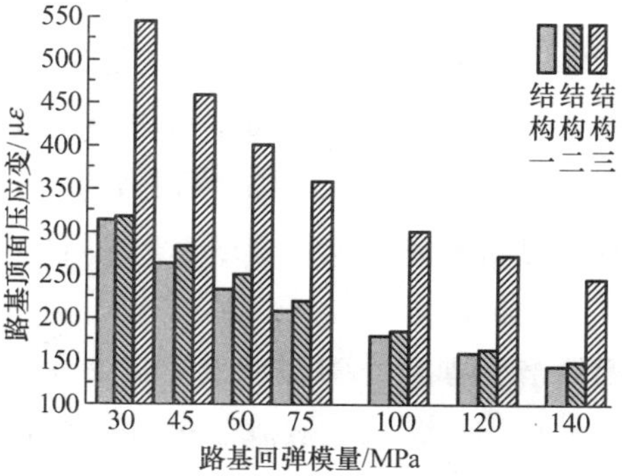

图 2.31　路基顶面压应变随路基回弹模量的变化

沥青层拉应力和级配碎石层剪应力随路基回弹模量的变化如图 2.32 和图 2.33 所示。

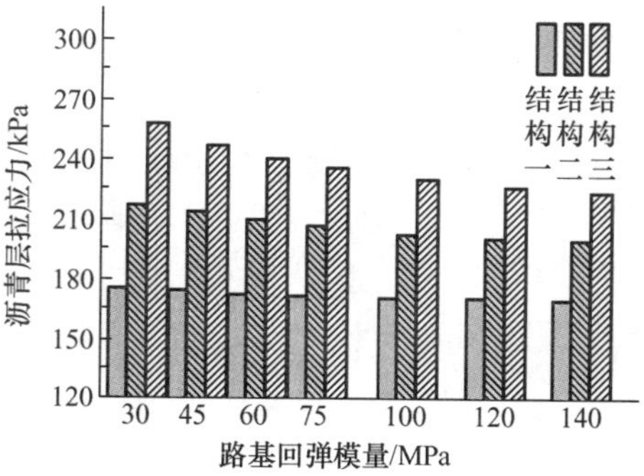

图 2.32　沥青层拉应力随路基回弹模量的变化

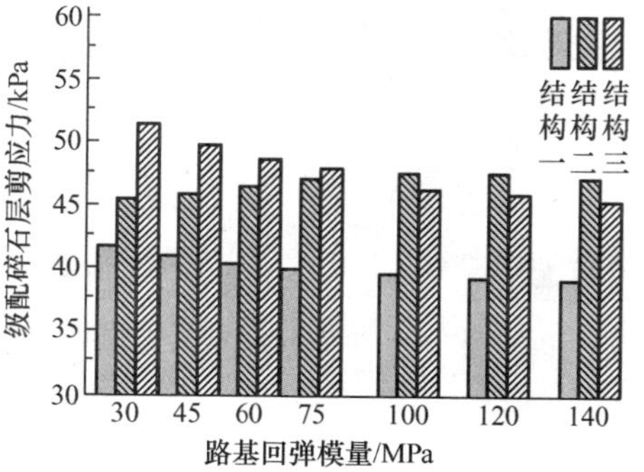

图 2.33　级配碎石层剪应力随路基回弹模量的变化

从图 2.32 和图 2.33 中可以看出，三种路面结构沥青层拉应力随着路基回弹模量的增加逐渐减小；结构一和结构三级配碎石层剪应力随着路基回弹模量的增加逐渐减小，而结构二级配碎石层剪应力随着路基回弹模量的增加逐渐增大。当路基回弹模量由 30MPa 增大到 140MPa 时，路基回弹模量每增大 50MPa，结构一、结构二和结构三沥青层拉应力分别减小 1.38%、4.11%和 6.01%，级配碎石层剪应力分别变化 2.73%、1.75%和 5.23%。由此可知，柔性基层沥青路面沥青层拉应力和级配碎石层剪应力的大小受路基回弹模量的影响较小。

不同路基回弹模量下的沥青层剪应力如图 2.34 所示。

由图 2.34 可知，柔性基层沥青路面沥青层的剪应力随着路基回弹模量的增大逐渐增大，但是变化幅度较小。当路基回弹模量由 30MPa 增大到 140MPa 时，沥青层剪应力平均增大 1.83%。由此可见，柔性基层沥青路面结构的沥青层剪应力值的大小与路基回弹模量的大小关系不大。

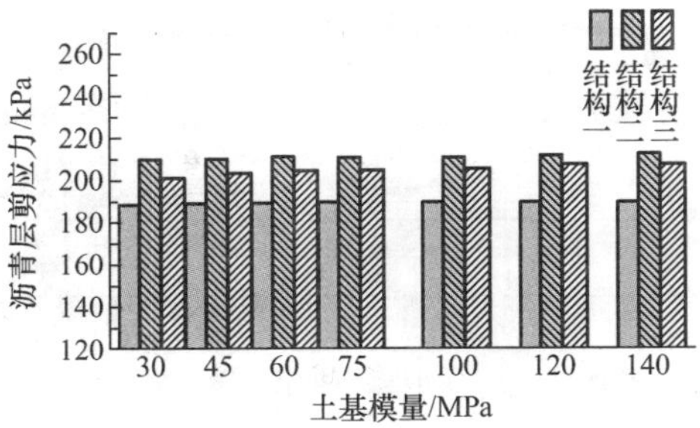

图 2.34　不同路基回弹模量下的沥青层剪应力

对于比较常用的半刚性基层沥青路面，路基模量对柔性基层的影响较大，主要体现在两点：一是累积变形，半刚性基层沥青路面的永久变形主要来自沥青层，而柔性基层沥青路面来源于沥青层和路基，其控制指标是路基顶面竖向压应变；二是柔性路面的特点在于“柔”，在变形协调等方面表现较好，路基模量的提高对柔性基层沥青路面的整体强度和刚度的影响相对较大，其控制指标是路表弯沉。

2.3.2　柔性基层沥青路面对南疆高温地区的适应性

1. 南疆高温地区柔性基层沥青路面的温度场

根据新疆气象局的资料得到吐鲁番及喀什地区 7 月最高最低气温的变化情况，如图 2.35 所示。

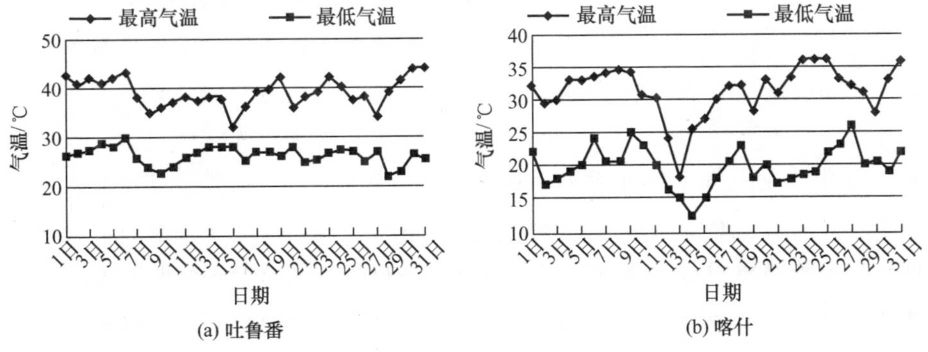

图 2.35　吐鲁番及喀什 7 月最高最低气温的变化情况

利用 ANSYS 有限元软件进行模拟时，气温的建模参数根据调查资料可以得到，见表 2.30，吐鲁番和喀什日辐射量及日照时数见表 2.31。

表 2.30 新疆 7 月日气温建模参数 单位：℃

地区	日最高温度	日最低温度	日平均温度	日气温变化幅度
吐鲁番	44	25.5	34.75	18.5
喀什	36	18.5	27.25	17.5

表 2.31 新疆日太阳辐射建模参数

地区	日太阳辐射总量/(MJ/m^2)	日照时数/h	中午最大辐射值/(MJ/m^2)
吐鲁番	26.55	14.98	2.79
喀什	24.63	14.63	2.65

根据以上参数作出喀什和吐鲁番的日气温变化和日太阳辐射变化曲线，如图 2.36 所示。

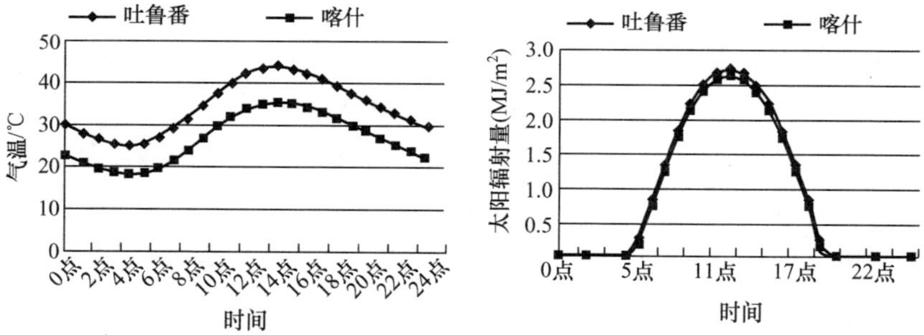

(a) 日气温变化曲线 (b) 日太阳辐射变化曲线

图 2.36 喀什及吐鲁番日气温和日太阳辐射变化曲线

利用 ANSYS 有限元软件，根据上述结构设计参数及新疆气候参数建立三维有限元模型，计算得出三种柔性基层沥青路面结构的温度场。由于各沥青路面结构的温度场分布图相似，下面以吐鲁番气候条件下的结构一为代表进行分析。

图 2.37 描述了上午 10 点至下午 22 点沥青路面结构温度场的变化。由图 2.37 可以看出，在一天的温度场变化中，沥青层始终处于较高的温度下，一定深度以下的路基温度场始终保持不变。由 10 点至 14 点，沥青层的温度是逐渐上升的，且温度的影响深度逐渐增加；14 点至 18 点，由于太阳辐射逐渐减弱及气温逐渐降低，沥青层的温度逐渐降低，沥青层以下一定深度结构层的温度由于热传递的作用而逐渐上升；18 点至 22 点，沥青层的温度继续向下传递，同时向空气中传递，22 点时沥青表层的温度低于沥青表层以下的部分。

为更加直观地了解路面结构温度场的变化规律，以结构一为代表作出吐鲁番

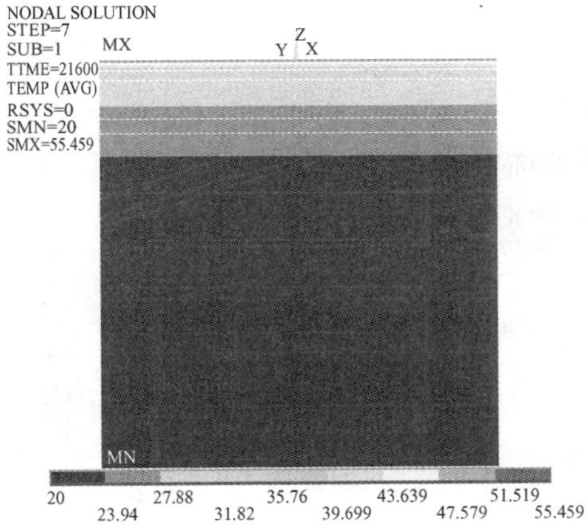

(a) 10点路面结构温度场示意图

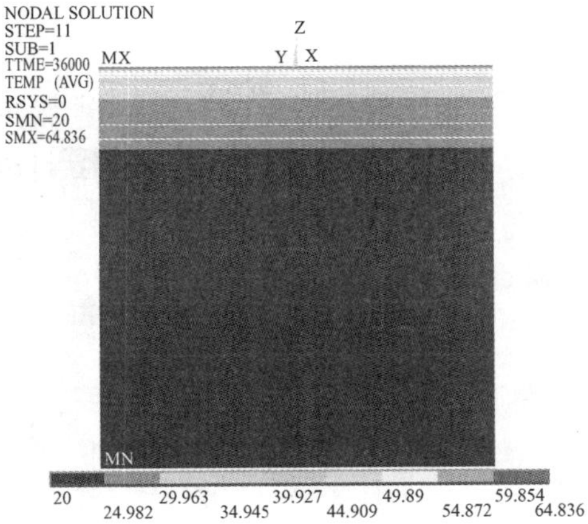

(b) 14点路面结构温度场示意图

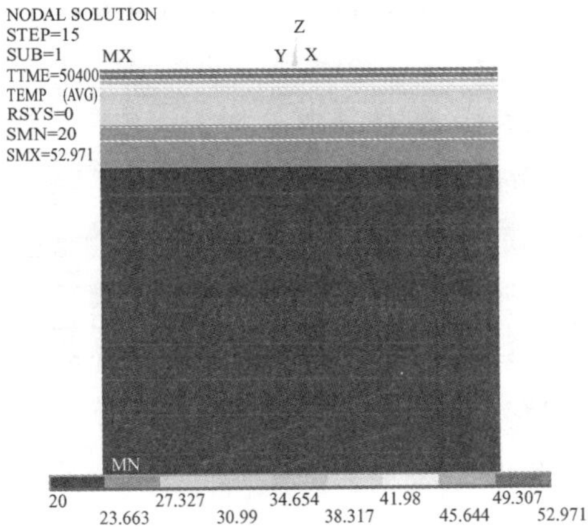

(c) 18点路面结构温度场示意图

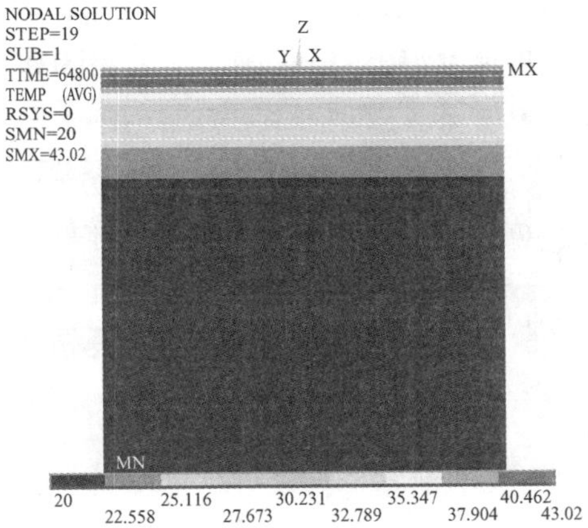

(d) 22点路面结构温度场示意图

图 2.37　沥青路面结构温度场的变化示意图

和喀什气候下的沥青层温度场随时间的变化图，如图 2.38 所示。由图 2.38 可知，沥青层温度场的温度沿深度方向逐渐降低，且随着时间的增加呈先升高后降低的变化趋势。其中，吐鲁番气候下的路面结构温度场的温度明显高于喀什气候下的路面结构温度场。

图 2.39 和图 2.40 描述了吐鲁番和喀什气候环境下结构一沥青层及沥青层以下温度场一天的变化。由图可以看出，一天中沥青路面结构温度场的温度呈先上升后下降的变化趋势，这主要是受外界气候即太阳辐射和气温的影响。太阳辐射和气温的高低直接影响到沥青层温度场的变化。温度对沥青路面结构的影响主要体现在两个方面：一方面为结构层的温差，温差的大小与温度应力成正比；另一方面为温度的变化直接影响材料的性能，如回弹模量和劈裂强度等。

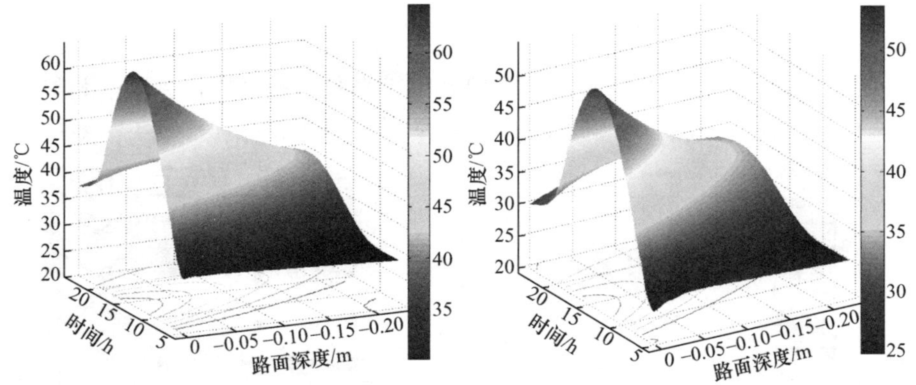

(a) 吐鲁番气候下沥青层的温度场　　(b) 喀什气候下沥青层的温度场

图 2.38　结构一沥青层温度场三维变化图

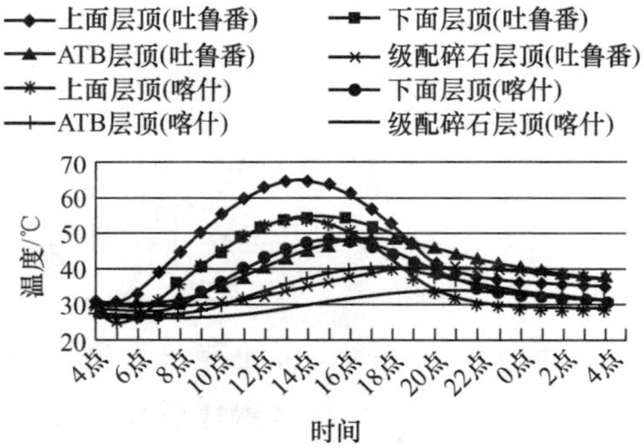

图 2.39　结构一沥青层温度场的变化

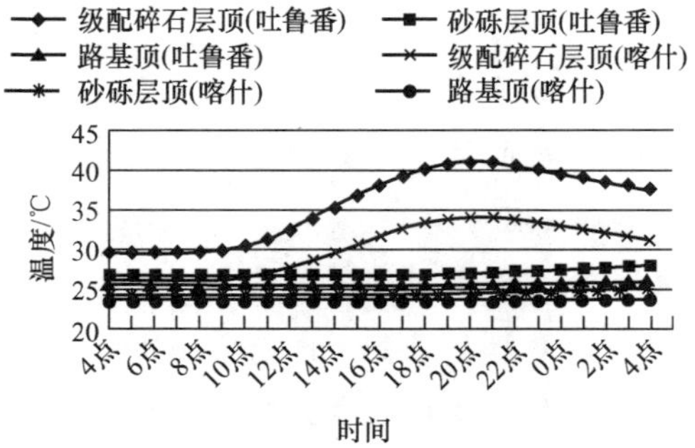

图 2.40　结构一沥青层以下温度场的变化

由于沥青材料具有松弛性，沥青路面结构在高温下产生的热膨胀对结构的力学影响较小，高温主要影响沥青路面材料的性能。由图 2.39 可以看出，在一天中沥青层温度场的变化幅度较大；吐鲁番和喀什气候条件下沥青层层顶与层底的最大温差分别为 30.89℃和 24.88℃，吐鲁番气候下上面层层顶的最高温度比喀什地区高 11.04℃。吐鲁番和喀什气候下上面层层顶的最高温度均在 14 点（新疆时间，非北京时间）达到，分别为 64.83℃和 53.79℃；吐鲁番和喀什气候下 ATB 层层底的最高温度均在 20 点达到，分别为 40.98℃和 34.21℃。当沥青层温度为 64.83℃时，模量为 350MPa 以下；当沥青层温度为 53.79℃时，模量在 500MPa 以下；当沥青层温度为 15℃时，模量为 1400～2000MPa。由此可见，温度的变化对沥青层的材料性能影响很大。

在 18 点之前的任意时刻，沥青路面结构温度场的温度沿深度方向逐渐降低；由于太阳辐射和气温逐渐降低，且材料间存在热传递现象，18 点之后下面层顶的温度超过上面层顶，20 点之后 ATB 层顶的温度超过下面层顶。

如图 2.40 所示，沥青层以下结构层温度由上到下逐渐降低，最高温度为 40.98℃，吐鲁番和喀什气候下级配碎石层最大温差分别为 13.74℃和 9.44℃。其他各层最大温度差均在 2℃之内。由此可见，两种气候下的温度对沥青层以下各结构层的影响较小。

图 2.41 和图 2.42 所示为吐鲁番和喀什气候环境下结构二沥青层及沥青层以下温度场一天的变化。

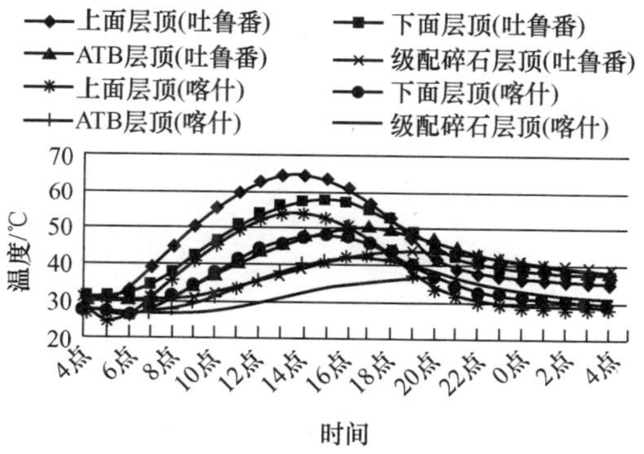

图 2.41　结构二沥青层温度场的变化

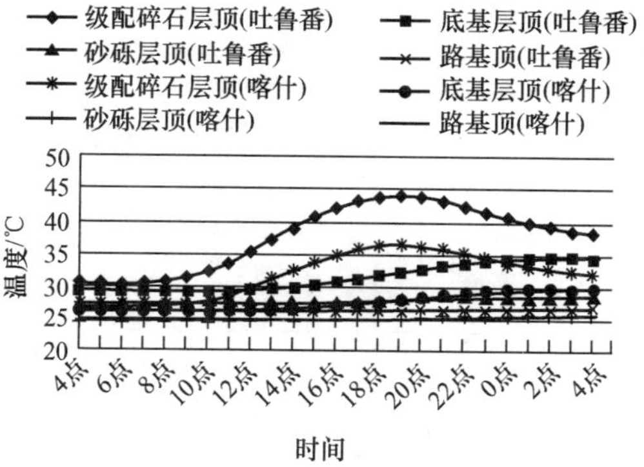

图 2.42　结构二沥青层以下温度场的变化

如图 2.41 所示，结构二在两种气候环境下的温度场变化与结构一相似，吐鲁番和喀什气候下结构二的上面层顶最高温度分别为 64.87℃和 53.82℃，沥青层的最大温差分别为 27.78℃和 22.75℃。在两种气候下结构二温度场的温度沿深度方向逐渐降低，18 点之后下面层顶温度超过上面层顶，20 点之后 ATB 层顶温度超过下面层顶。

由图 2.42 可知，沥青层以下各结构层的温度沿深度方向逐渐降低，吐鲁番和喀什气候下的基层及基层以下的最高温度分别为 44.10℃和 36.49℃，级配碎石层最大温差为 12.29℃和 8.68℃，半刚性基层最大温差在 6℃以内，半刚性基层以下的各层最大温差在 2℃以内。级配碎石是松散集料，对温差相对不敏感，而级配碎石以下各层温差较小，温度的变化对沥青层以下各层的影响较小。

图 2.43 和图 2.44 所示为吐鲁番和喀什气候环境下结构三沥青层及沥青层以下温度场一天的变化。

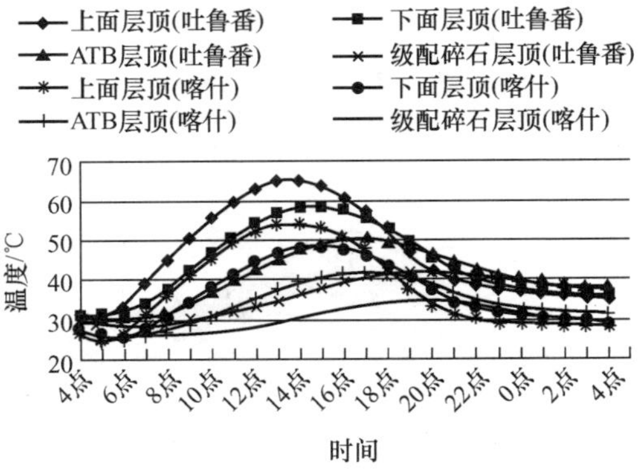

图 2.43　结构三沥青层温度场的变化

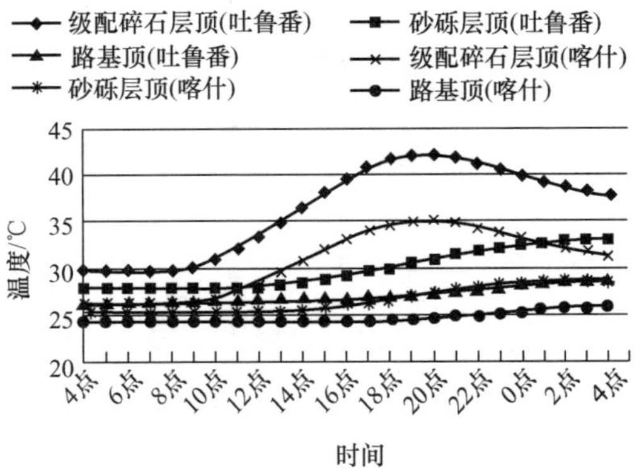

图 2.44　结构三沥青层以下温度场的变化

由图 2.43 可以看出，结构三温度场的变化规律与结构一和结构二相似。吐鲁番和喀什气候下的上面层顶的最高温度分别为 64.79℃和 53.76℃，沥青层最大温差为 29.80℃和 24.14℃。

如图 2.44 所示，沥青层以下各结构层温度沿深度方向逐渐降低，在吐鲁番和喀什气候下级配碎石最大温差分别为 11.52℃和 8.04℃，级配碎石以下各层最大温差在 4℃以内。

根据上述分析，将一些比较重要的数据进行整理，具体见表 2.32。

表 2.32　三种柔性基层沥青路面结构温度场提取数据　　单位：℃

结构	地区	上面层顶最高温度	沥青层最大温差	沥青层平均温度	级配碎石层最大温差	底基层最大温差	垫层最大温差
结构一	吐鲁番	64.83	30.89	49.39	13.74	—	2
	喀什	53.79	24.88	41.35	9.44	—	2
结构二	吐鲁番	64.87	27.78	50.98	12.29	6	2
	喀什	53.82	22.75	42.45	8.68	6	2
结构三	吐鲁番	64.79	29.8	49.89	11.52	—	4
	喀什	53.76	24.14	41.69	8.04	—	4

分析表 2.31 可知，就温度场分布而言，三种路面结构基本相同，且各结构温度差值等相差较小。温度场对沥青路面结构的影响主要体现在温度对材料性能的影响，即在温度和荷载耦合场中将有明显影响，此部分在下节中将有详细的分析。此外，三种沥青路面结构中沥青层的温度始终最高，在吐鲁番气候条件下最高能达到 64℃，对沥青层材料影响很大，直接导致模量值的骤降，对路面结构的整体强度有很大影响，在耦合场下很可能导致车辙等病害的产生。由于沥青层的覆盖，基层及垫层的温度不高，变化幅度不大，且基层和垫层材料（松散集料）受温度的影响较小，高温对柔性基层沥青路面结构的影响主要体现在沥青层材料上。

2. 高温与荷载耦合下柔性基层沥青路面的力学响应

高温气候环境下柔性基层沥青路面结构温度场温度较高，从而导致沥青层材料性能如模量发生很大变化，进而导致荷载作用下路面结构内力学响应的分布发生变化。南疆和东疆地区沥青路面经常出现车辙等病害，此种病害在高温重载下极易发生。在上述温度场计算的基础上，以下将利用 ANSYS 单元转化功能将 SOLID70 单元转化为 SOLID185 单元，并施加约束和行车荷载，最终求解得出耦合场下柔性基层沥青路面的力学响应，并绘制成图。

吐鲁番和喀什耦合场下三种柔性基层沥青路面结构路表弯沉随时间的变化如图 2.45 和图 2.46 所示。

如图 2.45 和图 2.46 所示，三种柔性基层沥青路面结构路表弯沉在吐鲁番和喀什气候环境下均有相似的变化规律，即先增加后减小，并在当地时间 16 点达到最大值。在两种气候环境下，结构一的路表弯沉值最大，结构三的最小，即就路面结构整体强度而言，结构三＞结构二＞结构一。在吐鲁番和喀什气候环境下，结构一一天中路表弯沉值的变化幅度分别为 16.23％和 13.42％，结构二一天中路表弯沉值的变化幅度分别为 18.02％和 14.56％，结构三一天中路表弯沉值的变化幅度分别为 19.12％和 17.45％。从路表弯沉值的变化幅度角度来看，在两种气候环境下，结构一的最小，结构二次之，结构三最大。

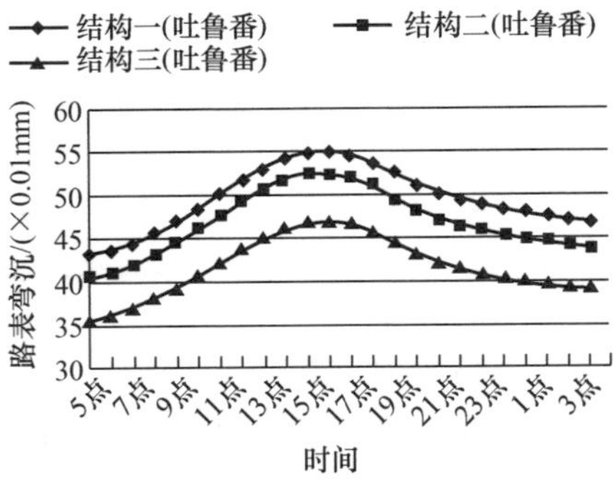

图 2.45　吐鲁番耦合场下路表弯沉随时间的变化

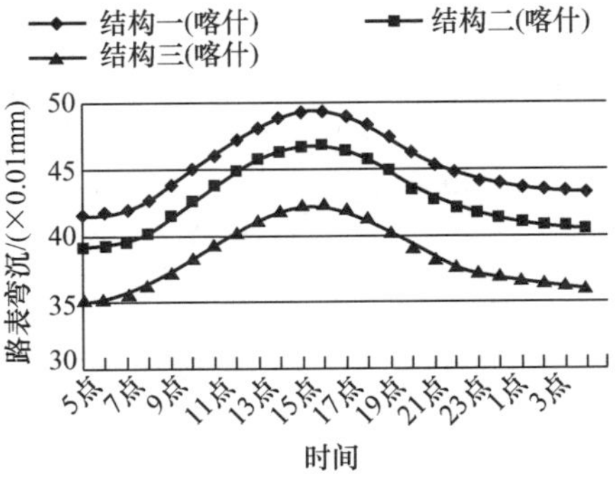

图 2.46　喀什耦合场下路表弯沉随时间的变化

吐鲁番和喀什耦合场下三种柔性基层沥青路面结构沥青层的拉应变如图 2.47 和图 2.48 所示。

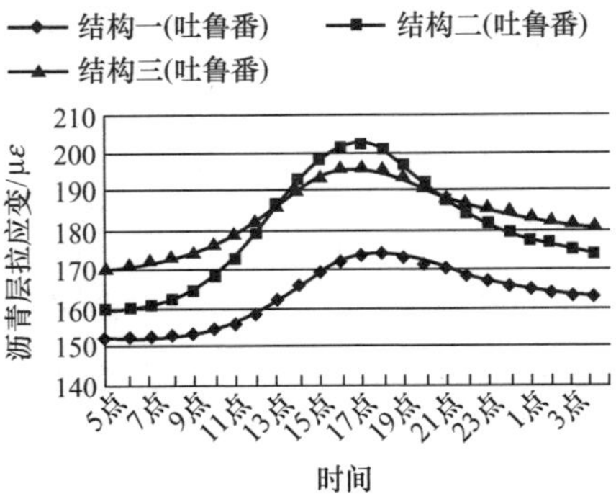

图 2.47　吐鲁番耦合场下沥青层的拉应变

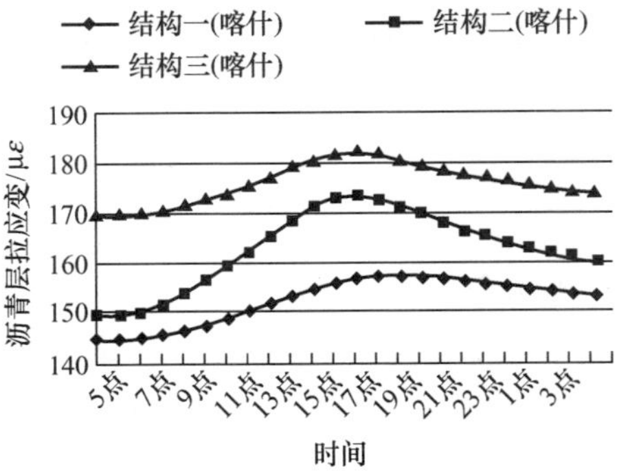

图 2.48　喀什耦合场下沥青层的拉应变

沥青路面结构中的拉应力分布与路面结构组成有着直接的关系，如当沥青层的刚度增大时，在相同荷载作用下沥青层分担的拉应力就更多。由于在高温环境下沥青层相对模量较小，如沥青层温度达到 60～70℃时沥青层模量为 300～500MPa，导致沥青层拉应力较小，仅为 40～60kPa。因此，在高温耦合场研究中本书采用沥青层拉应变作为控制指标。

沥青层拉应变随着时间逐渐增大，并在 17—18 点达到最大值，而后逐渐减小。在喀什气候环境下，结构一的沥青层拉应变最小，结构三的最大；在吐鲁番气候环境下，在 13—20 点，结构二的沥青层拉应变大于结构三，在其他时间段，结构二的沥青层拉应变小于结构三；结构一的沥青层拉应变始终最小。在吐鲁番气候环境下，结构一、结构二和结构三的沥青层拉应变最大值分别为 173.82$\mu\varepsilon$、201.85$\mu\varepsilon$ 和 196.50$\mu\varepsilon$；在喀什气候环境下，结构一、结构二和结构三的沥青层拉应变最大值分别为 157.56$\mu\varepsilon$、173.75$\mu\varepsilon$ 和 182.44$\mu\varepsilon$。分析图 2.47 和图 2.48 可知，在吐鲁番和喀什气候环境下，结构一沥青层拉应变的变化幅度分别为 6.93％和 2.52％，结构二沥青层拉应变的变化幅度分别为 15.38％和 7.82％，结构三沥青层拉应变的变化幅度分别为 8.48％和 4.89％。

由上述分析数据可知，柔性基层沥青路面结构中沥青层拉应变受温度的影响较大，沥青拉应变数值在一天中的变化幅度随着外界温度的升高逐渐加大。就沥青层拉应变指标而言，结构二对温度的敏感性要高于结构一和结构三，结构一对高温环境的适应性要好于结构二和结构三。

吐鲁番和喀什耦合场下三种柔性基层沥青路面结构沥青层的剪应力如图 2.49 和图 2.50 所示。

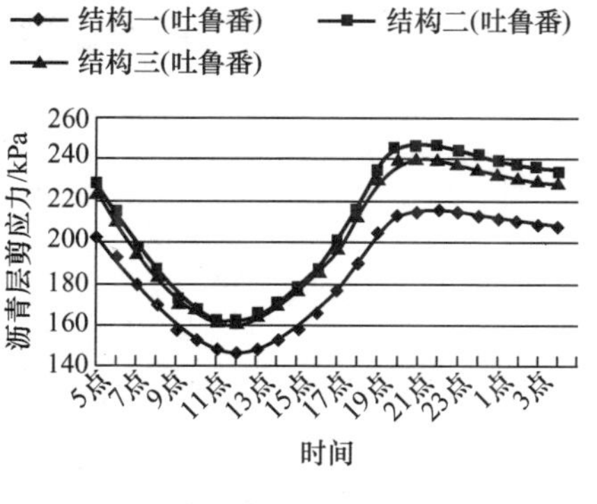

图 2.49 吐鲁番耦合场下沥青层剪应力

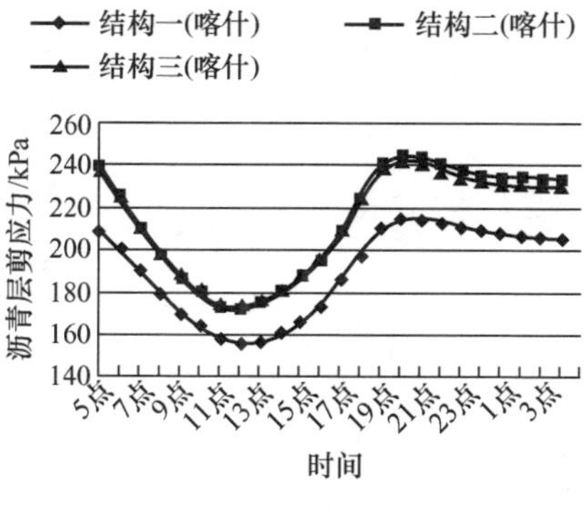

图 2.50 喀什耦合场下沥青层剪应力

由图 2.49 和图 2.50 可以看出，在高温耦合场下，沥青层剪应力随着时间的增加逐渐减小，在 12—13 点达到最低值，13—20 点逐渐增大，20 点之后逐渐减小。由此可见，沥青层剪应力受温度的影响很大。12—13 点，沥青层温度达到最高值，此时模量最低，沥青层分担的剪应力最小；13 点之后随着沥青层温度的降低，模量逐渐变大，沥青层分担的剪应力逐渐增大。然而，虽然在高温环境下沥青层剪应力处于减小状态，但是沥青材料的抗剪强度也在逐渐降低。根据长沙理工大学黄拓的研究，沥青混合料在 40℃、50℃和 60℃时的一次性剪切强度分别为 1.709MPa、1.563MPa 和 1.251MPa；当温度由 50℃升高到 60℃时，沥青混合料的抗剪强度下降高达 0.312MPa。在新疆沥青层的最高温度高达 65℃以上，高温环境对沥青层剪应力的影响很大，在进行结构设计时应尤其注意。

在两种气候条件下，结构二和结构三沥青层剪应力基本相同，结构一最小；沥青层剪应力最大值在 250kPa 以下，即在此荷载和温度下沥青路面结构不会立即发生破坏。在吐鲁番和喀什气候环境下，结构一一天中的沥青层剪应力变化幅度分别为 33.24%和 26.45%，结构二和结构三一天中的沥青层剪应力平均变化幅度分别为 35.33%和 28.02%。

由此总结可知，就沥青层剪应力而言，三种柔性基层沥青路面结构均能适应新疆的高温环境，且结构一对高温环境的适应性优于结构二和结构三。

吐鲁番和喀什耦合场下三种柔性基层沥青路面结构级配碎石层剪应力如图 2.51 和图 2.52 所示。

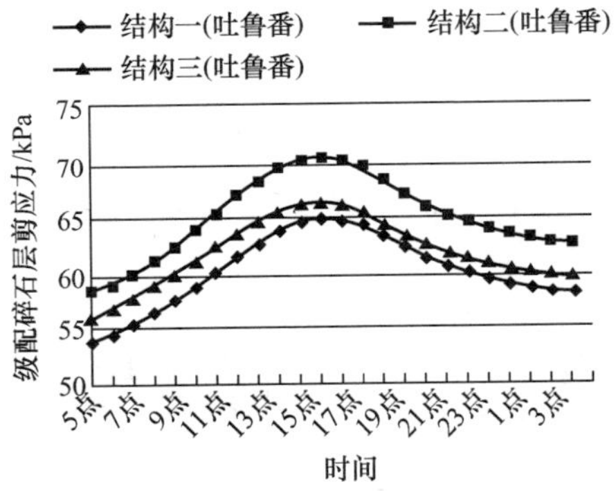

图 2.51　吐鲁番耦合场下级配碎石层剪应力

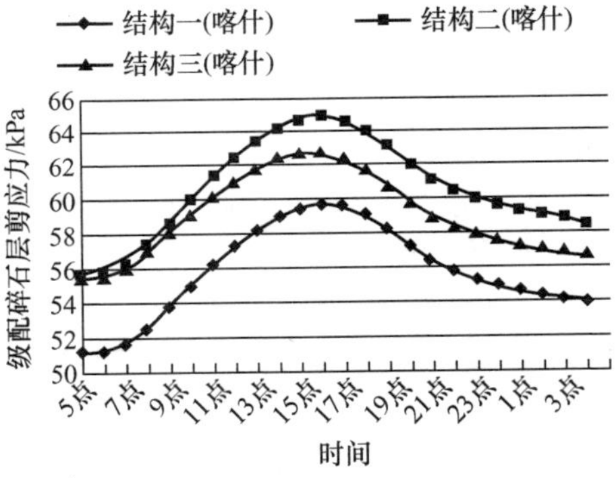

图 2.52　喀什耦合场下级配碎石层剪应力

如图 2.51、图 2.52 所示，级配碎石层剪应力随着时间的增长呈先增大后减小的变化趋势，并在 16 点达到最大值。从当地时间 5 点开始，随着时间的增长沥青层温度逐渐升高，模量逐渐降低，在相同荷载作用下级配碎石层承受的剪应力逐渐增大。在两种气候环境下，结构一的级配碎石层剪应力始终最小，结构三次之，结构二最大。三种路面结构在两种气候环境下级配碎石层剪应力最大值均满足级配碎石层容许剪应力（130～260kPa）的要求。

在吐鲁番和喀什气候下，结构一一天中级配碎石层剪应力的变化幅度分别为 11.26%和 10.37%，结构二一天中级配碎石层剪应力的变化幅度分别为 12.21%和 10.37%，结构三一天中级配碎石层剪应力的变化幅度分别为 10.83%和 10.31%。由此可见，气候环境对柔性基层沥青路面级配碎石层剪应力的影响较大；随着温度的升高，级配碎石层剪应力最大值随之增大，且级配碎石层剪应力变化幅度随之增加。

因此，就级配碎石层剪应力而言，三种路面结构对高温耦合场均具有一定的适应性，其中结构一的适应性优于结构三，结构三优于结构二。

吐鲁番和喀什耦合场下三种柔性基层沥青路面结构路基顶面压应变如图 2.53 和图 2.54 所示。

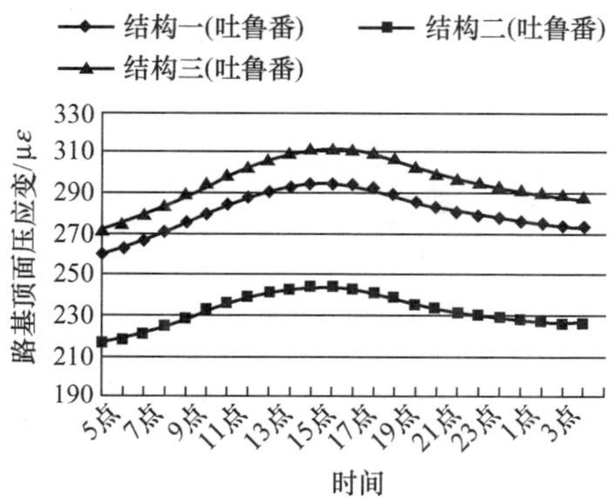

图 2.53　吐鲁番耦合场下路基顶面压应变

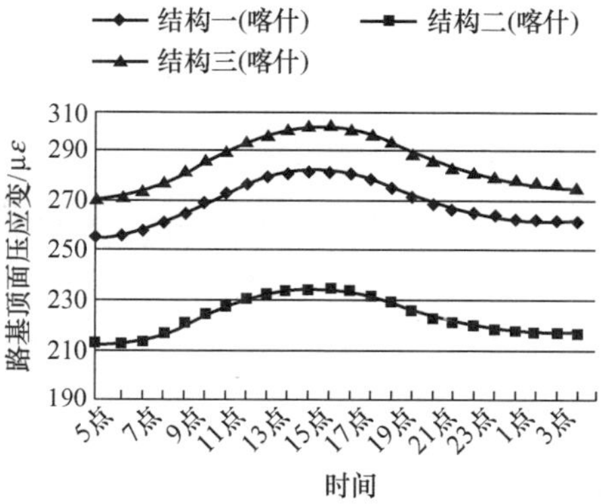

图 2.54　喀什耦合场下路基顶面压应变

如图 2.53、图 2.54 所示，外界气候环境的变化对柔性基层沥青路面结构的路基顶面压应变指标有着一定的影响，随着时间的增长，路基顶面压应变呈先增大后减小的变化规律。在两种气候环境下，结构二的路基顶面压应变最小，结构一次之。在吐鲁番和喀什气候条件下，结构一一天中路基顶面压应变的变化幅度分别为 7.53％和 7.78％，结构二一天中路基顶面压应变的变化幅度分别为 7.71％和 8.15％，结构三一天中路基顶面压应变的变化幅度分别为 8.20％和 8.69％。由此可见，外界气温的变化对路基顶面压应变具有一定的影响，且路基顶面压应变的最大值随着温度的升高而逐渐增大。两种气候环境下柔性基层沥青路面结构的路基顶面压应变最大值均在 310$\mu\varepsilon$ 以下，显然满足路基顶面容许压应变（280～350$\mu\varepsilon$）的要求。

就路基顶面压应变指标而言，三种路面结构均能适应高温气候环境，且结构二对高温环境的适应性优于结构一和结构三。

2.3.3　柔性基层沥青路面对北疆寒冷地区的适应性

天山以北、阿尔泰山以南的区域一般称为北疆，主要包括乌鲁木齐、阿勒泰地区、塔城地区和伊宁等地。北疆属于典型的温热带大陆性干旱半干旱气候，年平均气温为－4～9℃，全年降雨量为 150～200mm，全年无霜期为 140～185 天。乌鲁木齐和阿勒泰是北疆严寒气候的代表性地区，特别是 1 月份。以下选取 1 月的乌鲁木齐气候条件对柔性基层沥青路面进行研究。

1. 北疆寒冷地区柔性基层沥青路面的温度场

乌鲁木齐1月最低最高气温变化情况如图2.55所示。

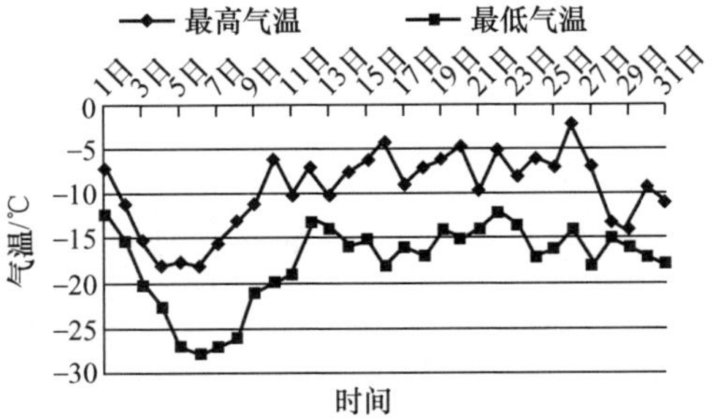

图2.55　乌鲁木齐1月最低最高气温变化情况

由图2.55可知，乌鲁木齐1月气温均处于零下，最低气温达到−28℃。由图2.55可以得到乌鲁木齐气温的建模参数，见表2.33。

表2.33　乌鲁木齐1月气温建模参数　　单位：℃

城市	日最高温度	日最低温度	日平均温度	日气温变化幅度
乌鲁木齐	−18	−28	−23	10

实际上气温是随时间变化的，由于缺乏新疆地区整天的气温变化数据，在利用ANSYS进行仿真模拟时，采用同济大学严作人提出的双正弦曲线予以表示。根据严作人的研究，气温日变化从凌晨最低值升至午后最高值的时间一般不足10小时，而从午后最高值降至第二天黎明前最低值的时间一般大于14小时，由此提出以双正弦曲线模拟气温的变化过程。据此可以得到乌鲁木齐1月日气温变化曲线，如图2.56所示。

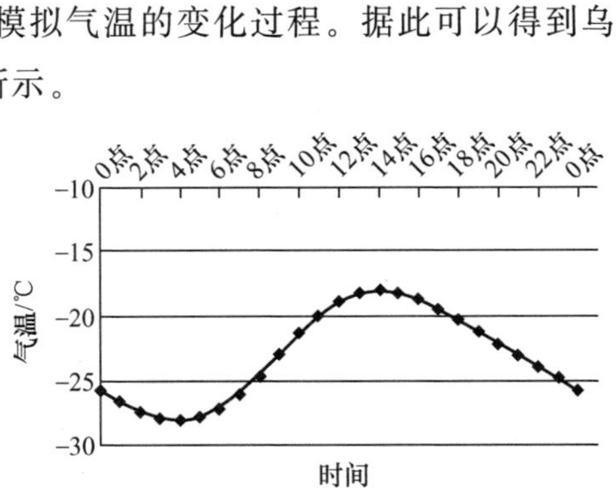

图2.56　乌鲁木齐1月日气温变化曲线

根据图 2.56 及相关资料可以得到乌鲁木齐 1 月平均每日的太阳辐射数据（表 2.34），进一步可以得到乌鲁木齐 1 月日太阳辐射的变化曲线（图 2.57）。

表 2.34　乌鲁木齐日太阳辐射建模参数

城市	日太阳辐射总量/(MJ/m²)	日照时数/h	中午最大辐射值/(MJ/m²)
乌鲁木齐	4.04	9	0.706

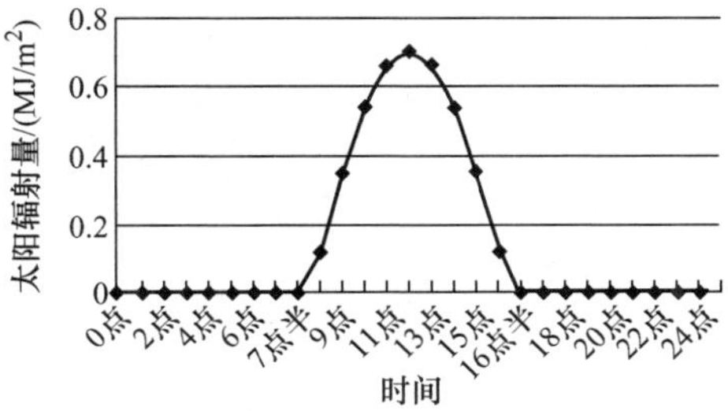

图 2.57　乌鲁木齐 1 月日太阳辐射随时间的变化曲线

根据上述乌鲁木齐气候环境参数及三种路面结构设计参数建立有限元模型，通过仿真模拟可以得到乌鲁木齐气候条件下的柔性基层沥青路面温度场的分布。由于三种路面结构沥青层温度场的三维分布图具有相似性，所以下面仅给出结构一的沥青层温度场三维变化图。

图 2.58 描述了柔性基层沥青路面沥青层沿深度方向温度随时间的变化。分析易知，距离路表越近的沥青层的温度在一天中变化的幅度越大，即随着深度的加深，温度场受外界气候环境的影响逐渐减小。其中，从上午 7 点开始，随着时间的增长，沥青层温度逐渐升高；12 点时，沥青层温度达到最高，为－15℃左右；12 点之后，随着时间的增长，沥青层温度逐渐降低，到次日 7 点时沥青层的温度达到－24.5℃。由此可见，在乌鲁木齐气候环境下，柔性基层沥青路面沥青层温度在－15～－25℃之间变化。

图 2.59、图 2.60 描述了三种路面结构在乌鲁木齐气候条件下各结构层的温度随时间变化的规律。由图容易看出，乌鲁木齐气候条件下三种路面结构的沥青层和基层的温度变化较大，基层以下各结构层温度几乎不发生变化。在一天中沥青层和基层的温度随时间增长呈先升高后下降的变化规律。三种路面结构中沥青路表在一天中的温度变化最大，且最高温和最低温出现在沥青路表，其中结构一的路表最高温和最低温分别为－15.31℃和－24.52℃，结构二的路表最高温和最低温分别为－15.35℃和－24.56℃，结构三的路表最高温和最低温分别为－15.29℃和－24.42℃。由以上数据分析可知，三种路面结构沥青层路表温

度变化基本一致。

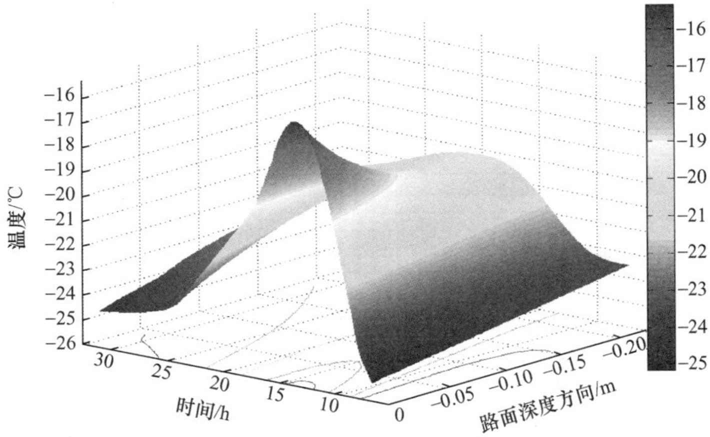

图 2.58　乌鲁木齐气候下的沥青层温度场三维变化图

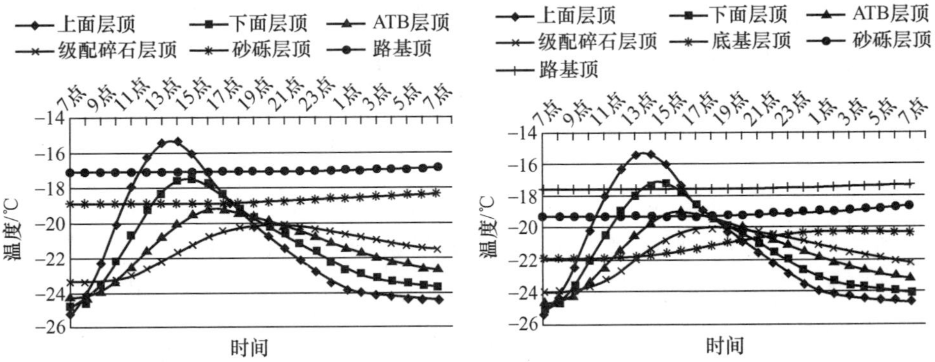

(a) 结构一　　(b) 结构二

图 2.59　乌鲁木齐气候下结构一、结构二温度场的变化

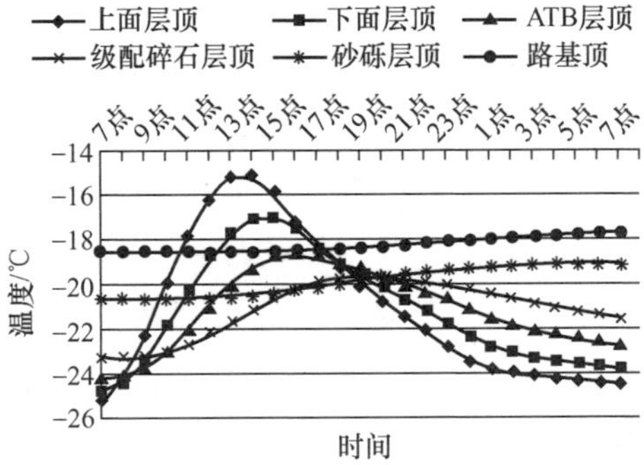

图 2.60　乌鲁木齐气候下结构三温度场的变化

结构一沥青路表的温度变化幅度为 9.20℃，下面层顶的温度变化幅度为 6.23℃，ATB 层顶的温度变化幅度为 3.51℃，沥青层层底的温度变化幅度为 1.49℃；结构二沥青路表的温度变化幅度为 9.21℃，下面层顶的温度变化幅度为 6.72℃，ATB 层顶的温度变化幅度为 4.22℃，沥青层层底的温度变化幅度为 2.21℃；结构三沥青路表的温度变化幅度为 9.21℃，下面层顶的温度变化幅度为 6.71℃，ATB 层顶的温度变化幅度为 4.20℃，沥青层层底的温度变化幅度为 1.77℃。由此可知，随着路面深度的加深，路面温度场的变化幅度越来越小。

低温环境对沥青材料的影响较大，在低温条件下沥青层模量迅速增大，而低温对基层、垫层和路基等材料性质的影响较小。在此种情况下，在行车荷载作用下沥青层承受的荷载就相应增加。另外，在低温环境下路面结构材料遇冷收缩，由于温度梯度的存在，路面深度方向各结构层收缩量不同，致使路面结构中产生温度应力。

2. 低温与荷载耦合下柔性基层沥青路面的力学响应

众所周知，绝大多数物体均具有热胀冷缩的特性，柔性基层沥青路面修筑材料同样不例外。在低温环境下，如乌鲁木齐 1 月气候环境作用下，沥青路面材料出现冷缩现象，但是由于摩擦等约束的存在，材料无法完全收缩，使得沥青路面出现拉应力，即温度应力。在类似乌鲁木齐 1 月气候环境下，沥青层材料受温度的影响较大，通常能产生 1MPa 以上的温度应力。根据吉林大学高峰的实测资料，沥青混合料在－20℃时劈裂强度为 4～5.5MPa。沥青混合料是典型的感温性材料，一般而言，沥青混合料的劈裂强度随着温度的降低逐渐提高。因此，本书利用 ANSYS 有限元软件，对乌鲁木齐气候条件下的三种路面结构施加行车荷载和约束，模拟低温与荷载耦合场下的柔性基层沥青路面结构的力学响应。

图 2.61 所示为乌鲁木齐气候条件下低温与荷载耦合场下沥青层拉应力剖面图。

从图 2.61 中可以看出，不同时刻沥青层最大拉应力的位置不同，并不是一直位于沥青层底部，即沥青层拉应力最大值出现的位置随着时间的变化而变化。在图 2.61 中，10—18 点时沥青层底部总是处于受拉状态；8 点时，沥青层最大拉应力出现在荷载作用范围以外的沥青上面层中；10—18 点，沥青层拉应力出现在沥青层底；22 点时，沥青层拉应力最大值出现在荷载作用范围以外的上面层中。造成这种现象的主要原因是，沥青层温度场随着时间的变化始终处于变化状态，即沥青层模量随时间不断变化。由温度场的分析可知，8—12 点，沥青层温度逐渐上升，模量逐渐减小，温度应力也逐渐减小，在荷载和温度耦合作用

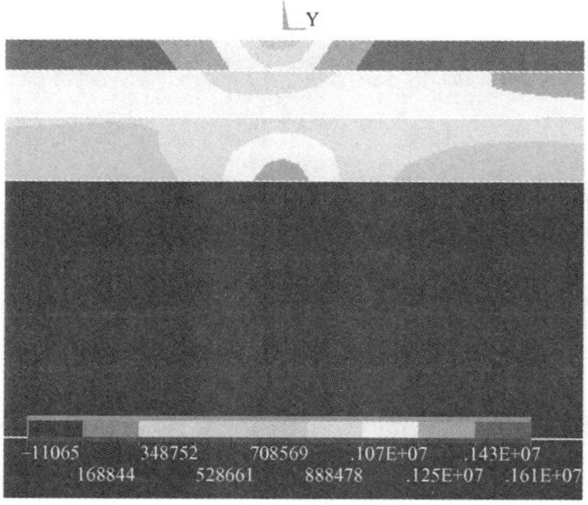

(a) 8点沥青层拉应力分布剖面图

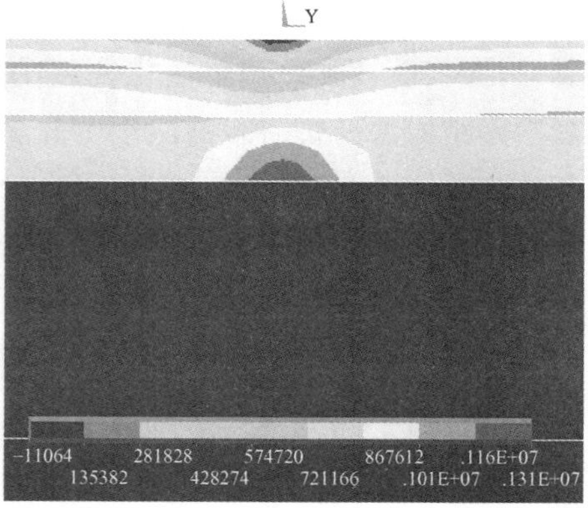

(b) 10点沥青层拉应力分布剖面图

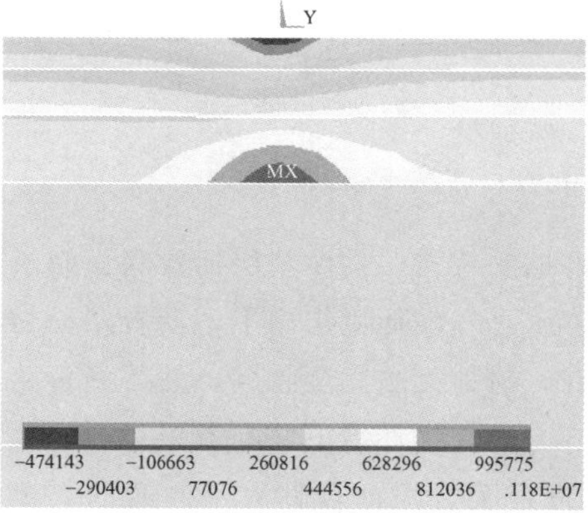

(c) 12点沥青层拉应力分布剖面图

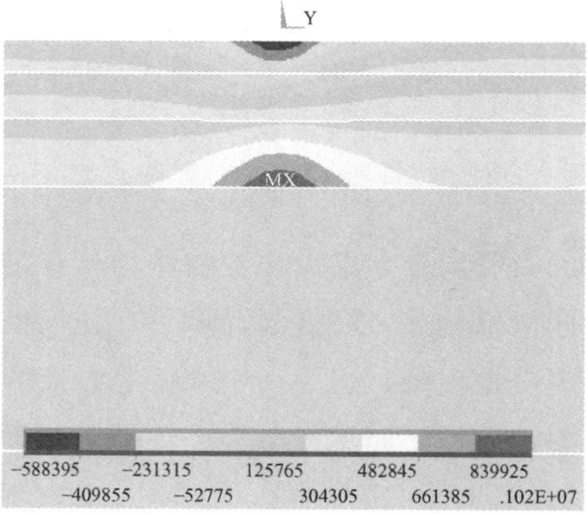

(d) 14点沥青层拉应力分布剖面图

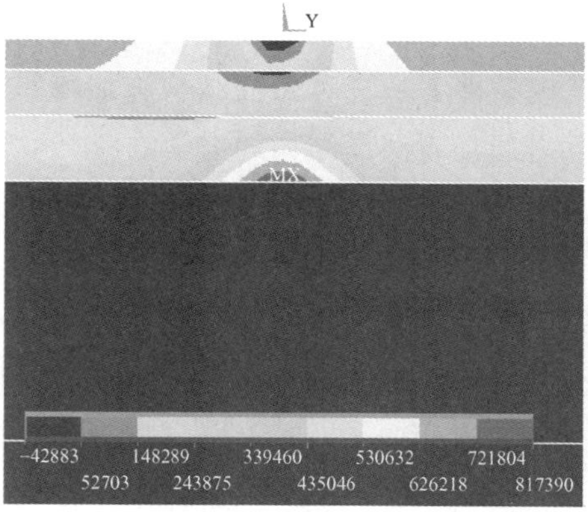

(e) 18点沥青层拉应力分布剖面图

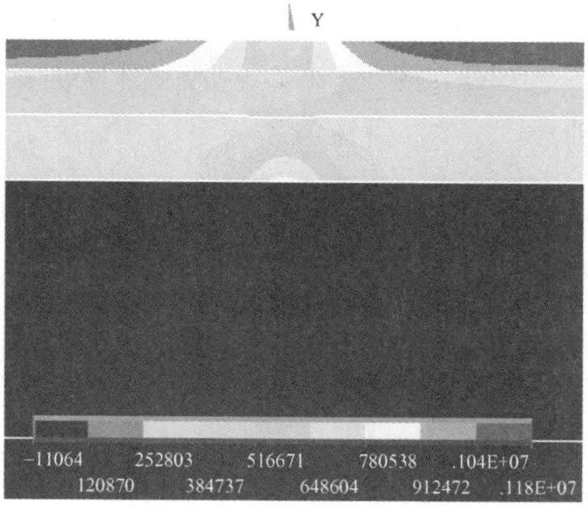

(f) 22点沥青层拉应力分布剖面图

图 2.61　乌鲁木齐气候条件下各时刻沥青层拉应力剖面图

下，沥青层底部的拉应力逐渐大于沥青层底部以外部分的拉应力；12 点之后，沥青层温度场温度逐渐下降，温度应力逐渐增大，在 18 点之后的某一时间点，温度应力逐渐大于沥青层底的拉应力数值。

由于耦合场下的沥青层拉应力出现的位置并不固定，所以提取了各时间点的沥青层底和沥青层底以外最大拉应力数据，如图 2.62 所示。从 8 点开始，随着时间的增长，两个位置的沥青层拉应力呈现先减小后增大的变化趋势。其中，沥青层底以外的拉应力在 12 点之后逐渐增大，这是因为在 12 点之后沥青层温度逐渐降低，温度应力逐渐增大。8—18 点，由于沥青层温度的升高，温度应力减小，且沥青层模量的降低导致荷载作用下沥青层分担的拉应力减小，最终导致沥青层底部拉应力逐渐减小。18 点之后，沥青层拉应力最大值始终出现在沥青层底部以外位置。

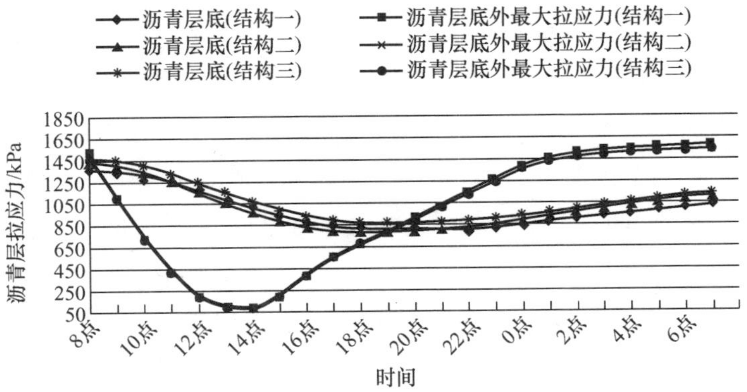

图 2.62　乌鲁木齐气候条件下沥青层拉应力随时间的变化

就沥青层拉应力最值而言，其随着时间的增长呈现先减小后增大的变化规律。三种路面结构的沥青层拉应力最值在一天中的变化范围为 700～1600kPa，变化浮动约为 73.17%。由此可见，外界低温环境对沥青路面的影响很大。

结构一、结构二和结构三中出现的最大拉应力分别为 1599.38kPa、1558.43kPa 和 1548.73kPa，最大差值仅相差 3.17%。由此可知，就沥青层拉应力指标而言，三种路面结构对北疆严寒地区的适应性基本一致。

图 2.63 和图 2.64 所示分别为乌鲁木齐气候环境下三种结构的沥青层剪应力和级配碎石层剪应力。

由图 2.63 和图 2.64 可知，从 8 点开始，沥青层剪应力随着时间的增长呈现先减小后增大的变化趋势，而级配碎石层剪应力随时间的增长呈现先增大后减小的变化趋势。这与沥青层模量有着很大的关系，沥青层模量的变化导致沥青路面结构中的应力分布发生变化。当温度升高时，沥青层模量降低，沥青层分担的剪应力减少，而级配碎石层分担的剪应力相对增加，当温度降低时则出现相反的变化规律。

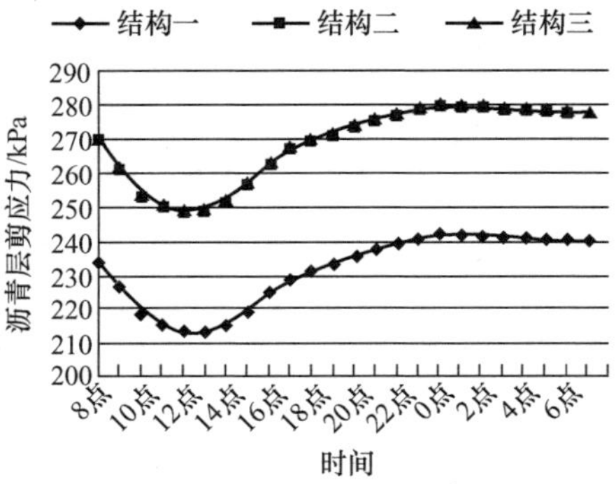

图 2.63　乌鲁木齐气候环境下沥青层剪应力

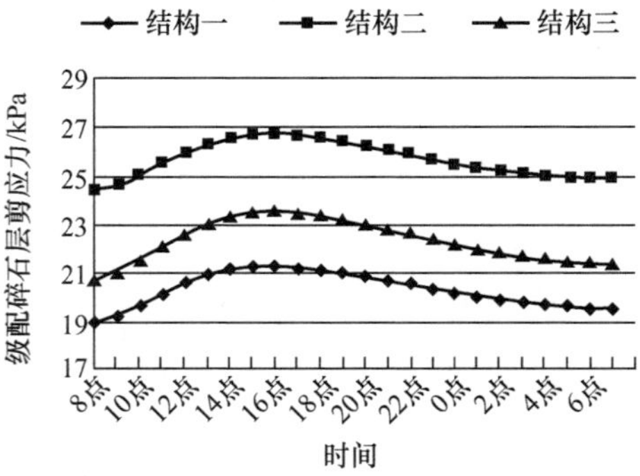

图 2.64　乌鲁木齐气候环境下级配碎石层剪应力

分析图 2.63 和图 2.64 容易知道，在同一时间点，结构一的沥青层剪应力最小，结构二和结构三基本相同；若以级配碎石层剪应力排序，则为结构一＜结构三＜结构二。然而，由图 2.64 易知，三种路面结构的级配碎石层最大剪应力在 29kPa 以下，远远小于 130kPa，由此可知，在北疆严寒地区柔性基层沥青路面结构不会发生级配碎石层的剪切破坏。另外，三种路面结构的沥青层剪应力最大值均在 290kPa 以下。在常温状态下，沥青层容许剪应力为 200～350kPa，因此在低温状态下更容易满足要求。

2.3.4　柔性基层沥青路面对新疆大温差环境的适应性

新疆是典型的大温差地区，表现在南北疆的温差大、年温差大和昼夜温差大。新疆的气候环境是以年作为循环周期的，这一循环周期可以分为四个阶段，即春季、夏季、秋季和冬季，其中夏季和冬季气候最为恶劣，春季和秋季稍平缓。在每个季节环境的耦合场下沥青路面呈现出不同的变化规律。

1. 不同季节温差环境下柔性基层沥青路面的力学响应

新疆不同的季节不同的地区有着不同的温差，为了使得选取的季节气候能代表北疆和南疆的特点，选取冬季和春季的阿勒泰（北疆）及夏季和秋季的喀什（南疆），月份分别为 1 月、4 月、7 月和 10 月。根据新疆气象局资料可以得到四个季节日最低和最高温度及日太阳辐射资料，见表 2.35 和表 2.36。

由表 2.35 和表 2.36，并采用耦合场的有限元进行仿真，可以得到新疆四季日气温和日太阳辐射变化曲线，如图 2.65 和图 2.66 所示。

表 2.35　新疆四季气温建模参数　单位：℃

季节	日最高温度	日最低温度	日平均温度	日气温变化幅度
冬季	－20	－38	－29	18
春季	21	3	12	18
夏季	36	18.5	27.25	17.5
秋季	28	10	19	18

表 2.36　新疆四季日太阳辐射建模参数

季节	日太阳辐射总量/(MJ/m²)	日照时数/h	中午最大辐射值/(MJ/m²)
冬季	5.76	8.48	1.068
春季	10.43	12.83	1.28
夏季	24.63	14.63	2.65
秋季	16.03	11.72	2.15

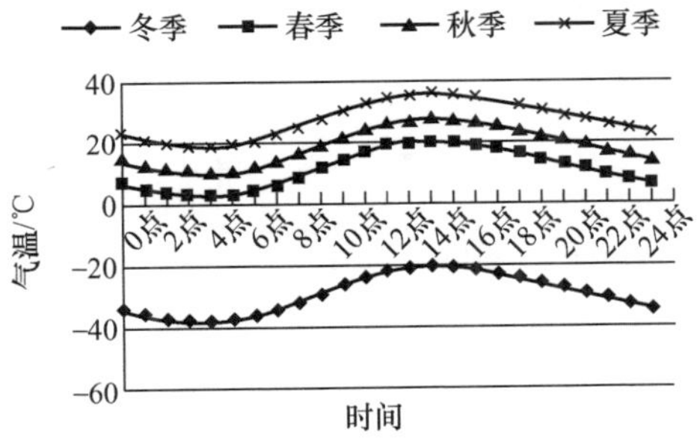

图 2.65　新疆四季日气温变化曲线

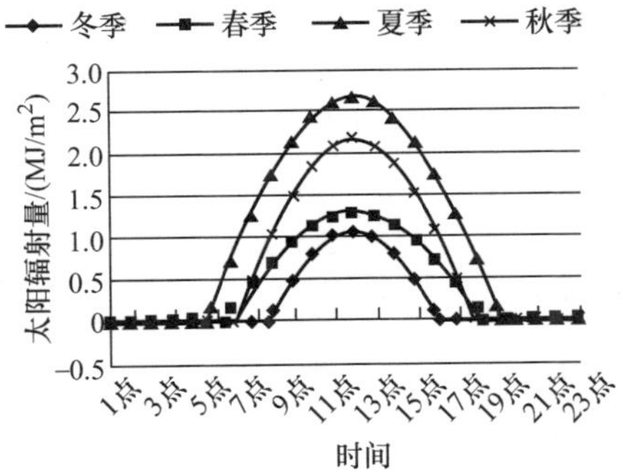

图 2.66　新疆四季日太阳辐射变化曲线

根据新疆四季的气候参数，利用 ANSYS 有限元软件对四个季节的柔性基层沥青路面气温-荷载耦合场进行仿真模拟。根据上节的分析可知，冬季柔性基层沥青路面结构中，除了沥青层受拉较为严重外，其他各项力学响应量均较小，与夏季明显不同，所以下文对冬季进行单独分析，且仅对沥青层拉应力和拉应变进行分析。

图 2.67 绘出了新疆春、夏、秋三个季节三种路面结构 24h 中路表弯沉的变化曲线。

如图 2.67 所示，春、夏、秋三个季节三种路面结构在 24h 中的路表弯沉呈现相同的变化规律，即先增大后减小，并在 14—15 点达到最大值。三种柔性基层沥青路面路表弯沉均在夏季最大，秋季次之，春季最小。由此可知，路表弯沉的大小与气候相关，如夏季温度最高，则路表弯沉值最大。为了方便分析，对上述

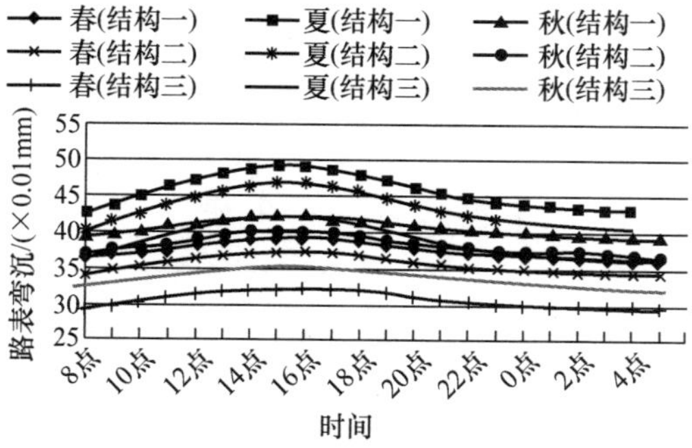

图 2.67　不同季节 24h 中路表弯沉变化曲线

路表弯沉变化数据进行整理，见表 2.37。

表 2.37　春、夏、秋三个季节沥青路面路表弯沉数据统计

季节	项目	结构一	结构二	结构三
春季	变化幅度	8.30%	8.23%	9.28%
	弯沉排序	结构一>结构二>结构三		
夏季	变化幅度	13.41%	14.55%	16.33%
	弯沉排序	结构一>结构二>结构三		
秋季	变化幅度	7.79%	9.04%	10.01%
	弯沉排序	结构一>结构二>结构三		
季节弯沉排序		夏季>秋季>春季		

从表 2.37 中可以看出，对于路表弯沉指标来说，结构三总体上优于结构一和结构二，结构一在春、夏、秋三个季节中路表弯沉变化幅度要小于结构二和结构三，即结构一对变化的气候环境适应性较好。对于结构一和结构二，由于结构二为组合式基层沥青路面结构，整体刚度大于结构一；由于结构三的沥青层厚度较大且路基回弹模量达到 140MPa，结构三的路表弯沉小于结构二。

图 2.68 和图 2.69 所示为不同季节三种路面结构 24h 中沥青层的拉应力和拉应变。

由图 2.68 和图 2.69 可以看出，沥青层拉应力和拉应变呈现出不同的变化规律，24h 中三种路面结构的沥青层拉应力呈现先减小后增大的变化规律，而沥青层拉应变则先增大后减小。这主要是由于一天中沥青路面温度场温度先升高后降低，导致沥青层模量先减小后增大。沥青层拉应力与沥青层模量有着直接的关系，随着沥青层模量的减小，沥青层承受的拉应力也逐渐减小，而沥青层拉应变则不然，模量的降低导致在相同力的作用下应变逐渐增大。为方便分析，将上述

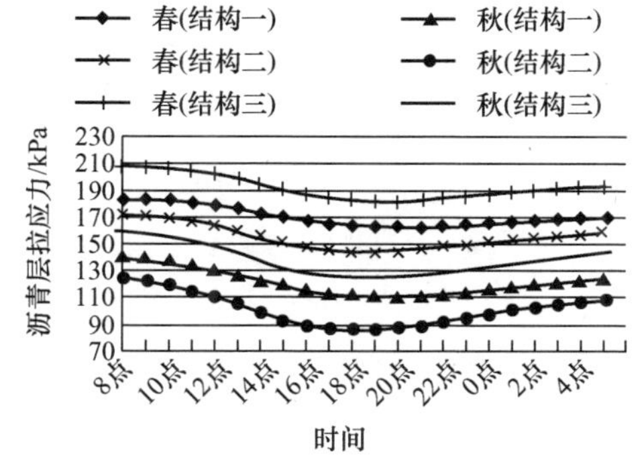

图 2.68　不同季节 24h 中沥青层的拉应力

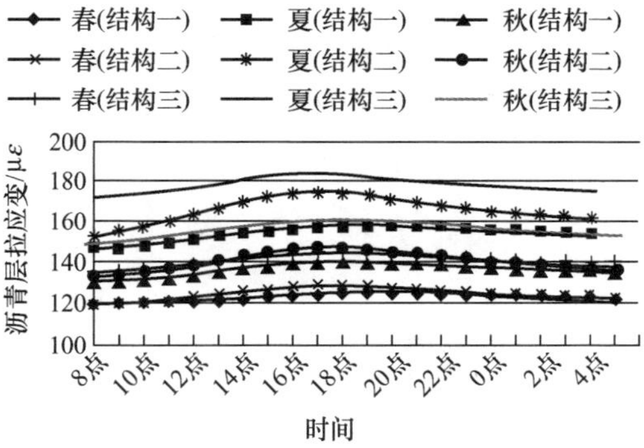

图 2.69　不同季节 24h 中沥青层的拉应变

数据进行整理，见表 2.38。

表 2.38　春、夏、秋三个季节沥青路面沥青层受拉数据统计

季节	项目	结构一		结构二		结构三	
		应力	应变	应力	应变	应力	应变
春季	变化幅度	4.35%	2.86%	9.73%	4.72%	5.88%	3.90%
	峰值	172.02kPa	125.00$\mu\varepsilon$	159.96kPa	128.11$\mu\varepsilon$	195.07kPa	143.64$\mu\varepsilon$
夏季	变化幅度	—	2.52%	—	7.82%	—	4.89%
	峰值	—	157.56$\mu\varepsilon$	—	173.75$\mu\varepsilon$	—	182.44$\mu\varepsilon$
秋季	变化幅度	11.91%	4.44%	23.46%	7.83%	15.07%	5.41%
	峰值	126.46kPa	139.96$\mu\varepsilon$	112.25kPa	139.75$\mu\varepsilon$	146.31kPa	160.22$\mu\varepsilon$

分析表 2.38 可知，就沥青层拉应力或拉应变来看，结构一和结构二对春季

气候的适应性要优于结构三；三种路面结构对于夏季气候的适应性排序为结构一＞结构二＞结构三；结构一和结构二对秋季气候的适应性基本相同，且优于结构三。此外，就沥青层拉应力和拉应变在一天中的变化幅度而言，结构二的变化幅度最大，结构三次之，结构一最小。

根据长安大学庄传仪的研究，沥青层的疲劳极限应变宜在 160～220$\mu\varepsilon$ 之间取值。由表 2.38 可知，三种气候下的沥青层拉应变最大值均在 220$\mu\varepsilon$ 之内，且沥青层拉应力均在 200kPa 以下。由此可知，三种路面结构均能适应新疆的春、夏、秋气候。

对于沥青层拉应力峰值而言，由春季到秋季，结构一、结构二和结构三平均减小 27.10%；对于沥青层拉应变峰值来说，由春季到夏季，三种路面结构平均增大 29.56%，由夏季到秋季，三种路面结构平均增大 14.31%。由此可知，不同季节柔性基层沥青路面沥青层拉应力和拉应变有着很大的差异。

综合分析可知，对于沥青层拉应力或拉应变指标来说，三种路面结构均能适应新疆春、夏、秋三个季节的气候，其中结构一的适应性优于结构二，结构二优于结构三。

图 2.70 所示为不同季节 24h 中沥青层剪应力的变化曲线。

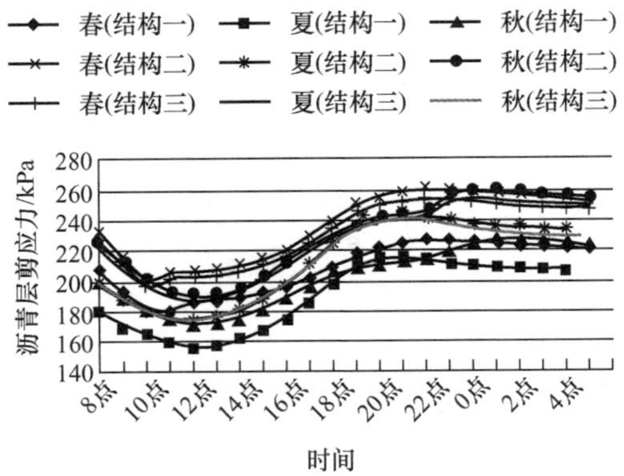

图 2.70　不同季节 24h 中沥青层剪应力的变化曲线

由图 2.70 可以看出，三个季节 24h 中三种路面结构沥青层的剪应力呈现先减小后增大再减小的变化规律，沥青层剪应力在 13 点左右达到最小值，在 20—22 点达到最大值。对数据进行整理，结果见表 2.39。

从表 2.39 中可以看出，春、夏、秋季节 24h 中沥青层剪应力波动范围为 22.97%～33.44%，可见不同季节对沥青层剪应力影响较大。春、夏、秋季节沥青层剪应力峰值在 215.72～261.55kPa 之间变化，满足沥青层容许剪应力上限

(200～350kPa) 的要求。因此，就沥青层剪应力而言，三种路面结构适应新疆气候的要求。

表 2.39　春、夏、秋三个季节沥青路面沥青层剪应力数据统计

季节	项目	结构一	结构二	结构三
春季	变化幅度/%	22.97	26.10	25.84
	峰值/kPa	228.06	261.55	256.01
夏季	变化幅度/%	31.28	33.44	32.19
	峰值/kPa	215.72	246.32	244.25
秋季	变化幅度/%	26.68	29.82	29.35
	峰值/kPa	226.56	259.43	254.16

从春季、夏季和秋季来看，结构二和结构三沥青层剪应力大于结构一，且变化幅度大于结构一，结构二的剪应力峰值稍大于结构三。由于春季和秋季的气候相似，沥青层剪应力峰值及变化幅度大致相同。夏季气候相对于春季和秋季起伏较大，因此一天中沥青层剪应力变化幅度较大，达到 30%以上。从春季到夏季，三种路面结构沥青层剪应力峰值平均增加了 5.57%。

从沥青层剪应力指标综合来看，三种路面结构能适应新疆春、夏、秋气候，其中结构一对春、夏、秋三个季节的适应能力明显优于结构二和结构三，结构三稍优于结构二；春、夏、秋气候的更变对沥青层剪应力有一定的影响；在春、夏、秋季节，一天中的沥青层剪应力变化幅度较大，夏季更是达到 30%以上。

图 2.71 所示为春、夏、秋季节三种路面结构 24h 中级配碎石层剪应力的变化曲线。

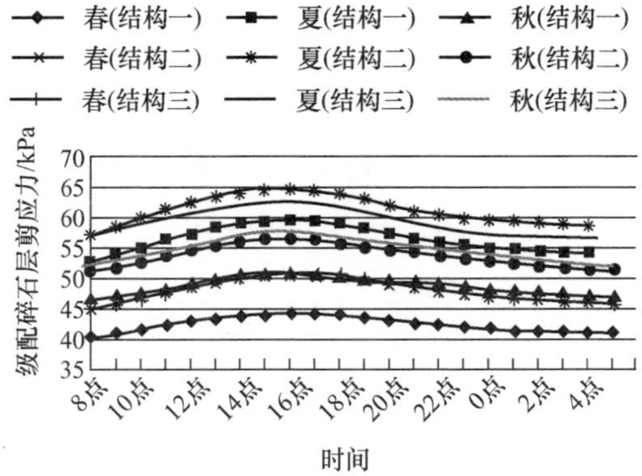

图 2.71　不同季节 24h 中级配碎石层剪应力的变化曲线

由图 2.71 可以看出，春、夏、秋季节 24h 中级配碎石层剪应力呈现先增大后减小的变化规律，并在16点左右达到最大值。在三种季节气候下级配碎石层剪应力最大值均在65kPa以下，满足级配碎石层容许剪应力（130～260kPa）的要求。将图2.71中的数据进行整理，得到的结果见表2.40。

表2.40　春、夏、秋三个季节沥青路面级配碎石层剪应力数据统计

季节	项目	结构一	结构二	结构三
春季	变化幅度/%	7.78	9.48	10.50
	峰值/kPa	44.36	50.42	51.03
夏季	变化幅度/%	10.37	10.37	10.31
	峰值/kPa	59.79	64.99	62.74
秋季	变化幅度/%	8.51	9.99	10.70
	峰值/kPa	50.83	56.53	57.76

分析表2.40可知，春、夏、秋季节级配碎石层剪应力变化的幅度较大，为7.78%～10.70%；三种路面结构级配碎石层剪应力在夏季的波动均在10.3%以上。在春、夏、秋季节，从级配碎石层剪应力峰值和变化幅度的数据可以看出，结构一优于结构二，结构二稍优于结构三。

从春季到夏季，三种路面结构的级配碎石层剪应力峰值逐渐增大，平均增大28.88%；从夏季到秋季，三种路面结构的级配碎石层剪应力峰值逐渐减小。由此可见，季节的变化对级配碎石层剪应力的影响很大。

因此，从级配碎石层剪应力指标角度来看，三种路面结构均能适应新疆的春、夏、秋季节，结构一的适应能力要稍优于结构二，结构二要稍优于结构三。另外，季节的更替对级配碎石层剪应力的峰值影响很大。

图2.72所示为春、夏、秋季节三种路面结构24h中路基顶面压应变的变化曲线。

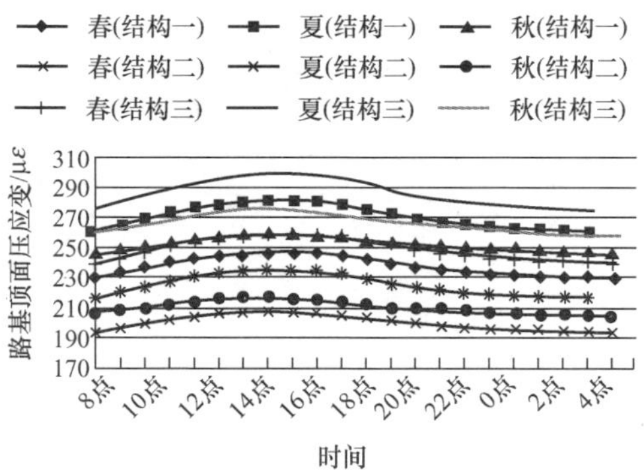

图2.72　不同季节24h中路基顶面压应变的变化曲线

从图 2.72 中容易看出，不同季节 24h 中路基顶面压应变的变化规律与级配碎石层剪应力指标相似。三种路面结构的路基顶面压应变均在 300$\mu\varepsilon$ 以内，满足路基顶面压应变上限（280～350$\mu\varepsilon$）的要求。另外，夏季路基顶面压应变明显大于春季和秋季。将数据进行整理，结果见表 2.41。

表 2.41　春、夏、秋三个季节沥青路面路基顶面压应变数据统计

季节	项目	结构一	结构二	结构三
春季	变化幅度/%	7.11	6.47	7.60
	峰值/$\mu\varepsilon$	246.27	206.69	259.01
夏季	变化幅度/%	7.79	8.15	8.69
	峰值/$\mu\varepsilon$	281.54	234.73	299.01
秋季	变化幅度/%	5.96	6.25	7.39
	峰值/$\mu\varepsilon$	259.11	216.93	276.15

由表 2.40 可知，春、夏、秋三个季节路基顶面压应变在 206.69～299.01$\mu\varepsilon$ 之间变化，变化幅度为 5.96%～8.69%。三种路面结构春季的路基顶面压应变峰值小于秋季的情况，夏季的路基顶面压应变最大；从春季到夏季，三种路面结构的路基顶面压应变平均增加 14.44%。由此可见，季节的更替对柔性基层沥青路面结构路基顶面压应变的影响较大。无论从路基顶面压应变峰值还是从变化幅度来说，结构二总是优于结构一，结构一要优于结构三。

因此，就路基顶面压应变指标而言，三种路面结构对新疆春、夏、秋气候的适应能力较好，其中结构二的适应能力要优于结构一，结构一优于结构三。另外，季节的更替对路基顶面压应变有着一定的影响，夏季的路基顶面压应变最大。

图 2.73 所示为冬季三种路面结构 24h 中沥青层拉应力的变化曲线。

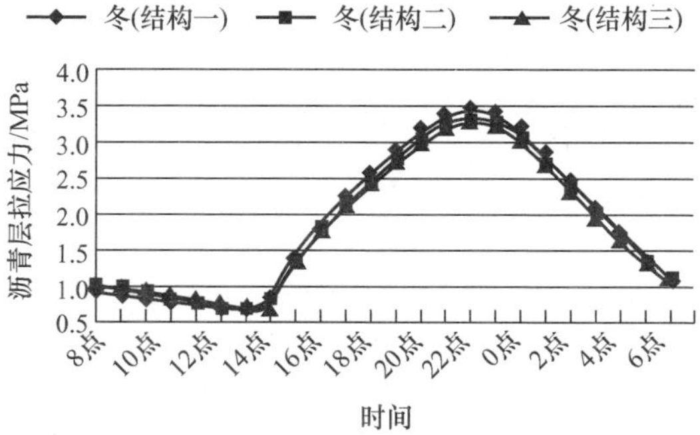

图 2.73　冬季 24h 中沥青层拉应力变化曲线

如图 2.73 所示，在冬季一天中三种路面的沥青层拉应力呈现相同的变化规律，即随时间先减小后增大再减小，并在 22 点左右达到最大值。结构一、结构二和结构三的沥青层最大拉应力分别为 3.44MPa、3.29MPa 和 3.26MPa。三种柔性基层沥青路面结构的沥青层拉应力相差较小，结构一稍大于结构二和结构三，结构二和结构三基本相同。

图 2.74 所示为冬季三种路面结构 24h 中沥青层拉应变的变化曲线。

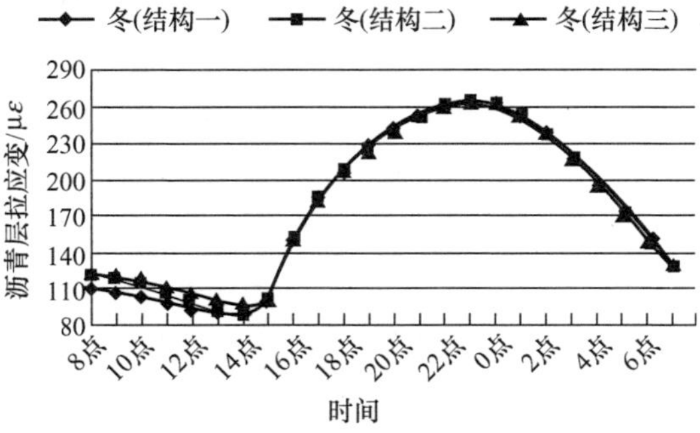

图 2.74　冬季 24h 中沥青层拉应变变化曲线

在低温环境下，沥青路面定然会由于不能自由收缩而产生温度应力，一般沥青层的温度应力较大，达到 3MPa 以上。如图 2.74 所示，沥青层拉应变的变化规律与沥青层拉应力一致，且均在 22 点左右达到最大值。结构一、结构二和结构三的沥青层最大拉应变分别为 266.82με、265.84με 和 264.01με。分析可知，三种柔性基层沥青路面结构对新疆冬季气候的适应能力基本相同。

结合上文内容可知，22 点时沥青表层处于最大受拉状态，若此时出现裂缝，即为横向的 Top - Down 裂缝。

2. 不同降温梯度下柔性基层沥青路面的力学响应

新疆是典型的大温差地区，降温梯度对柔性基层沥青路面的影响有多大？柔性基层沥青路面是否适应这种大温差环境？为了探究这些问题，了解柔性基层沥青路面结构对新疆大温差气候的适应性，有必要对不同降温梯度进行分析。由于新疆很多区域的太阳辐射资料无法获得，且为了便于变量的控制，对不同降温梯度进行分析时不考虑太阳辐射的影响。新疆气象局资料显示，新疆富蕴县历史最低温度达到−51.5℃，吐鲁番最高气温曾达到 49.6℃。以下对新疆最不利气候条件进行分析。根据新疆历史气候资料，分析不同的降温梯度，见表 2.42。（世界上日温差最大的地方是美国的布朗宁，在 1916 年 1 月 23—24 日，当地白天气温为 7℃，而夜晚气温为—49℃，昼夜温差达到 56℃。）

表 2.42　新疆温差的建模参数　　单位：℃

高温和低温	日最高温度	日最低温度	日平均温度	温差
高温	50	0	25	50
	50	10	30	40
	50	20	35	30
低温	—50	0	—25	50
	—50	—10	—30	40
	—50	—20	—35	30

将表 2.42 中的气温参数采用同济大学严作人提出的双正弦波曲线进行有限元仿真模拟及拟合，可以得到六条气温变化曲线，如图 2.75 所示。

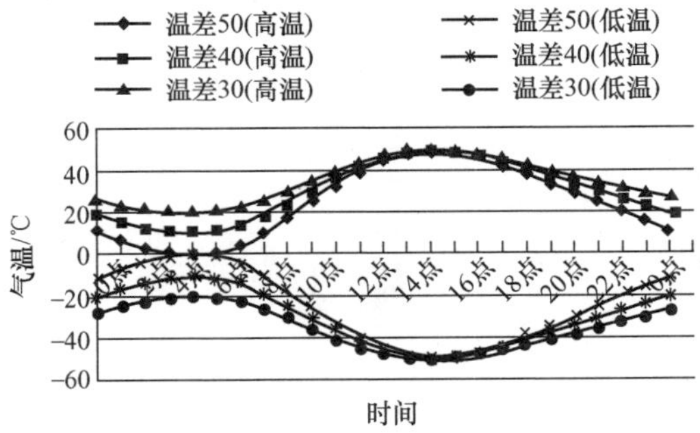

图 2.75　不同温差下气温的变化曲线

注：图中温差的单位为℃，下同

如图 2.75 所示，为了考虑新疆气候的最不利情况，在分析高温温差时对最高温度（50℃）进行固定，在分析低温温差时对最低温度（—50℃）进行固定，利用 ANSYS 有限元软件对最不利气候温差条件下的沥青路面进行仿真模拟，分析柔性基层沥青路面结构对新疆大温差环境的适应性。由于低温气候下柔性基层沥青路面结构的力学响应与高温气候下的有着很大的差异，在分析温差时高温温差环境和低温温差环境需分别进行。

（1）高温温差环境

高温温差分别为 30℃、40℃和 50℃，并根据图 2.75 施加温度荷载，分析三种柔性基层沥青路面在不同高温温差下的力学响应，具体如图 2.76 所示。

如图 2.76 所示，在不同高温温差下路表弯沉随时间呈现规律性变化，且温差小的气候环境下的路表弯沉总是大于温差大的气候环境。在高温环境下，当最

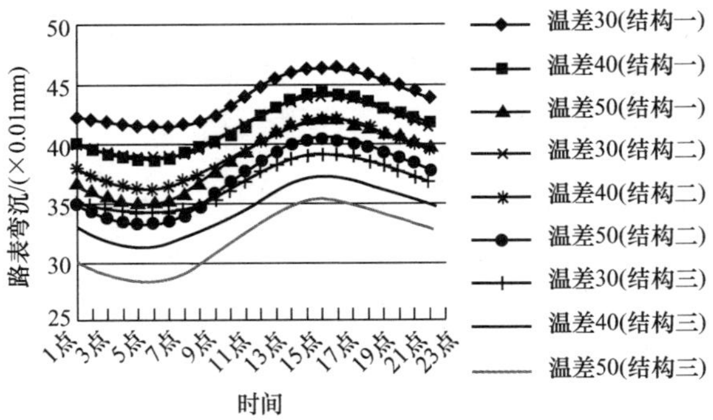

图 2.76　不同高温温差下路表弯沉变化曲线

高温一定时，温差越小，平均气温越高，对沥青路面结构越不利。由于图 2.76 中数据较多，为方便起见，将上述数据进行整理，结果见表 2.43。

表 2.43　高温温差下沥青路面路表弯沉数据

温差/℃	项目	结构一	结构二	结构三
30	变化幅度/%	11.27	12.29	13.47
	峰值/(×0.01mm)	46.47	44.03	39.05
40	变化幅度/%	14.12	15.44	17.20
	峰值/(×0.01mm)	44.28	42.17	37.14
50	变化幅度/%	18.60	19.28	21.89
	峰值/(×0.01mm)	42.27	40.34	35.26

由表 2.43 分析可知，高温环境下的三种路面结构，随着温差的逐渐增加，路表弯沉的变化幅度逐渐增大，而峰值逐渐减小。当温差达到 30～50℃时路表弯沉的变化幅度为 11.27%～21.89%，当温差由 30℃增加到 50℃时柔性基层沥青路面路表弯沉平均减小 9.94%，可见高温温差对柔性基层沥青路面路表弯沉的影响很大。就三种路面结构而言，在三种温差条件下，结构三的路表弯沉始终最低，而结构一的路表弯沉始终最大。

三种路面结构在不同高温温差下沥青层的拉应变变化曲线如图 2.77 所示。

由图 2.77 可以看出，在不同温差下沥青层拉应变呈现先减小后增大再减小的变化规律；随着温差的逐渐增加，沥青层拉应变逐渐减小。这是由于在最高温一定时，温差越小，沥青层平均温度就越高，沥青层模量就越小，从而导致沥青层拉应变的增大。为方便起见，将图 2.77 中的数据进行整理，结果见表 2.44。

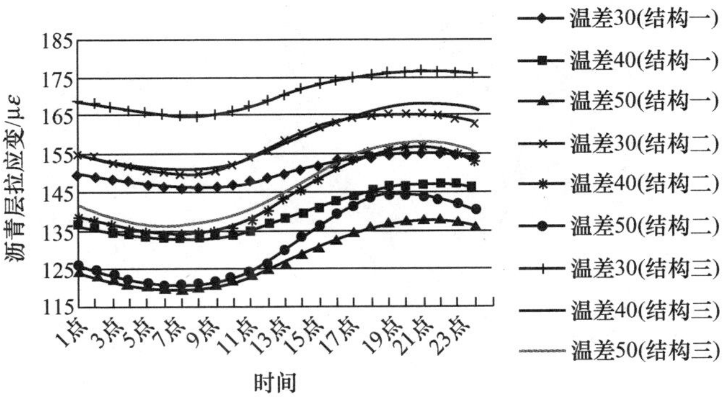

图 2.77　不同高温温差下沥青层拉应变变化曲线

表 2.44　高温温差下沥青路面沥青层拉应变数据

温差/℃	项目	结构一	结构二	结构三
30	变化幅度/%	5.80	10.00	6.98
	峰值/με	155.02	165.66	176.59
40	变化幅度/%	9.88	15.83	10.86
	峰值/με	147.31	156.71	168.20
50	变化幅度/%	13.26	18.26	14.68
	峰值/με	137.64	144.61	158.12

由表 2.44 可见，随着温差的逐渐增加，三种路面结构沥青层拉应变变化幅度逐渐增大；当温差由 30℃增加到 40℃时，三种结构的沥青层拉应变变化幅度增大了 61.41%。当温差在 30～50℃之间变化时，温差每增加 10℃，沥青层拉应变变化 6.07%。由此可见，在高温环境下温差的变化对沥青层拉应变有一定的影响。此外，在温差为 30℃时，三种路面结构的沥青层最大拉应变在 155.02～176.59με 之间，满足沥青层拉应变上限（160～220με）的要求。因此，对于沥青层拉应变指标而言，三种路面结构能适应新疆高温大温差环境，且在三种温差下结构一的沥青层拉应变最小，结构三最大。

三种路面结构不同高温温差下沥青层的剪应力变化曲线如图 2.78 所示。

从图 2.78 中可以看出，三种路面结构的沥青层剪应力呈先增大后减小再增大的变化规律，且同一路面结构的沥青层剪应力随着温差的增加逐渐增大。为方便起见，将图 2.78 中数据进行整理，结果见表 2.45。

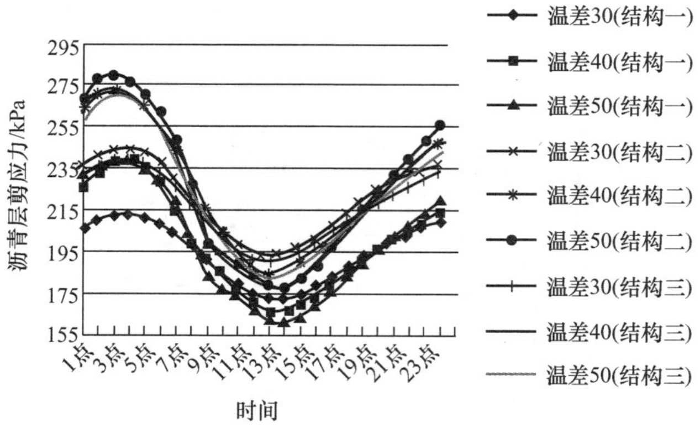

图 2.78 不同高温温差下沥青层剪应力变化曲线

表 2.45 高温温差下沥青路面沥青层剪应力数据

温差/℃	项目	结构一	结构二	结构三
30	变化幅度/%	20.21	23.00	22.56
	峰值/kPa	213.00	244.88	239.92
40	变化幅度/%	36.96	40.65	39.88
	峰值/kPa	240.85	276.53	270.38
50	变化幅度/%	40.15	44.41	43.34
	峰值/kPa	242.492	279.19	272.16

由表 2.45 分析可知，不同的温差条件对沥青层剪应力的影响较大，温差为30～50℃时，沥青层剪应力的变化幅度为 20.21%～44.41%。一天中沥青层剪应力的变化幅度随着温差的增加逐渐增大，特别是当温差由 30℃增加到 40℃时，沥青层剪应力的变化幅度增加 78.80%。此外，随着温差的增加，沥青层剪应力峰值逐渐增大，但是增大的幅度逐渐减小；当温差由 30℃增加到 40℃时，沥青层剪应力增大 12.90%。在任意温差下，结构一的沥青层剪应力始终最小，结构二的沥青层剪应力最大。三种路面结构沥青层剪应力在 213.00～279.19kPa 之间，满足沥青层剪应力上限（350kPa）的要求。

三种路面结构不同高温温差下级配碎石层剪应力变化曲线如图 2.79 所示。

如图 2.79 所示，三种路面结构的级配碎石层剪应力随着温差的增加逐渐减小。这主要是因为，温差增加的同时沥青层剪应力增大，导致级配碎石层的剪应力减小。由于这种关系的存在，一天中级配碎石层剪应力的变化规律与沥青层剪应力正好相反，即先减小后增大再减小。

为方便分析，将图 2.79 中的数据进行整理，结果见表 2.46。

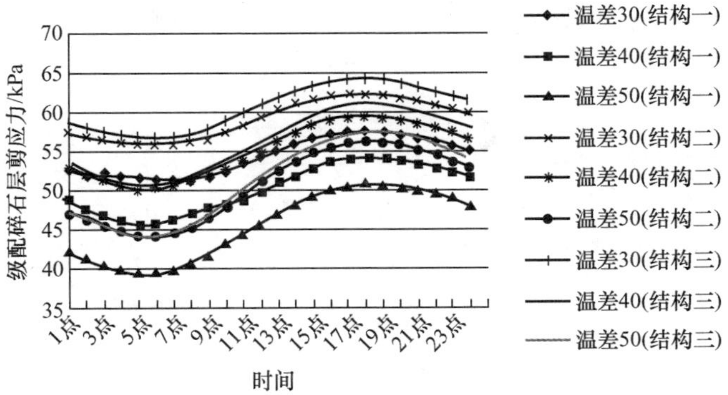

图 2.79　不同高温温差下级配碎石层剪应力变化曲线

表 2.46　高温温差下沥青路面级配碎石层剪应力数据

温差/℃	项目	结构一	结构二	结构三
30	变化幅度/%	10.92	10.85	11.80
	峰值/kPa	57.23	62.10	64.04
40	变化幅度/%	16.57	16.80	18.19
	峰值/kPa	54.10	59.47	61.06
50	变化幅度/%	24.30	23.55	25.80
	峰值/kPa	50.57	56.24	57.41

分析表 2.46 容易发现，随着温差的增加，级配碎石层剪应力变化的幅度逐渐增大。当温差在 30～50℃之间时，温差每增加 10℃，级配碎石层剪应力的变化幅度增大 37.38%，级配碎石层剪应力峰值减小 5.83%。由此可见，温差的变化对级配碎石层剪应力有着一定的影响。此外，当温差为 30～50℃时，级配碎石层剪应力峰值在 50.57～64.04kPa 之间，满足级配碎石层容许剪应力（130～260kPa）的要求，且结构一的级配碎石层剪应力最小，结构三的最大。

三种路面结构不同高温温差下路基顶面压应变的变化曲线如图 2.80 所示。

从图 2.80 中可以看出，在高温环境下，路基顶面压应变随着温差的增加逐渐减小，且随着时间的增长呈现先减小后增大的变化规律。

为方便分析，将图 2.80 中的数据进行整理，结果见表 2.47。

分析表 2.47 容易看出，路基顶面压应变的变化幅度随着温差的增加逐渐增大，而路基顶面压应变峰值却逐渐减小。当温差在 30～50℃之间时，温差每增加 10℃，路基顶面压应变变化幅度增大 33.91%，路基顶面压应变峰值减小 2.58%。由此可以看出，温差的变化对路基顶面压应变的峰值影响较小，但是对

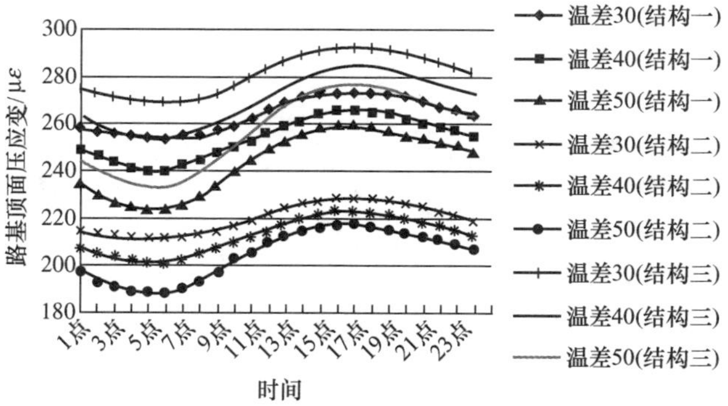

图 2.80　不同高温温差下路基顶面压应变变化曲线

路基顶面压应变的变化幅度影响很大。此外，当温差为 30～50℃时，路基顶面压应变峰值在 217.72～292.62με 之间，满足路基顶面容许压应变上限（280～350με）要求，且结构二的路基顶面压应变始终最小，结构三的路基顶面压应变最大。

表 2.47　高温温差下沥青路面路基顶面压应变数据

温差/℃	项目	结构一	结构二	结构三
30	变化幅度/%	7.16	7.43	8.29
	峰值/με	273.35	227.67	292.62
40	变化幅度/%	10.27	10.38	12.08
	峰值/με	266.36	222.81	284.97
50	变化幅度/%	15.04	14.29	17.03
	峰值/με	259.40	217.72	276.55

（2）低温温差环境

低温温差分别为 30℃、40℃和 50℃，最低温为−50℃，并根据图 2.75 施加温度荷载，分析三种柔性基层沥青路面在不同低温温差下的力学响应。

图 2.81 和图 2.82 分别描述了三种路面结构在不同低温温差下沥青层拉应力和拉应变随时间的变化，即沥青层的受拉状况。分析可知，沥青层拉应力或者拉应变随着时间呈先减小后增大的变化状态，同一种结构在不同温差下沥青层拉应力和拉应变有着明显不同的取值范围。例如，低温温差为 30℃时，沥青层拉应力峰值为 4～5MPa；低温温差为 40℃时，沥青层拉应力峰值为 5～6MPa；低温温差为 50℃时，沥青层拉应力峰值为 7～8MPa。

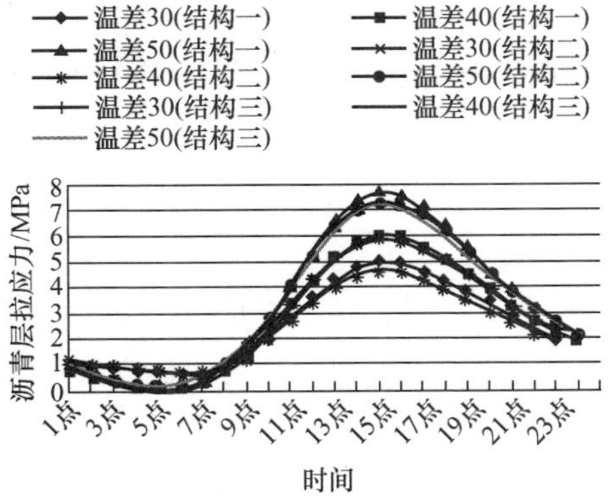

图 2.81　不同低温温差下沥青层拉应力变化曲线

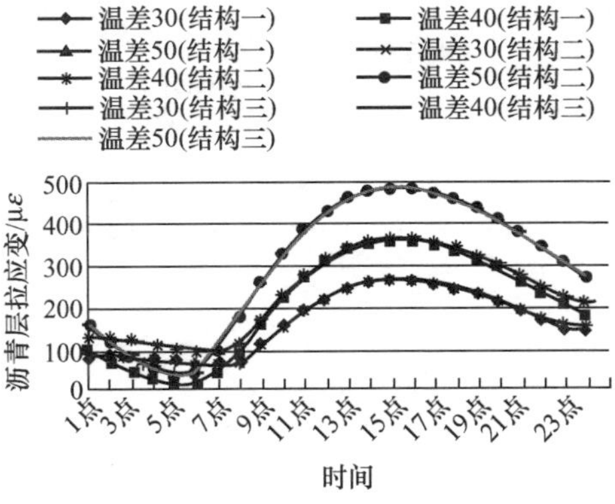

图 2.82　不同低温温差下沥青层拉应变变化曲线

长安大学申爱琴在沥青混合料低温抗裂性能的研究中指出，在－20℃时沥青混合料（AC－13、AC－16 和 SMA－13）的抗弯拉强度达到 8.06～11.44MPa，抗弯拉应变达到 492～684με。长安大学齐琳对新疆常用的克拉玛依沥青做了低温弯曲试验，分析表明，在－10℃时，AC－13 的抗弯拉强度为 8.45～10.10MPa，劈裂强度为 2.34～2.52MPa。吉林大学高峰研究认为，沥青混合料在－20℃时劈裂强度为 4～5.5MPa。

当低温温差为 30～50℃时，沥青层温度场最低温度在－50～－40℃之间。虽然缺乏相关实测资料，但由以上分析资料推断可知，在－50～－40℃时沥青层劈裂强度及抗弯拉强度在 7～8MPa 以上。

由此可见，不同的低温温差对沥青层的受拉状态有着显著的影响，且在低温状态下，随着温差的增加，沥青层拉应力和拉应变逐渐增大。

低温温差下沥青路面沥青层受拉数据统计见表 2.48。由表 2.48 可明显看出，在三种温差条件下一天中沥青层的拉应力和拉应变变化幅度很大，沥青层拉应力的变化幅度为 162.23%～213.45%，沥青层拉应变的变化幅度为 110.88%～151.65%。在低温状态下，当温差由 30℃增加到 40℃时，沥青层拉应力的变化幅度增大 13.11%，沥青层拉应变的变化幅度增大 1.29%；当温差由 40℃增加到 50℃时，沥青层拉应力的变化幅度增大 12.72%，沥青层拉应变的变化幅度增大 26.64%。由此可见，在低温状态下，随着温差的增加，沥青层拉应力和拉应变的变化幅度逐渐增大，其中沥青层拉应变的变化梯度较大。

在三种温差条件下，沥青层拉应力的峰值在 4.62～7.66MPa 之间，沥青层拉应变的峰值在 265.38～490.12με 之间。在低温状态下，当温差为 30～40℃时，温差每增加 10℃，沥青层拉应力增加 21.68%，沥青层拉应变增加 29.32%。由此可见，在最低温度达到－50℃时，沥青层最大拉应力和拉应变很大，且沥青层拉应力和拉应变随着温差的增加而增加的幅度较大。

表 2.48　低温温差下沥青路面沥青层受拉数据统计

温差/℃	项目	结构一		结构二		结构三	
		应力	应变	应力	应变	应力	应变
30	变化幅度/%	171.45	118.54	164.07	113.94	162.23	110.88
	峰值	4.95MPa	267.61$\mu\varepsilon$	4.66MPa	266.59$\mu\varepsilon$	4.62MPa	265.38$\mu\varepsilon$
40	变化幅度/%	209.31	120.43	178.51	115.96	175.95	111.45
	峰值	6.01MPa	358.55$\mu\varepsilon$	5.89MPa	370.39$\mu\varepsilon$	5.85MPa	369.49$\mu\varepsilon$
50	变化幅度/%	213.45	151.65	209.64	145.36	208.92	143.38
	峰值	7.66MPa	490.12$\mu\varepsilon$	7.24MPa	487.32$\mu\varepsilon$	7.21MPa	485.54$\mu\varepsilon$

三种路面结构在不同低温温差下沥青层的剪应力变化曲线如图 2.83 所示。

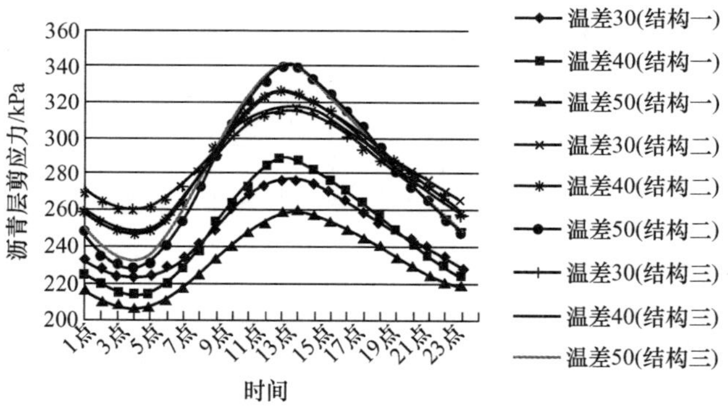

图 2.83　不同低温温差下沥青层剪应力变化曲线

由图 2.83 可以看出，三种温差下沥青层剪应力的峰值均在 340kPa 以下，满足沥青层容许剪应力上限（350kPa）的要求，三种沥青路面不会发生剪切破坏。

2.3.5　柔性基层沥青路面对新疆各区划环境的适应性条件

综合上述分析结果，现给出柔性基层沥青路面对新疆各区划环境的适用条件，并提出适当的建议：

1）结构一对重载及重载高胎压工况的适应能力要优于结构二，结构二优于结构三。在新疆重载交通区域，如东疆，优先推荐结构一和结构二路面结构类型。

2）对于各项力学指标而言，结构一和结构二对车速有着良好的适应能力，而结构三相对较差。当车速达到 140km/h 时，结构三的沥青层拉应力达到 345.43kPa。在新疆高速公路上不建议使用增强路基强度而减薄沥青层厚度的路面结构，如结构三。

3）轴载为 100kN 时，胎压达到 810kPa 之后，对沥青层剪应力和拉应力有着明显的影响。因此，应对新疆高速公路上的胎压进行限制，控制在 810kPa 之下。

4）在高胎压工况下（810kPa 和 1050kPa），就沥青层拉应力指标而言，轴重应限制在 310kN 以下。

5）南疆夏季高温气候下 24h 中三种路面结构沥青层拉应变、沥青层剪应力和级配碎石层剪应力的变化幅度为 6.93%～15.38%、33.24%～35.33%和 10.83%～12.21%。增加沥青层的厚度可明显减小路面结构力学指标的变化幅度和峰值，鉴于此，推荐在南疆高温地区如Ⅳ区使用结构一的结构形式。

6）在北疆冬季气候下，三种柔性基层沥青路面结构沥青层均受拉严重，且拉应力峰值基本一致，均在 3.2MPa 以上。三种路面结构对北疆寒冷气候的适应性相同。

7）在低温温差下，随着温差的增加，沥青层受拉的情况越来越严重；当温差为 30℃、40℃和 50℃时，沥青层拉应力的峰值在 4.62～7.66MPa 之间。因此，建议在新疆低温温差比较大的地区，如Ⅰ区和Ⅱ区，应提高沥青层材料的低温性能。

2.4　小　　结

1）在动载作用下不同荷载作用图式对柔性基层沥青路面沥青层拉应力和剪应力的影响很大。其中，横向花纹荷载作用下的沥青层拉应力峰值比子午线花纹荷载大 7.98%；横向花纹荷载作用下的沥青层剪应力峰值比矩形荷载大 20.48%，且比子午线花纹荷载图式下的沥青层剪应力大 11.47%。

2）柔性基层沥青路面的力学响应随轴载的增加呈线性变化，车辆每超载 10%，沥青层拉应力、剪应力和级配碎石层剪应力分别增大 7.21%、7.99% 和 9.30%。

3）轴载为 100kN 时，当胎压达到 810kPa 时，胎压每增加 10%，沥青层剪应力峰值增大 8.87%。因此，应对新疆高速公路上的货车等重载车辆的胎压进行限制。

4）路基回弹模量为 30～100MPa 时，路基回弹模量每减少 10MPa，三种路面结构路基顶面压应变和路表弯沉分别增加 11.03%和 9.96%。本书建议柔性基层沥青路面路基回弹模量在 45～100MPa 之间进行调整。

5）在重载高胎压工况下（胎压为 810kPa 和 1050kPa），车辆每超载 10%时，沥青层拉应力、沥青层剪应力、级配碎石层剪应力和路基顶面压应变分别增加 6.87%、7.62%、8.96%和 10.02%。

6）在南疆高温气候下，路表弯沉、沥青层拉应变及剪应力、级配碎石层剪应力和路基顶面压应变在 24h 中的变化幅度在 6.93%～35.33%之间。增加沥青层厚度可明显减小结构力学指标的变化幅度和峰值，鉴于此，推荐在南疆高温地区如Ⅳ区使用结构一。

7）在北疆低温耦合场下，如阿勒泰地区的冬季，沥青层最大拉应力可达到 3.2MPa 以上。在一天中的不同时刻，沥青层拉应力和拉应变的最大值点处于变化中；当太阳辐射较强时，沥青层受拉最大的部位在沥青层层底，其他时间段均处于上面层中。

8）高温温差的变化对柔性基层沥青路面结构力学响应的影响很大。例如，当高温温差由 30℃增加到 40℃时，三种结构的沥青层拉应变变化幅度增加 61.41%，沥青层剪应力变化幅度增加 78.80%，剪应力增加 12.90%。

9）低温温差的变化对沥青层拉应力和拉应变的影响很大，且随着温差的增加，沥青层受拉的情况越来越严重。当低温温差为 30℃、40℃和 50℃时，沥青层拉应力的峰值在 4.62～7.66MPa 之间。在新疆低温温差比较大的地区，如Ⅰ区和Ⅱ区，建议提高沥青层材料的低温性能。

第3章　新疆柔性基层沥青路面结构的设计指标及影响因素

本章将针对新疆的交通及气候环境条件，结合国内外柔性基层沥青路面结构设计的相关研究和应用，深入分析新疆柔性基层沥青路面结构设计指标。沥青路面设计指标不仅用来控制路面结构的破坏，而且能敏感地反映出沥青路面结构组合的变化，当然这种变化也受到诸多因素的影响。另外，合理的路面结构组合能使其内部力学响应分布更加均匀，从而使得路面结构的力学性能更加优良。

因此，需首先调查全柔性基层沥青路面及组合式基层沥青路面结构的典型破坏形式，确定破坏形式对应的力学控制指标，分析路面各结构设计参数对力学指标的影响，从而确定出这两种路面结构类型的设计指标，然后拟定出适合新疆的柔性基层沥青路面结构，分析沥青层厚度及模量、基层厚度及模量和路基回弹模量等参数对结构设计指标的影响，最后对各拟定路面结构进行优化。

3.1　新疆全柔性基层沥青路面结构设计指标

3.1.1　新疆不同公路区划内沥青路面损害特征

新疆地域辽阔，占我国国土面积的近 1/6，南北疆交通条件及气候环境差异较大。柔性基层沥青路面的破坏方式与交通条件和外界气候环境有着直接的关系。一般而言，沥青路面结构设计指标是针对路面破坏方式而设立的，因此有必要对新疆部分沥青路面常见的破坏方式进行调研，为柔性基层沥青路面设计指标的确立奠定基础。

1. 新疆公路沥青路面典型损害

(1) 南疆高温地区的车辙及路面推移

对南疆国道 G314 库尔勒至库车段、国道 G218 库尔勒段和库尔勒至库车高速公路等路段的调研结果显示该区域内的公路极易出现车辙、推移及拥包等病害，如图 3.1 所示。

图 3.1 (a) 显示的是 G314 库尔勒至库车段车辙病害情况，该路段车辙平均

(a) 车辙　　(b) 推移拥包

图 3.1　南疆公路车辙、拥包病害

深度为 10.5mm，最深可达 17mm。在 G218 国道上，车辙平均深度为 9.7mm，最大车辙深度为 12.3mm。另外，南疆公路推移拥包等现象也十分常见。

车辙是永久性变形，它的产生主要由沥青层挤密和路基的竖向永久变形导致。车辙与沥青路面结构中沥青层的厚度有着很大的关系。相关研究指出，当沥青层厚度达到 18cm 时，沥青路面车辙深度将大幅度降低。此外，车辙和推移拥包与沥青层本身材料的抗剪强度有关。南疆区域气温较高，太阳辐射量大，且沥青混合料吸收热量的能力强，直接导致南疆境内沥青路面结构中沥青层的温度升高，达到 60～70℃。当沥青层材料温度较高时，沥青层模量及抗剪强度下降，在此情况下，车辆荷载的作用极易导致车辙和推移拥包等病害的产生。

（2）北疆寒冷地区的低温开裂

通过对连霍高速公路联络线 $G30_{14}$ 克拉玛依至阿勒泰段及省道 116 线进行病害调查，发现横向裂缝、不规则裂缝、龟裂和纵向裂缝等病害十分常见，如图 3.2 所示。

(a) 横向裂缝　　(b) 龟裂

图 3.2　北疆公路裂缝病害

北疆区域年平均气温为－4～9℃，局部区域如富蕴极端最低气温达到－51.5℃，由此可见北疆天气寒冷，气候非常恶劣。北疆的沥青路面结构在寒冷季节沥青层遇冷收缩量大，沥青层中产生的拉应力非常大，能达到 3～4MPa。当沥青材料强度下降时，极易产生横向裂缝。北疆部分路段横向裂缝病害十分突出，横向裂缝面积高达 $600m^2/km^2$，具体调查资料如图 3.3 所示。

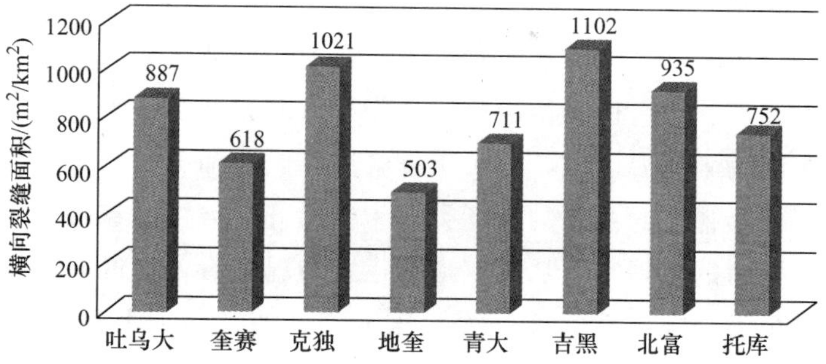

图 3.3　北疆不同路段沥青路面横向裂缝面积

经广泛调研和检测分析发现，产生上述病害的原因主要有以下四个方面：

1）新疆地处内陆干旱区，地区气候差异极大，全年温差、昼夜温差大，路面结构设计对新疆气候环境考虑不足，对南北疆气候差异及昼夜大温差没有给予充分的重视。

2）广泛采用的半刚性基层沥青路面结构在干旱大温差的环境下干缩温缩开裂普遍，路面早期病害严重。

3）半刚性基层沥青路面结构层对于不同气候分区的适应性较差。

4）沥青路面施工质量管控水平相对较低。

2. 新疆不同气候分区典型路面病害分析

新疆南北疆、山区盆地气候差异显著，均属于极端气候，南北疆之间各种典型气候均存在。各区域的气象调查资料见表 3.1。

表 3.1　调查区域气象资料

地区	7 月平均气温/℃	1 月平均气温/℃	年降水量/mm	沥青路面气候分区
阿勒泰市	22.3	−24	250	Ⅰ
伊宁市	22	−12	258～500	Ⅱ
乌鲁木齐市	25.7	−15.2	194	
库尔勒市	26.1	−8.1	58.6	Ⅲ
喀什市	25.6	−5.3	65	
吐鲁番市	32.2	−7.6	16.4	Ⅳ

Ⅰ区为沥青路面低温抗裂和水稳区，该区域冬季漫长而寒冷，最低气温可低于－40℃，夏季较短，气温为20～30℃，年降雨量较大，路面主要破坏形式是低温缩裂和水损害、冻害等，主要城市有阿勒泰市、塔城市。

Ⅱ区为沥青路面低温抗裂区，该区域夏季最高气温为20～30℃，冬季最低气温为－37～－21.5℃，年降水量较小，路面主要的破坏形式为低温缩裂，主要城市有乌鲁木齐市、昌吉市、博乐市等，为天山北坡城市群。

Ⅰ区和Ⅱ区属于低温区域，分布于新疆边界区域和山区，Ⅰ区集中于天山以北。Ⅰ区和Ⅱ区沥青路面主要的破坏类型为低温开裂破坏，包括温缩和冻胀，Ⅰ区还会出现开裂后的水损害。从现有道路运营情况来看，Ⅰ区和Ⅱ区道路路面一旦出现开裂，由于水损害和大交通量、重荷载，如果养护不得当，3～5年病害的发展即相当显著。

Ⅲ区为沥青路面高低温过渡区，冬季寒冷夏季炎热，但是相对Ⅰ区和Ⅳ区并不是极端寒冷或者炎热。该区域夏季高温在30℃以上，全年温差极大，冬季最低气温相对较低，路面主要破坏类型为高温车辙和低温缩裂，主要城市有库尔勒市、喀什市等环塔里木盆地城市，以及准噶尔盆地、东天山区域。

Ⅳ区为沥青路面高温抗车辙区，夏季长而冬季短，夏季极端炎热，年降雨量极少，路面主要破坏形式为高温车辙，主要城市有吐鲁番、鄯善等吐鄯托盆地城市。

Ⅲ区和Ⅳ区道路开裂对公路的使用影响并不显著，如南疆地区路面使用10年以后虽然开裂严重，但是仍然能够提供较好的道路服务质量。Ⅳ区代表性沙漠地区干旱少雨，交通量非常小，重车比例不大，路面破坏形式主要是表面开裂和破损，几乎不会出现由于降水导致路面破坏加剧的问题，只是路面表观和使用功能有所下降。

Ⅳ区中的东疆地区（哈密和吐鄯托盆地）干旱少雨，高温炎热，由于是进出新疆的门户，交通量组成中大车所占比例很高，路面破坏形式主要是车辙、路表面开裂。

通过以上分析可以看出，新疆Ⅲ区和Ⅳ区中干旱区域沥青路面的使用性能较Ⅰ区和Ⅱ区中降水丰富的地区更优。

3. 柔性基层路面典型损害特征

新疆柔性基层路面多铺筑于二、三级公路，并且基层材料大多为级配砂砾，其病害特征对目前的柔性基层路面结构研究难以起到指导作用，因此本节主要参考了国内外已建成道路的损害情况。柔性基层路面主要有以下病害种类。

（1）车辙类破坏

车辙是高等级公路沥青路面渠化交通的主要损坏类型之一，一般在温度较高的地区或高温季节出现，由于车载的反复作用，面层产生永久变形和塑性流动而逐渐形成；沥青面层在压缩沉陷的同时侧向出现隆起，组合起来构成车辙。影响车辙出现和发展速度的主要因素为温度和荷载：如果气温连续超过 40℃，路面车辙深度将以厘米级的速度发展；路面车辙随着交通荷载的增大，尤其是车辆超载现象的普遍存在，逐渐由上面层向中下面层发展。对于柔性基层路面，在荷载的作用下可能产生局部变形，同时还会产生自动适应土基的塑性变形，变形反映到路表面，会产生一部分结构性车辙。

（2）路面变形类破坏

1）柔性基层沥青路面结构的整体刚度较小，土基产生的变形很容易反映到路面表层，造成结构性车辙。

2）季节性冻融地区由于填土路基的压密变形和天然季节融化层的压密变形易于出现路基沉陷，最终会反映到路面上。

3）高温地区在重载作用下柔性基层路面易于出现推移、拥包、泛油等病害。

（3）裂缝类破坏

裂缝类破坏在沥青路面病害中最为常见，不同区域的裂缝对路面的影响又截然不同。

1）温缩裂缝。温缩裂缝在寒冷国家和地区非常普遍。其开裂类型一般有两种：一是温度骤降造成面层的收缩，受到沥青层约束，在其内部产生温度应力，当温度应力超过沥青混凝土的容许抗拉强度时发生开裂；二是由于气温循环变化，沥青混合料的极限拉应变减小，应力松弛性能降低，使得沥青路面在温度应力不大的情况下产生开裂。

2）自下而上的疲劳裂缝。自下而上的疲劳裂缝是基于弹性层状体系理论得到的一种最普遍的荷载疲劳裂缝，当沥青层层底拉应变大于沥青材料的极限拉应变时发生疲劳开裂，因此通常以沥青层的层底拉应变指标控制疲劳开裂。

3）Top - Down 裂缝。主要是由于沥青层抗剪或者抗拉强度不足，而在沥青表层附近产生细小的裂缝，裂缝由上至下扩展形成。Top - Down 裂缝的产生往往是材料特性、施工水平、交通荷载、气候环境、接触形式等多因素共同影响下的结果，诱发开裂和裂缝发展的原因受道路所在地域特点、实际交通运营条件与环境等因素的影响各不相同。这种裂缝一般表现为纵向裂缝，也有少数的横向裂缝，如图 3.4 所示。

图 3.4　Top－Down 裂缝示意图

4）车辙裂缝。出现车辙的路面，在轮迹带的边缘伴随车辙同时出现纵向裂缝。车辙裂缝属于表面型裂缝。

5）冻胀（缩）裂缝。冻胀（缩）裂缝主要发生在极度严寒地区，由于路基发生冻胀，收缩后产生开裂，然后逐渐反映到路面表层。这种裂缝的宽度及深度都较大，属于结构性破坏，对道路造成的影响较大。

（4）水损害

水损害可以分为自上而下与自下而上两类：自上而下类的主要是道路表面出现局部松散，入冬后经过冻融循环出现大量的松散坑槽；自下而上类的主要是在道路表面出现裂缝后，路表水顺着裂缝进入路面中下层，在荷载和温度胀缩的反复作用下，水逐渐侵入沥青与集料界面，在水动力的作用下，沥青与集料脱离，集料间失去粘结力，颗粒逐渐松散。通过分析可以看出，水损害与路面裂缝有很大的关系，控制路面的开裂能够很好地控制水损害的发生。

正交表是一种研究多因素多水平的设计方法，具有高效性、快速性和经济性等特点。本章将基于柔性基层沥青路面的力学指标，分析其主要影响因素，然后设计正交表进行计算分析，最终得出新疆柔性基层沥青路面的设计指标。

3.1.2　基于剪切破坏的设计指标及影响因素分析

新疆是典型的大温差气候环境，南疆炎热、北疆寒冷。南疆沥青路面结构经常出现车辙和推移拥包的病害，北疆主要病害为裂缝，包括横向和竖向裂缝，重载的东疆主要病害为车辙和横向裂缝等。

全柔性基层沥青路面结构的主要承重层为沥青层，沥青层的破坏将直接导致路面结构的破坏。在新疆修筑全柔性基层结构沥青路面，应重点关注沥青层的受力状况。由已有的实体工程可知，全柔性基层沥青路面常出现沥青层的剪切破坏、沥青层的疲劳破坏、级配碎石层的剪切破坏及路基永久变形导致的结构性车辙。本书参照国内外柔性基层沥青路面结构设计指标，综合全柔性基层沥青路面常见的破坏，初步拟定出以下力学指标，见表 3.2。

表 3.2　初步拟定的全柔性基层沥青路面力学指标

破坏形式	力学指标
沥青层疲劳破坏	沥青层拉应变/拉应力
Top－Down 裂缝	沥青层剪应力
级配碎石层剪切破坏	级配碎石层剪应力、$\lvert\tau\rvert/\sigma$
结构性车辙	路基顶面竖向位移、路基顶面压应变、路表弯沉、级配碎石层顶面竖向位移

注：$\lvert\tau\rvert/\sigma$ 表示内摩擦角的正切值。

结合新疆的实际情况，倘若沥青层太厚，造价太高，不经济，因此本书将沥青面层厚度取值范围定为 10～16cm。ATB 层的设置是为了增加沥青层厚度，考虑到 ATB－25 的最小厚度为 8cm，且 4cm＋6cm＋8cm 是新疆高速公路常用的组合形式，因此 ATB 层厚度范围定为 8～14cm。沥青层模量及基层模量的范围选择均参考《公路沥青路面设计规范》(JTG D50—2017)，具体见表 3.3。

表 3.3　全柔性基层力学指标的影响因素及变化范围

影响因素		面层厚度 H_1/cm	ATB 层厚度 H_2/cm	碎石层厚度 H_3/cm	面层模量 E_1/MPa	ATB 层模量 E_2/MPa	碎石层模量 E_3/MPa	路基回弹模量 E_0/MPa	层间摩擦系数 f
工况	1	10	8	20	1000	1000	200	40	0.2
	2	12	10	30	1400	1200	300	80	0.5
	3	14	12	40	1800	1400	400	120	0.8
	4	16	14	50	2200	1600	500	160	1.1

全柔性基层沥青路面主要的结构设计参数有面层、ATB 层和级配碎石层厚度及模量、路基回弹模量及沥青层与级配碎石层层间摩擦系数，共 8 个。

3.1.3　沥青路面各设计指标敏感性分析

根据上述确定因素及因素水平，选取正交表 L_{32} (4^9) 进行计算分析。根据正交表 L_{32} (4^9) 的要求，将各影响因素及其水平分别列入表中，构成本次正交分析的具体方案，见表 3.4。

表 3.4　全柔性基层正交设计各因素水平对应参数表

编号	正交分析因素水平对应参数值							
	1	2	3	4	5	6	7	8
	E_1	E_2	E_3	E_0	H_1	H_2	H_3	f
	MPa				cm			—
1	1000	1000	200	40	10	8	20	0.2

续表

编号	正交分析因素水平对应参数值							
	1	2	3	4	5	6	7	8
	E_1	E_2	E_3	E_0	H_1	H_2	H_3	f
	MPa				cm			—
2	1000	1200	300	80	12	10	30	0.5
3	1000	1400	400	120	14	12	40	0.8
4	1000	1600	500	160	16	14	50	1.1
5	1400	1000	200	80	12	12	40	1.1
6	1400	1200	300	40	10	14	50	0.8
7	1400	1400	400	160	16	8	20	0.5
8	1400	1600	500	120	14	10	30	0.2
9	1800	1000	300	120	16	8	30	0.8
10	1800	1200	200	160	14	10	20	1.1
11	1800	1400	500	40	12	12	50	0.2
12	1800	1600	400	80	10	14	40	0.5
13	2200	1000	300	160	14	12	50	0.5
14	2200	1200	200	120	16	14	40	0.2
15	2200	1400	500	80	10	8	30	1.1
16	2200	1600	400	40	12	10	20	0.8
17	1000	1000	500	40	16	10	40	0.5
18	1000	1200	400	80	14	8	50	0.2
19	1000	1400	300	120	12	14	20	1.1
20	1000	1600	200	160	10	12	30	0.8
21	1400	1000	500	80	14	14	20	0.8
22	1400	1200	400	40	16	12	30	1.1
23	1400	1400	300	160	10	10	40	0.2
24	1400	1600	200	120	12	8	50	0.5
25	1800	1000	400	120	10	10	50	1.1
26	1800	1200	500	160	12	8	40	0.8
27	1800	1400	200	40	14	14	30	0.5
28	1800	1600	300	80	16	12	20	0.2
29	2200	1000	400	160	12	14	30	0.2
30	2200	1200	500	120	10	12	20	0.5
31	2200	1400	200	80	16	10	50	0.8
32	2200	1600	300	40	14	8	40	1.1

由填写好的正交表 L_{32} （4^9）可以看出，本次正交分析方案的分析次数为 32，影响因素为 8 个。利用 ANSYS 有限元软件进行建模分析，并计算提取得到 9 个力学指标的结果，具体计算结果见表 3.5。

表 3.5　全柔性基层正交分析方案和计算结果

编号	试验结果								
	路表弯沉/(×0.01mm)	沥青层拉应变/με	沥青层拉应力/kPa	沥青层剪应力/kPa	$\frac{\lvert\tau\rvert}{\sigma}$	级配碎石层剪应力/kPa	级配碎石层顶面竖向位移/(×0.01mm)	路基顶面压应变/με	路基顶面竖向位移/(×0.01mm)
1	73.2	378.71	381.64	194.74	0.83	33.96	67.3	742.92	52.9
2	40.8	210.14	240.31	216.53	0.68	31.97	33.7	301.25	22.6
3	28.9	135.07	174.09	220.77	0.64	31.27	21.1	152.94	12.7
4	22.9	93.36	134.44	222.47	0.61	29.17	14.6	87.65	8.02
5	38.5	213.16	210.85	213.29	0.59	27.20	31.9	219.17	18.5
6	39.9	167.90	188.67	197.49	0.65	30.51	33.4	230.83	22.7
7	27.8	166.84	236.05	214.50	0.64	29.14	22.6	208.97	14.8
8	28.4	154.12	241.90	216.59	0.68	27.97	23.0	207.26	15.7
9	29.5	187.51	187.48	209.34	0.61	28.12	24.5	196.83	15.2
10	29.3	189.84	234.55	209.66	0.52	23.79	24.6	198.34	14.6
11	34.3	153.52	205.16	215.71	0.78	25.49	28.8	215.91	21.3
12	28.9	134.78	205.62	196.84	0.63	28.51	24.2	188.36	16.1
13	24.6	165.28	162.12	210.28	0.47	21.80	18.9	104.39	9.14
14	26.8	151.38	194.51	209.57	0.44	12.03	22.0	140.63	12.7
15	32.5	164.61	208.40	196.47	0.61	46.98	28.7	263.11	20.1
16	45.4	161.07	263.56	206.17	1.01	37.08	42.1	416.87	34.5
17	40.6	160.21	141.34	218.77	0.87	32.52	32.1	262.72	24.5
18	35.4	213.74	242.39	218.03	0.62	28.88	27.3	198.38	16.6
19	33.0	168.74	203.16	219.22	0.67	30.31	26.0	238.61	17.6
20	33.7	192.01	303.98	194.94	0.52	26.76	27.7	189.53	14.1
21	33.4	140.04	129.28	217.23	0.84	32.98	26.8	265.05	20.8
22	39.3	131.72	152.49	215.95	0.83	31.91	33.3	284.91	26.2
23	30.9	220.47	301.21	193.51	0.51	25.69	25.5	171.02	12.8
24	35.3	220.26	361.43	210.13	0.52	26.47	30.4	163.83	13.6
25	28.3	189.46	164.40	197.65	0.49	39.32	22.0	137.33	11.6

续表

编号	试验结果								
	路表弯沉/(×0.01mm)	沥青层拉应变/με	沥青层拉应力/kPa	沥青层剪应力/kPa	$\frac{\lvert\tau\rvert}{\sigma}$	级配碎石层剪应力/kPa	级配碎石层顶面竖向位移/(×0.01mm)	路基顶面压应变/με	路基顶面竖向位移/(×0.01mm)
26	24.7	166.64	176.98	216.00	0.47	38.23	19.4	137.28	10.8
27	42.3	159.21	238.35	211.47	0.76	19.11	37.7	307.73	28.6
28	32.5	148.16	255.47	211.78	0.70	16.95	28.2	269.35	21.8
29	25.9	175.73	170.68	212.42	0.51	20.79	20.1	164.36	12.7
30	29.6	170.06	191.87	195.88	0.80	34.03	25.1	251.45	17.9
31	30.4	158.68	237.62	207.36	0.50	19.62	26.3	155.65	14.7
32	38.7	159.50	261.59	206.95	0.72	31.30	35.2	271.32	25.2

3.1.4 全柔性基层沥青路面结构设计指标的确定

极差分析和方差分析是正交试验的两种分析方法，通过分析可以得到各种影响因素的最优水平和最优组合。根据上述计算结果，分别计算各影响因素水平下的 K_1、K_2、K_3、K_4 和极差 R。表 3.6 为路表弯沉计算结果。

表 3.6 全柔性基层路表弯沉影响因素直观分析结果

力学指标	方差和极差	E_1	E_2	E_3	E_0	H_1	H_2	H_3	f
路表弯沉	K_1	38.563	36.75	38.688	44.212	37.125	37.137	38.025	35.925
	K_2	34.188	33.225	33.737	34.05	34.737	34.262	34.05	33.738
	K_3	31.225	32.512	32.487	29.975	32.625	32.675	32.25	33.237
	K_4	31.738	33.225	30.8	27.475	31.225	31.637	31.387	32.813
	R	7.338	4.238	7.888	16.737	5.900	5.500	6.638	3.112

为了方便起见，根据上述计算结果，绘制各影响因素的极差变化图，具体如图 3.5 所示。

分析极差结果图容易得出各影响因素对力学指标影响程度的大小，具体分析结果见表 3.7。

结合相关计算和表 3.7 可以得到如下结论：

1）路基回弹模量 E_0 对全柔性沥青路面力学响应的影响很大，特别是路表弯沉、级配碎石层顶面竖向位移、路基顶面压应变、路基顶面竖向位移和 $\lvert\tau\rvert/\sigma$。路基回弹模量 E_0 的增大可以使得全柔性沥青路面的整体强度得到提高，除了沥

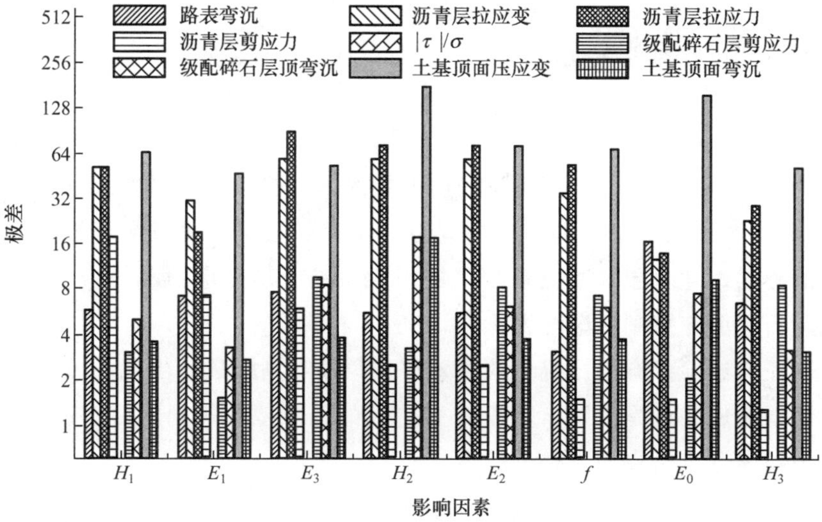

图 3.5　全柔性沥青路面极差结果图

青层剪应力指标外，其他各项力学指标随着路基回弹模量的增大逐渐减小。

表 3.7　全柔性沥青路面极差结果分析

力学指标	影响因素排序	指标变化范围
路表弯沉	$E_0>E_3>E_1>H_3>H_1>H_2>E_2>f$	[16.737, 3.112]
沥青层拉应变	$H_2>E_3>H_1>E_2>f>E_1>H_3>E_0$	[58.3340, 12.709]
沥青层拉应力	$E_3>H_2>E_2>f>H_1>H_3>E_1>E_0$	[91.695, 14.245]
沥青层剪应力	$H_1>E_1>E_3>H_2>E_2>f>E_0>H_3$	[17.933, 1.243]
$\|\tau\|/\sigma$	$E_0>E_3>H_3>H_2>H_1>E_1>E_2>f$	[0.275, 0.041]
级配碎石层剪应力	$E_3>f>H_1>H_2>E_0>E_1>H_3>E_2$	[9.804, 1.560]
级配碎石层顶面竖向位移	$E_0>E_3>H_3>H_2>H_1>E_1>E_2>f$	[17.062, 3.237]
路基顶面压应变	$E_0>H_3>H_1>H_2>E_1>E_3>f>E_2$	[183.959, 47.353]
路基顶面竖向位移	$E_0>H_3>E_3>H_1>H_2>E_1>f>E_2$	[17.367, 2.843]

2）级配碎石层厚度 H_3 和模量 E_3 对全柔性沥青路面的力学响应也有较大的影响。随着厚度 H_3 的增加，除了沥青层剪应力外，各项指标均逐渐减小；厚度 H_3 的大小对路基顶面竖向位移、路基顶面压应变和级配碎石层顶面竖向位移影响较大。随着级配碎石层模量 E_3 的增大，沥青层剪应力、$|\tau|/\sigma$ 和级配碎石层剪应力均逐渐增大，其余各项力学指标逐渐减小；模量 E_3 对路表弯沉、沥青层拉应力、沥青层拉应变和级配碎石层剪应力的影响较大。

3）ATB 层厚度 H_2 和模量 E_2 对沥青层拉应力和沥青层拉应变的影响较大，

随着厚度 H_2 的增加，沥青层拉应力和拉应变逐渐减小，而随着 E_2 的增大，沥青层拉应变和拉应力则逐渐增大。

4）对于沥青层剪应力指标来说，沥青面层厚度 H_1 和模量 E_1 对其影响较大，特别是沥青面层厚度 H_1。随着沥青层厚度的增加，沥青层剪应力呈先增大后减小的变化趋势，而沥青层模量的增大导致沥青层剪应力逐渐减小。

5）层间摩擦系数 f 对沥青层拉应力、沥青层拉应变和级配碎石层剪应力有着一定的影响。随着层间摩擦系数 f 的增大，沥青层拉应力和拉应变逐渐减小，而级配碎石层剪应力则逐渐增大。

由于任何试验都有不可避免的误差存在，很难判断试验出现的偏差是由试验本身的误差造成的还是由因素水平改变造成的。方差分析则能够解决这个问题。表 3.8 为路表弯沉指标的方差分析表。

表 3.8　全柔性基层路表弯沉方差分析

因素	偏差平方和	自由度	F 比	F 临界值		
				α=0.01	α=0.05	α=0.1
E_1	269.203	3	9.250	29.500	9.280	5.390
E_2	87.646	3	3.012	29.500	9.280	5.390
E_3	276.388	3	9.497	29.500	9.280	5.390
E_0	1304.426	3	44.821	29.500	9.280	5.390
H_1	159.041	3	5.465	29.500	9.280	5.390
H_2	137.833	3	4.736	29.500	9.280	5.390
H_3	208.561	3	7.166	29.500	9.280	5.390
f	45.963	3	1.579	29.500	9.280	5.390
误差	29.100	3	—	—	—	—

由于方差分析数据量较为庞大，为了便于叙述，将上述结果整理成方差综合分析表，见表 3.9。

表 3.9　全柔性沥青路面方差综合分析

力学指标	α=0.1	α=0.05	α=0.01
路表弯沉	$E_0>E_3>E_1>H_3>H_1$	$E_0>E_3$	E_0
沥青层拉应变	$H_2>E_3>H_1>E_2>f>E_1$	$H_2>E_3>H_1>E_2$	—
沥青层拉应力	$E_3>H_2>E_2>f>H_1>H_3>E_1>E_0$	$E_3>H_2>E_2>f>H_1>H_3>E_1$	$E_3>H_2>E_2>f>H_1>H_3$
沥青层剪应力	$H_1>E_1>E_3>H_2$	$H_1>E_1>E_3$	$H_1>E_1>E_3$

续表

力学指标	$\alpha=0.1$	$\alpha=0.05$	$\alpha=0.01$
$\lvert\tau\rvert/\sigma$	$E_0>E_3$	E_0	—
级配碎石层剪应力	$E_3>f>H_1>H_2>E_0>E_1>H_3>E_2$	$E_3>f>H_1>H_2>E_0>E_1>H_3>E_2$	$E_3>f>H_1>H_2>E_0>E_1$
级配碎石层顶面竖向位移	$E_0>E_3>H_3>H_2>H_1$	$E_0>E_3$	E_0
路基顶面压应变	$E_0>H_3$	$E_0>H_3$	—
路基顶面竖向位移	$E_0>H_3$	$E_0>H_3$	E_0

如表 3.9 所示，当显著性水平 α 逐渐减小时，各力学指标的影响水平逐渐降低。由表 3.9 可以看出，路表弯沉、级配碎石层顶面竖向位移和路基顶面竖向位移与路基回弹模量 E_0 有着很大的关系，即可通过此 3 个指标的数值大小反映出路基回弹模量 E_0 的大小。在显著性水平 α 为 0.05 时，路基顶面压应变与路基回弹模量 E_0 和级配碎石层厚度 H_3 有着很大的关系，因此可以通过路基顶面压应变的大小来反映路基回弹模量 E_0 和级配碎石层厚度 H_3 的大小。路基顶面竖向位移、路基顶面压应变、路表弯沉和级配碎石层顶面竖向位移可以控制沥青路面的结构性车辙。此外，在我国沥青路面的检测中以路表弯沉作为控制指标。因此，结合实际情况，沥青路面采用路表弯沉和路基顶面压应变作为结构设计指标。

控制沥青层拉应力和拉应变可以对沥青层的裂缝进行控制。在显著性水平 $\alpha=0.01$ 时，沥青层拉应力的大小与沥青面层厚度 H_1、ATB 层参数（H_2 和 E_2）、级配碎石层参数（H_3 和 E_3）和层间接触情况（f）有很大关系。因此，可以选择沥青层拉应力作为疲劳裂缝的控制指标。

沥青层剪应力指标主要与沥青层厚度及模量、ATB 层厚度和级配碎石层模量有关，因此可以通过控制沥青层剪应力的大小对沥青层厚度及模量、ATB 层厚度和级配碎石层模量进行优化。

级配碎石层剪应力的大小与众多因素有关，包括路基和级配碎石层模量，因此对级配碎石层剪切破坏的控制选择级配碎石层剪应力作为设计指标。

结合第 4 章内容可知，在南疆高温地区如Ⅳ区，主要考虑夏季高温与荷载耦合场下沥青层拉应力很小，此时可以将沥青层拉应变作为控制指标，其他力学指标仍可沿用。

在北疆寒冷地区，如Ⅰ区和Ⅱ区，在冬季由于温缩现象的存在，沥青路面中沥青层的拉应力达到 1MPa 以上，甚至达到 3MPa 以上，此时可以将拉应力和拉应变共同作为控制指标。此外，在北疆低温-荷载耦合场下，沥青层剪应力、级配碎石层剪应力、路基顶面压应变和路表弯沉等均很小，因此在北疆低温-荷载耦合场下仅考虑沥青层拉应力和拉应变指标。

在高低温过渡区（Ⅲ区），由于高温和低温的情况均存在，综合考虑以上两种情况，即同时考虑夏季和冬季的情况，设计指标的选取如上。

综上，推荐新疆不同区域的全柔性基层沥青路面结构设计指标，具体见表 3.10。

表 3.10　全柔性基层沥青路面结构设计指标

地区	最不利季节	设计指标
Ⅰ区和Ⅱ区	冬季	沥青层拉应力、沥青层拉应变
Ⅳ区	夏季	沥青层拉应变、沥青层剪应力、级配碎石层剪应力、路基顶面压应变、路表弯沉
Ⅲ区	冬季	沥青层拉应力、沥青层拉应变
	夏季	沥青层拉应变、沥青层剪应力、级配碎石层剪应力、路基顶面压应变、路表弯沉
全疆通用设计指标（不考虑温度应力）		沥青层拉应力、沥青层剪应力、级配碎石层剪应力、路基顶面压应变、路表弯沉

表 3.10 中，全疆通用设计指标是不考虑温度-荷载耦合场的，而其他均是考虑当地最不利气候的设计指标。这主要是因为，在各分区除了最不利气候还有其他不利气候，如北疆冬季寒冷，但是北疆的夏季仍具有较高的温度，沥青路面也可能产生车辙等病害，在考虑当地最不利情况的同时也要兼顾其他不利情况。因此，本书建议在计算最不利温度-荷载耦合场下的设计指标时也要验算不考虑温度的情况。

3.2　新疆组合式基层沥青路面结构设计指标

组合式基层沥青路面与半刚性沥青路面有着一定的区别，又不同于全柔性基层沥青路面，因此需对组合式基层沥青路面结构设计指标单独进行分析。组合式基层沥青路面结构设计指标的研究思路与全柔性基层沥青路面结构相同。

3.2.1　基于半刚性底基层开裂破坏的设计指标及影响因素分析

组合式基层沥青路面常见的破坏形式主要有半刚性底基层开裂破坏、沥青层疲劳破坏、Top - Down 裂缝、级配碎石层剪切破坏和路基永久变形导致的结构性破坏。本书根据这些破坏形式，结合国内外柔性基层沥青路面结构的设计指标，初步拟定出组合式基层沥青路面的力学指标，见表 3.11。

表 3.11 初步拟定的组合式基层沥青路面的力学指标

破坏形式	力学指标
半刚性底基层开裂破坏	半刚性底基层底弯拉应力
沥青层疲劳破坏	沥青层拉应变/拉应力
Top - Down 裂缝	沥青层剪应力
级配碎石层剪切破坏	级配碎石层剪应力、$\lvert\tau\rvert/\sigma$
结构性车辙	路基顶面竖向位移、路基顶面压应变、路表弯沉、级配碎石层顶面竖向位移

各种影响因素水平的取值大都与全柔性基层沥青路面相同，在此不再赘述。组合式基层沥青路面中级配碎石层为功能层，用于隔断半刚性底基层的反射裂缝，且级配碎石层最小厚度一般取 10cm。哈尔滨工业大学王龙基于试验路的实测数据指出，当级配碎石层的下承层为水泥稳定碎石或二灰碎石时，回弹模量为 450～900MPa（施工良好，不离析时取高值）。因此，在研究组合式基层沥青路面时级配碎石层模量取 300～700MPa。沥青层模量及基层模量等的范围选择具体见表 3.12。

表 3.12 组合式基层力学指标的影响因素及变化范围

影响因素		面层厚度 H_1/cm	ATB层厚度 H_2/cm	碎石层厚度 H_3/cm	底基层厚度 H_4/cm	面层模量 E_1/MPa	ATB层模量 E_2/MPa	碎石层模量 E_3/MPa	底基层模量 E_4/MPa	路基模量 E_0/MPa	沥青层与碎石层摩擦系数 f_1	底基层与碎石层摩擦系数 f_2
工况	1	8	6	10	20	1000	800	300	2000	40	0.2	0.2
	2	10	8	20	30	1400	1000	400	2500	60	0.4	0.4
	3	12	10	30	40	1800	1200	500	3000	80	0.6	0.6
	4	14	12	40	50	2000	1400	600	3500	120	0.8	0.8
	5	16	14	50	60	2400	1600	700	4000	140	1.0	1.0

3.2.2 组合式基层沥青路面各设计指标敏感性分析

根据上述确定的因素及因素水平情况选取正交表 L_{50}（5^{11}）进行计算分析。根据正交表 L_{50}（5^{11}）的要求，将各影响因素及其水平分别列入表中，构成本次正交分析的具体方案，见表 3.13。

表 3.13　组合式基层正交设计各因素水平对应参数表

编号	正交分析因素水平对应参数值										
	1	2	3	4	5	6	7	8	9	10	11
	E_1	E_2	E_3	E_4	E_0	H_1	H_2	H_3	H_4	f_1	f_2
	MPa					cm				—	
1	1000	800	300	2000	40	8	6	10	20	0.2	0.2
2	1000	1000	400	2500	60	10	8	20	30	0.4	0.4
3	1000	1200	500	3000	80	12	10	30	40	0.6	0.6
4	1000	1400	600	3500	120	14	12	40	50	0.8	0.8
5	1000	1600	700	4000	140	16	14	50	60	1.0	1.0
6	1400	800	400	3000	120	16	6	20	40	0.8	1.0
7	1400	1000	500	3500	140	8	8	30	50	1.0	0.2
8	1400	1200	600	4000	40	10	10	40	60	0.2	0.4
9	1400	1400	700	2000	60	12	12	50	20	0.4	0.6
10	1400	1600	300	2500	80	14	14	10	30	0.6	0.8
11	1800	800	500	4000	60	14	12	10	40	1.0	0.4
12	1800	1000	600	2000	80	16	14	20	50	0.2	0.6
13	1800	1200	700	2500	120	8	6	30	60	0.4	0.8
14	1800	1400	300	3000	140	10	8	40	20	0.6	1.0
15	1800	1600	400	3500	40	12	10	50	30	0.8	0.2
16	2000	800	600	2500	140	12	14	30	20	0.8	0.4
17	2000	1000	700	3000	40	14	6	40	30	1.0	0.6
18	2000	1200	300	3500	60	16	8	50	40	0.2	0.8
19	2000	1400	400	4000	80	8	10	10	50	0.4	1.0
20	2000	1600	500	2000	120	10	12	20	60	0.6	0.2
21	2400	800	700	3500	80	10	12	30	30	0.2	1.0
22	2400	1000	300	4000	120	12	14	40	40	0.4	0.2
23	2400	1200	400	2000	140	14	6	50	50	0.6	0.4
24	2400	1400	500	2500	40	16	8	10	60	0.8	0.6
25	2400	1600	600	3000	60	8	10	20	20	1.0	0.8
26	1000	800	300	3500	140	14	10	20	60	0.4	0.6

续表

编号	正交分析因素水平对应参数值										
	1	2	3	4	5	6	7	8	9	10	11
	E_1	E_2	E_3	E_4	E_0	H_1	H_2	H_3	H_4	f_1	f_2
	MPa					cm				—	
27	1000	1000	400	4000	40	16	12	30	20	0.6	0.8
28	1000	1200	500	2000	60	8	14	40	30	0.8	1.0
29	1000	1400	600	2500	80	10	6	50	40	1.0	0.2
30	1000	1600	700	3000	120	12	8	10	50	0.2	0.4
31	1400	800	400	2000	80	12	8	40	60	1.0	0.8
32	1400	1000	500	2500	120	14	10	50	20	0.2	1.0
33	1400	1200	600	3000	140	16	12	10	30	0.4	0.2
34	1400	1400	700	3500	40	8	14	20	40	0.6	0.4
35	1400	1600	300	4000	60	10	6	30	50	0.8	0.6
36	1800	800	500	3000	40	10	14	50	50	0.4	0.8
37	1800	1000	600	3500	60	12	6	10	60	0.6	1.0
38	1800	1200	700	4000	80	14	8	20	20	0.8	0.2
39	1800	1400	300	2000	120	16	10	30	30	1.0	0.4
40	1800	1600	400	2500	140	8	12	40	40	0.2	0.6
41	2000	800	600	4000	120	8	8	50	30	0.6	0.6
42	2000	1000	700	2000	140	10	10	10	40	0.8	0.8
43	2000	1200	300	2500	40	12	12	20	50	1.0	1.0
44	2000	1400	400	3000	60	14	14	30	60	0.2	0.2
45	2000	1600	500	3500	80	16	6	40	20	0.4	0.4
46	2400	800	700	2500	60	16	10	40	50	0.6	0.2
47	2400	1000	300	3000	80	8	12	50	60	0.8	0.4
48	2400	1200	400	3500	120	10	14	10	20	1.0	0.6
49	2400	1400	500	4000	140	120	6	20	30	0.2	0.8
50	2400	1600	600	2000	40	14	8	30	40	0.4	1.0

由表 3.13 可以看出，正交分析试验方案的试验次数为 50，影响因素为 11 个。根据表中的具体方案，利用 ANSYS 有限元软件进行建模分析，计算提取得到 10 个力学指标的结果，见表 3.14。

表 3.14 正交分析方案和计算结果

编号	试验结果									
	路表弯沉/(×0.01mm)	沥青层拉应变/με	沥青层拉应力/kPa	沥青层剪应力/kPa	$\frac{\lvert\tau\rvert}{\sigma}$	级配碎石层剪应力/kPa	级配碎石层顶面竖向位移/(×0.01mm)	半刚性底基层底弯拉应力/kPa	路基顶面压应变/με	路基顶面竖向位移/(×0.01mm)
1	67.9	399.47	278.53	214.21	0.39	51.72	59.6	309.37	557	50.2
2	38.7	244.78	201.54	194.69	0.42	40.58	30.8	154.03	196.54	22.6
3	27.3	161.47	156.04	208.67	0.45	39.3	19.2	83.84	86.73	12.3
4	20.9	112.74	126.22	207.57	0.44	34.19	12.6	47.47	40.89	6.9
5	18.2	81.96	105.01	205.89	0.63	30.19	9.7	29.81	24.5	5.0
6	24	182.56	111.32	200.17	0.38	33.78	17.1	88.49	81.57	10.3
7	22.6	210.65	156.9	216.89	0.55	51	15.4	64.49	48.17	7.0
8	29.5	196.26	200.71	193.95	0.33	29.97	22.3	55.80	64.32	15.0
9	28.7	133.86	159.57	207.35	0.46	34.18	21.8	74.69	118.13	16.3
10	28.8	108.37	157.05	205.31	0.67	32.25	23.0	114.73	155.71	18.4
11	26.5	118.78	86.56	205.07	0.69	36.82	19.5	126.45	110.36	16.2
12	23.1	124.54	103.20	200.40	0.39	19.46	16.4	59.54	87.76	12.2
13	20.6	216.36	208.33	220.54	0.30	47.48	14.7	47.19	48.58	7.22
14	28.9	209.38	281.80	185.42	0.49	38.49	23.8	105.75	100.48	11.7
15	32.5	137.88	206.23	202.97	0.73	33.89	27.3	85.77	105.96	19.3
16	32.3	133.01	90.75	205.45	0.71	38.07	25.1	113.27	156.52	20.3
17	30.6	141.22	111.47	201.99	0.56	45.27	25.0	90.05	115.73	19.7
18	27.5	152.08	178.61	193.79	0.59	26.28	22.1	58.20	184.32	12.7
19	22.1	161.86	177.39	216.26	0.35	34.65	16.7	110.74	81.69	11.7
20	18.5	119.76	159.32	193.91	0.37	32.31	13.9	43.01	56.97	8.06
21	26.8	198.63	120.29	194.12	0.96	27.76	19.6	129.09	111.51	14.3
22	23.1	158.10	148.53	199.76	0.46	21.40	16.8	69.33	54.67	8.3
23	21.1	173.51	196.70	194.11	0.43	31.83	16.1	33.05	44.15	6.6
24	25.6	98.65	104.74	200.30	0.61	33.19	21.5	64.89	96.93	17.8
25	33.7	129.31	163.53	211.80	0.76	60.38	29.8	177.38	212.34	24.6
26	24.3	213.50	140.09	205.37	0.28	24.58	14.7	58.33	44.04	6.6
27	42.7	150.21	130.09	202.49	0.48	33.42	33.7	171.88	198.82	28.0
28	32.0	152.54	140.68	209.19	0.53	38.38	23.7	71.19	117.08	16.5
29	26.7	180.17	207.81	194.51	0.67	58.71	19.1	53.89	66.20	10.4
30	21.1	146.57	182.35	211.05	0.36	36.57	13.9	95.83	78.32	9.6

续表

编号	试验结果									
	路表弯沉/(×0.01mm)	沥青层拉应变/$\mu\varepsilon$	沥青层拉应力/kPa	沥青层剪应力/kPa	$\frac{\lvert\tau\rvert}{\sigma}$	级配碎石层剪应力/kPa	级配碎石层顶面竖向位移/(×0.01mm)	半刚性底基层底弯拉应力/kPa	路基顶面压应变/$\mu\varepsilon$	路基顶面竖向位移/(×0.01mm)
31	27.4	212.50	135.54	205.18	0.49	40.20	19.3	34.96	55.54	9.5
32	27.3	213.24	200.43	200.88	0.31	20.64	19.2	82.97	95.25	11.3
33	22.7	114.64	107.14	203.32	0.38	31.57	16.0	125.18	113.10	12.3
34	31.0	121.26	120.43	212.78	0.46	42.07	24.7	118.86	126.12	20.5
35	29.7	213.47	329.49	189.00	0.45	40.54	24.7	82.35	73.53	12.8
36	32.3	187.90	120.00	194.49	0.39	29.91	23.4	51.64	73.86	15.9
37	22.3	161.36	104.54	211.93	0.43	41.67	16.6	80.75	74.36	12.5
38	28.2	124.22	110.80	203.81	0.59	49.17	23.1	187.83	162.08	18.8
39	23.5	128.08	175.09	197..69	0.57	25.91	18.5	56.87	85.95	11.0
40	23.2	177.27	265.23	206.05	0.30	24.48	17.8	62.17	64.09	8.3
41	25.5	243.04	148.59	221.34	0.57	50.48	17.1	85.45	62.35	8.7
42	21.3	138.07	87.48	199.27	0.54	50.02	15.4	82.35	99.20	10.9
43	31.1	139.35	146.46	204.10	0.52	26.84	25.8	70.26	108.29	19.1
44	23.2	120.41	159.48	202.41	0.23	16.19	17.7	51.29	62.47	11.8
45	26.7	144.42	224.07	196.23	0.43	31.76	22.1	121.34	123.03	15.6
46	22.6	121.49	168.97	196.34	0.57	29.10	16.6	45.38	64.32	11.9
47	27.5	207.37	185.73	210.16	0.44	32.23	20.6	36.04	43.81	8.6
48	25.7	121.58	113.90	193.71	0.76	42.99	20.7	164.72	153.35	16.2
49	22.0	179.09	224.68	202.13	0.57	30.42	17.8	156.04	102.36	11.4
50	30.1	126.25	182.96	200.05	0.40	31.83	26.0	74.92	131.19	20.7

3.2.3　组合式基层沥青路面结构设计指标的确定

类似于柔性基层沥青路面结构的分析，组合式基层沥青路面结构的指标分析也采用极差分析和方差分析两种方法。根据上述计算结果，分别计算各影响因素水平下的K_1、K_2、K_3、K_4、K_5和极差R。表3.15仅列出了路表弯沉指标计算结果。

为了方便起见，根据上述计算结果，绘制成各影响因素的极差变化图，具体如图3.6所示。

表 3.15　组合式基层路表弯沉影响因素直观分析结果

力学指标	因素	E_1	E_2	E_3	E_4	E_0	H_1	H_2	H_3	H_4	f_1	f_2
路表弯沉	K_1	31.98	30.96	31.23	29.36	35.33	30.61	29.16	28.40	34.21	29.16	28.80
	K_2	27.17	27.92	28.06	27.69	28.49	27.81	27.56	27.46	28.31	26.93	27.79
	K_3	26.11	26.57	26.08	27.13	26.46	26.78	26.41	27.88	26.07	26.87	26.37
	K_4	25.88	25.26	26.68	26.03	23.02	26.10	26.86	26.49	24.66	27.40	27.72
	K_5	25.82	26.25	24.91	26.75	23.66	25.66	26.97	26.73	23.71	26.60	26.28
	R	6.16	5.70	6.32	3.33	12.31	4.95	2.75	1.91	10.50	2.56	2.52

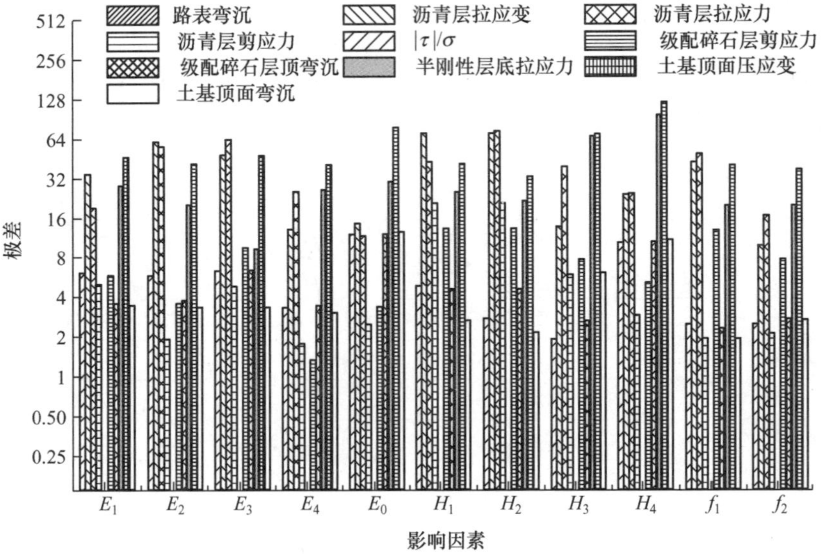

图 3.6　组合式基层沥青路面极差结果图

由极差结果图容易得出各影响因素对力学指标影响程度的大小，并将具体分析结果整理成表 3.16。

表 3.16　组合式基层沥青路面极差结果分析

力学指标	影响因素排序	力学指标范围
路表弯沉	$E_0>H_4>E_3>E_1>E_2>H_1>E_4>H_2>f_1>f_2>H_3$	[12.31，1.91]
沥青层拉应变	$H_1>H_2>E_2>E_3>f_1>E_1>H_4>E_0>H_3>E_4>f_2$	[72.05，10.02]
沥青层拉应力	$H_2>E_3>E_2>f_1>H_1>H_3>E_4>H_4>E_1>f_2>E_0$	[73.79，11.89]
沥青层剪应力	$H_1>H_3>E_1>E_3>H_4>E_0>f_2>E_2>f_1>E_4>H_2$	[20.62，0.93]
$\lvert\tau\rvert/\sigma$	$f_1>H_4>E_1>E_4>E_2>E_3>E_0>H_1>H_2>H_3>f_2$	[0.23，0.04]
级配碎石层剪应力	$H_1>f_1>H_2>E_3>f_2>H_3>E_1>H_4>E_2>E_0>E_4$	[13.82，1.34]
级配碎石层顶面竖向位移	$E_0>H_4>E_3>H_1>E_2>E_1>E_4>H_2>f_2>H_3>f_1$	[12.48，2.36]

续表

力学指标	影响因素排序	力学指标范围
半刚性基层层底拉应力	$H_4>H_3>E_0>E_4>H_1>E_1>H_2>f_2>E_2>f_1>E_3$	[100.71，9.54]
路基顶面压应变	$H_4>E_0>H_3>E_3>E_1>f_1>E_2>H_1>E_4>f_2>H_2$	[130.55，34.67]
路基顶面竖向位移	$E_0>H_4>H_3>E_1>E_2>E_4>E_3>f_2>H_1>H_2>f_1$	[12.86，1.96]

结合相关计算和表 3.16 可以得到如下结论：

1）路基回弹模量 E_0 对组合式基层沥青路面力学响应的影响很大，特别是对路表弯沉、级配碎石层顶面竖向位移、路基顶面压应变、路基顶面竖向位移和半刚性基层层底拉应力影响很大。

2）半刚性基层厚度 H_4 对路表弯沉、级配碎石层顶面竖向位移、路基顶面压应变、路基顶面竖向位移及半刚性基层层底拉应力的影响最大，随着厚度 H_4 的增加，路表弯沉、级配碎石层顶面竖向位移、路基顶面压应变、路基顶面竖向位移及半刚性基层层底拉应力等各力学指标逐渐减小。

3）ATB 层厚度 H_2 和模量 E_2 的大小直接影响到沥青层拉应力和拉应变的大小，对其他指标的影响较小。随着厚度 H_2 和模量 E_2 的增加，沥青层拉应力和拉应变均逐渐减小。

4）沥青面层参数（H_1 和 E_1）的大小对沥青层拉应变、沥青层拉应力、沥青层剪应力及级配碎石层剪应力等的影响较大。

5）层间摩擦系数 f_1 对沥青层的受拉和受剪状态均有一定影响，对级配碎石层受剪状态的影响较大。层间摩擦系数 f_2 对各项力学指标的影响较小。

6）级配碎石层厚度 H_3 和模量 E_3 对路基顶面压应变、半刚性基层层底拉应力、沥青层拉应力和剪应力的影响较大。

为了更清楚地分析各影响因素与力学指标的关系，进行了各力学指标的方差分析，表 3.17 和表 3.18 仅给出路表弯沉的方差分析。

表 3.17　组合式基层路表弯沉的方差分析

因素	偏差平方和	自由度	F 比	F 临界值		
				$\alpha=0.01$	$\alpha=0.05$	$\alpha=0.1$
E_1	274.999	4	6.071	16.000	6.390	4.110
E_2	195.347	4	4.313	16.000	6.390	4.110
E_3	235.651	4	5.203	16.000	6.390	4.110
E_4	62.977	4	1.390	16.000	6.390	4.110
E_0	981.283	4	21.664	16.000	6.390	4.110

续表

因素	偏差平方和	自由度	F 比	F 临界值		
				$\alpha=0.01$	$\alpha=0.05$	$\alpha=0.1$
H_1	155.739	4	3.438	16.000	6.390	4.110
H_2	45.795	4	1.011	16.000	6.390	4.110
H_3	25.107	4	0.554	16.000	6.390	4.110
H_4	700.965	4	15.476	16.000	6.390	4.110
f_1	42.391	4	0.936	16.000	6.390	4.110
f_2	45.295	4	1.000	16.000	6.390	4.110
误差	45.30	4	—	—	—	—

表 3.18 组合式基层沥青路面方差综合分析

力学指标	$\alpha=0.1$	$\alpha=0.05$	$\alpha=0.01$
路表弯沉	$E_0>H_4>E_1>E_3>E_2$	$E_0>H_4$	E_0
沥青层拉应变	$H_1>H_2>E_2>E_3>f_1>E_1>H_4$	$H_1>H_2>E_2>E_3>f_1>E_1$	$H_1>H_2>E_2>E_3>f_1$
沥青层拉应力	$H_2>E_3>E_2>H_1>f_1>H_3$	$H_2>E_3>E_2>H_1>f_1$	—
沥青层剪应力	$H_1>H_3>E_3>E_1$	$H_1>H_3>E_3$	H_1
$\lvert\tau\rvert/\sigma$	$f_1>H_4>E_1>E_4>E_0>H_1$	$f_1>H_4>E_1>E_4$	$f_1>H_4$
级配碎石层剪应力	—	—	—
级配碎石层顶面竖向位移	$E_0>H_4>E_3$	$E_0>H_4$	E_0
半刚性基层层底拉应力	$H_4>H_3$	$H_4>H_3$	H_4
路基顶面压应变	$H_4>E_0$	H_4	—
路基顶面竖向位移	$E_0>H_4>H_3$	$E_0>H_4$	E_0

由表 3.18 可以看出，当显著性水平为 0.01 时，路基回弹模量 E_0 与路表弯沉、级配碎石层顶面竖向位移和路基顶面竖向位移直接相关，即可以用这三项指标中的任意一项反映路面结构的路基回弹模量 E_0 的大小；半刚性基层厚度 H_4 分别可控制 $\lvert\tau\rvert/\sigma$ 和半刚性基层层底拉应力，$\lvert\tau\rvert/\sigma$ 还可以反映层间摩擦系数 f_1 的大小；沥青面层厚度 H_1 可以控制沥青层拉应变和沥青层剪应力指标的大小，沥青层拉应变还能反映出 ATB 层厚度 H_2 及模量 E_2、级配碎石层模量 E_3 及层间摩擦系数 f_1 的大小。

对比显著性水平 0.1、0.05 和 0.01 可知，沥青面层模量 E_1 和厚度 H_1 可以用路表弯沉、沥青层拉应变、沥青层拉应力、沥青层剪应力和 $|\tau|/\sigma$ 共同反映；ATB 层模量 E_2 和厚度 H_2 可以用路表弯沉、沥青层拉应变和沥青层拉应力共同反映；级配碎石层厚度 H_3 和模量 E_3 可以用沥青层拉应力及拉应变、$|\tau|/\sigma$ 和半刚性基层层底拉应力共同反映；半刚性基层厚度 H_4 和模量 E_4 可用 $|\tau|/\sigma$ 和半刚性基层层底拉应力来反映。

由上述分析可知，同一结构层参数可以用多种指标来反映，且各种指标有着主次之分。结合温度-荷载耦合场下柔性基层沥青路面的力学响应，以及高温和低温环境下柔性基层沥青路面常见病害（具体见全柔性基层沥青路面的相关内容，在此不再赘述），通过上述分析提出组合式基层沥青路面的结构设计指标，具体见表 3.19。

表 3.19　组合式基层沥青路面的结构设计指标

地区	最不利季节	设计指标
Ⅰ区和Ⅱ区	冬季	沥青层拉应力、沥青层拉应变、半刚性基层层底拉应力、$\lvert\tau\rvert/\sigma$
Ⅳ区	夏季	沥青层拉应变、沥青层剪应力、$\lvert\tau\rvert/\sigma$、半刚性基层层底拉应力、路基顶面压应变、路表弯沉
Ⅲ区	冬季	沥青层拉应力、沥青层拉应变、半刚性基层层底拉应力、$\lvert\tau\rvert/\sigma$
	夏季	沥青层拉应变、沥青层剪应力、$\lvert\tau\rvert/\sigma$、半刚性基层层底拉应力、路基顶面压应变、路表弯沉
全疆通用指标（不考虑温度应力）		沥青层拉应变、沥青层剪应力、$\lvert\tau\rvert/\sigma$、半刚性基层层底拉应力、路基顶面压应变、路表弯沉

3.2.4　新疆柔性基层沥青路面设计方法

沥青路面设计的主要任务是确保路面结构在其设计寿命期内具有良好的使用性能，满足车辆正常运行的需要。目前国内还没有一套完整的适合柔性基层沥青路面的设计方法。本节将在前文分析的基础之上，综合有关研究成果，提出适合新疆的沥青路面设计指标体系和设计方法，以指导新疆柔性基层沥青路面的设计和施工。

1. 结构组合设计

柔性沥青路面通常由沥青面层、基层及路基组成。面层和基层通常根据层位功能分为多个层次。对高速公路和一级公路而言，沥青面层多采用三层结构，分别为表面层、中面层和下面层；基层多采用二层结构，分别为上基层和底基层。

表面层必须具有良好的耐久性及抗滑性能、很强的高温抗变形能力、足够的低温韧性及优良的抗水作用能力；中面层必须具有良好的高温抗变形能力、足够的低温韧性及耐久性、较强的抗水侵蚀能力；下面层必须具有良好的疲劳性能、较高的强度、较强的抗水作用能力；基层须具有较高的强度和一定的抗疲劳性能；路基对于柔性基层沥青路面十分重要，必须具有较高的强度和较好的稳定性，如果达不到要求则须对路基进行处理。

2. 设计指标及设计参数的确定

(1) 设计指标的确定

综合前述成果，新疆柔性基层沥青路面结构通用设计指标及要求见表 3.20。

表 3.20 新疆柔性基层沥青路面设计指标及要求

全柔性基层		组合式基层	
设计指标	指标要求范围	设计指标	指标要求范围
沥青层层底拉应力	200～230kPa	沥青层层底拉应变	160～220$\mu\varepsilon$
沥青层剪应力	200～350kPa	沥青层剪应力	200～350kPa
级配碎石层剪应力	130～260kPa	$\|\tau\|/\sigma$	$<\tan\varphi$
		半刚性底基层拉应力	200～240kPa
路基顶面压应变	280～350$\mu\varepsilon$	路基顶面压应变	280～350$\mu\varepsilon$
路表弯沉	实际计算	路表弯沉	实际计算

注：表中的力学指标为柔性基层沥青路面通用指标，指标范围为参考值，根据要求的高低取上限值和下限值，可以采用实际工程项目的材料试验数据予以替代；另外，考虑新疆大温差环境下路面结构的力学指标值时，结构层非沥青层的力学指标范围仍可参考使用（沥青混合料为感温性材料）。

(2) 设计参数的选择

1）设计年限。对于高速公路和一级公路，设计年限一般取 15 年。

2）交通参数。设计标准轴载取单轴双轮组 100kN，胎压为 0.7MPa，当量圆半径为 10.65cm。具体的轴载根据我国沥青路面设计规范中的相关公式进行换算即可。

3）材料参数。路面沥青混合料和基层材料设计参数的选取可通过试验获取，或者借鉴新疆类似工程材料参数研究成果选取。

4）环境参数。环境参数主要指温度和湿度。对于温度来说，主要是指该地区对柔性基层沥青路面影响较大的最不利温度。不同的破坏形式可能有不同的温度参数。

3. 设计流程

柔性基层沥青路面设计主要包括设计参数的选取、路面结构组合设计、设计指标的确定和路面结构厚度设计等内容。其中，路面结构组合设计是柔性基层沥青路面设计的前提，主要从地理环境、材料情况、层位功能及路面初期损坏等方面出发综合确定。设计指标的确定是柔性基层沥青路面设计的关键，主要从损坏特征和预测交通量等方面出发综合确定。路面结构厚度设计是柔性基层沥青路面设计的重点，主要从层位功能、初期损坏及经济性等方面综合考虑进行设计。本书提出的柔性基层沥青路面设计流程如图 3.7 所示。

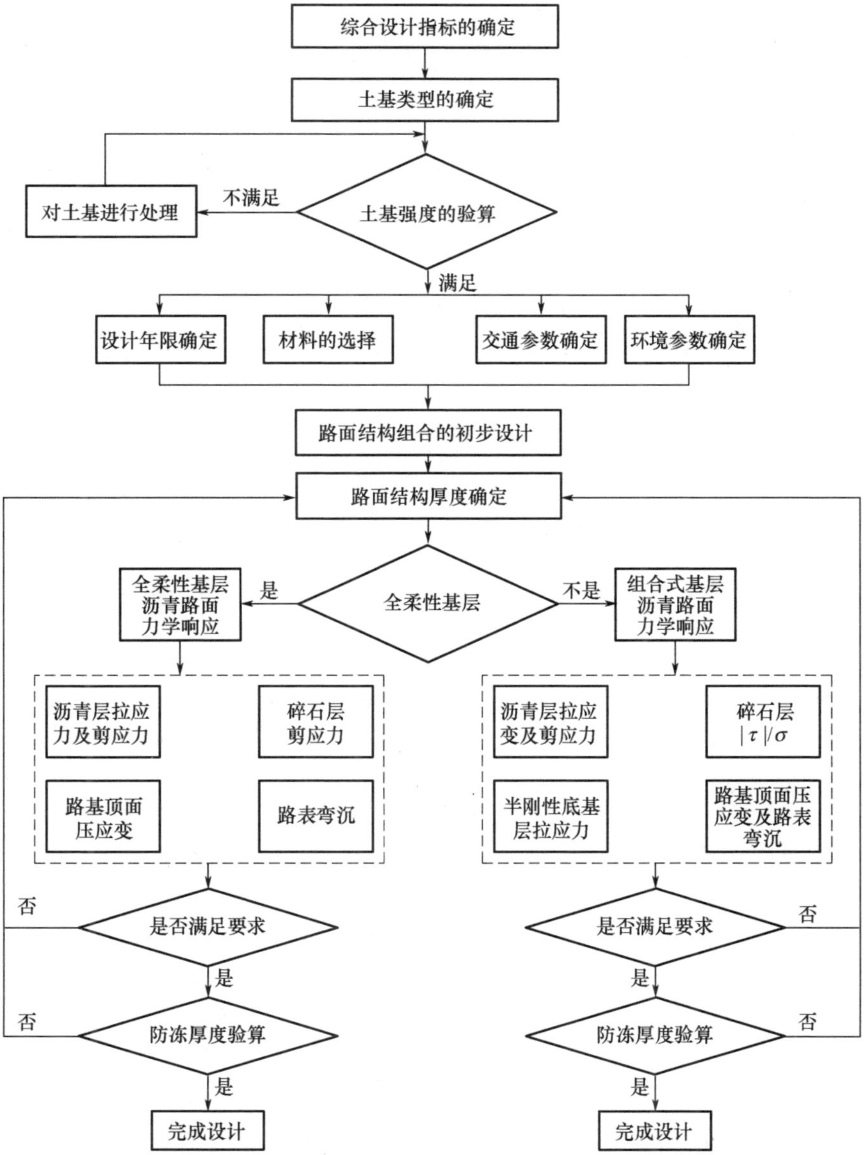

图 3.7　新疆柔性基层沥青路面结构设计流程

3.3 沥青层厚度及模量变化对拟定路面结构各指标的影响规律

参考《新疆公路沥青路面设计指导手册》所推荐的高速公路沥青路面，结合国内外柔性基层沥青路面的组合形式，拟定新疆柔性基层沥青路面结构，并对其厚度进行验算，得到的路面结构见表 3.21。

表 3.21　拟定的新疆柔性基层沥青路面结构及其厚度

方案	沥青面层	基层	垫层	路基回弹模量/MPa
STR－1	5cmSMA－16＋6cm AC－20	10cmATB－30＋20cm 级配碎石＋20cm 级配碎石	15cm 砂砾	60
STR－2	4cmAC－13＋6cm AC－20	14cmATB－30＋20cm 级配碎石	15cm 砂砾	80
STR－3	4cmAC－13＋5cmAC－20＋7cmAC－25F	8cmATB－25＋20cm 级配碎石	15cm 砂砾	80
STR－4	4cmAC－13＋6cm AC－20	10cmATB－30＋15cm 级配碎石＋20cm 级配碎石	15cm 砂砾	120
STR－5	5cmSMA－16＋7cm AC－20	10cmATB－30＋15cm 级配碎石＋15cm 级配碎石	15cm 砂砾	70
STR－6	4cmSMA－13＋6cm AC－20	8cmATB－25＋15cm 级配碎石＋32cm 水泥稳定碎石	15cm 砂砾	70
STR－7	4cmSMA－13＋6cm AC－20	8cmATB－25＋20cm 级配碎石＋20cm 水泥稳定碎石	20cm 砂砾	70
STR－8	5cmAC－16＋6cm AC－20	8cmATB－25＋34cm 水泥稳定碎石	15cm 砂砾	70
STR－D	4cmAC－13＋5cmAC－20＋7cmAC－25F	33cm 水泥稳定碎石	15cm 砂砾	80

STR－1：为新疆高速公路阿喀三标段试验路设计的全柔性基层沥青路面结构，土基为中湿状态下的砂性土。该路面结构沥青层厚度达到 21cm，具有较强的承载能力；采用 40cm 级配碎石层作为底基层，具有一定的强度。

STR－2：为新疆高速公路阿喀三标段试验路设计的全柔性基层沥青路面结构，土基为干燥状态下的砂性土。与 STR－1 相比，该结构通过增加沥青层厚度来降低级配碎石层底基层厚度，其中沥青层厚度增加到 24cm，级配碎石层厚度为 20cm。此外，与 STR－1 相比，STR－2 沥青面层厚度降低 1cm，ATB 底基层厚度增加 4cm。一般来说，ATB 基层的造价明显低于沥青面层。

STR－3：为典型全柔性基层沥青路面结构，沥青面层采用新疆常见的 4＋5＋7 结构，基层采用 ATB 层＋级配碎石层底基层的组合形式。沥青层的总厚度与 STR－2 相同，均为 24cm，级配碎石层厚度也与 STR－2 一致。

STR－4：为全柔性基层沥青路面结构，沥青层厚度为 20cm，底基层采用 35cm 的级配碎石层。该结构相对于前三种路面结构来说降低了沥青层厚度，降低了造价，并对路基进行处理（120MPa），使得路面结构具有足够的整体强度。

STR－5：为高速公路和田墨玉段试验路推荐的全柔性基层沥青路面结构，路基回弹模量为 70MPa。该路面结构与 STR－1 相比，通过增加沥青层厚度降低了级配碎石层底基层的厚度，沥青层厚度为 22cm，级配碎石层厚度为 30cm。

STR－6：为和田墨玉段试验路推荐的组合式基层沥青路面结构，在水稳底基层上设置 15cm 的级配碎石层作为隔离层。该路面结构具有半刚性沥青路面结构的整体刚度，且杜绝了半刚性基层沥青路面反射裂缝的病害。

STR－7：为组合式基层沥青路面结构，通过增加级配碎石层的厚度降低了半刚性底基层的厚度，级配碎石层和半刚性底基层厚度均为 20cm。

STR－8：为高速公路明水哈密段推荐的柔性基层沥青路面结构，与组合式基层沥青路面结构相似。该路面结构具有半刚性基层沥青路面结构的整体刚度，且通过 ATB 基层隔断了半刚性基层反射裂缝的传递。与组合式基层沥青路面相比，该路面结构的整体刚度更加突出。与半刚性基层沥青路面结构相比，其通过设置 ATB 基层增加了沥青层厚度，保证了路面结构整体强度的同时降低了造价。为了便于叙述，统称这种路面结构为复合式（柔性）基层沥青路面结构。

STR－D：为高速公路阿喀三标路段采用的半刚性基层沥青路面结构，也是新疆常见的半刚性基层沥青路面结构。本书以该路面结构与上述柔性基层沥青路面结构进行对比分析。

沥青层厚度和强度的变化会直接导致高速公路沥青路面的总造价增加或者降低，特别是在新疆，由于经济条件的制约，对工程造价的控制很严格，因此沥青层厚度和强度的控制就显得尤为重要。本书将面层和 ATB 层分开分析，具体参数见表 3.22。为了减少计算量，在分析面层厚度变量时，面层模量统一取 1800MPa。为了更好地分析结构设计参数的变化对柔性基层沥青路面力学指标的影响，同时对柔性基层沥青路面与半刚性基层沥青路面进行对比分析，在下面的分析中将半刚性基层沥青路面 STR－D 的结构设计参数设定为常量，如下文中的沥青层模量及厚度，即下文中出现的 STR－D 各力学指标数值始终为常量，以 STR－D 的各力学指标数值作为参考，来衡量各柔性基层沥青路面的力学性能。

表 3.22 沥青面层和 ATB 层厚度及模量参数

结构层	厚度/cm	模量/MPa
沥青面层	6，8，10，12，14，16，18，20	1000，1200，1400，1600，1800，2000，2200，2400
ATB 层	8，10，12，14，16，18	800，1000，1200，1400，1600，1800，2000

3.3.1 沥青层受拉状态随沥青层厚度及模量的变化

沥青路面横向裂缝病害的产生与沥青层拉应力和拉应变有着很大的关系。根据上述结论，柔性基层沥青路面沥青层拉应力和拉应变与沥青面层厚度、ATB 层厚度及模量、级配碎石层厚度及模量和层间连续状态密切相关。

图 3.8 所示为不同沥青层厚度下的沥青层拉应力。

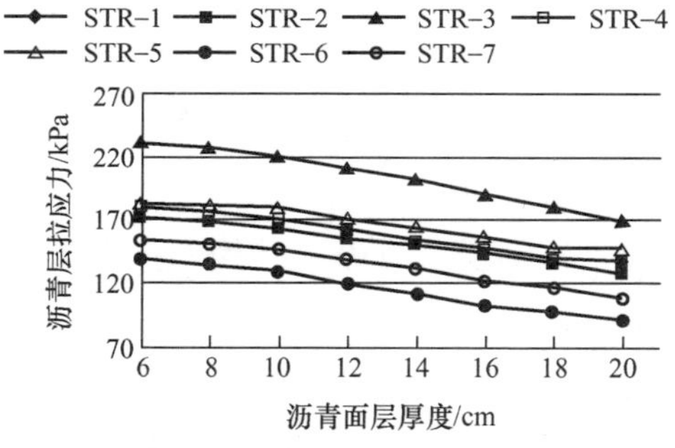

(a) 不同面层厚度下的沥青层拉应力

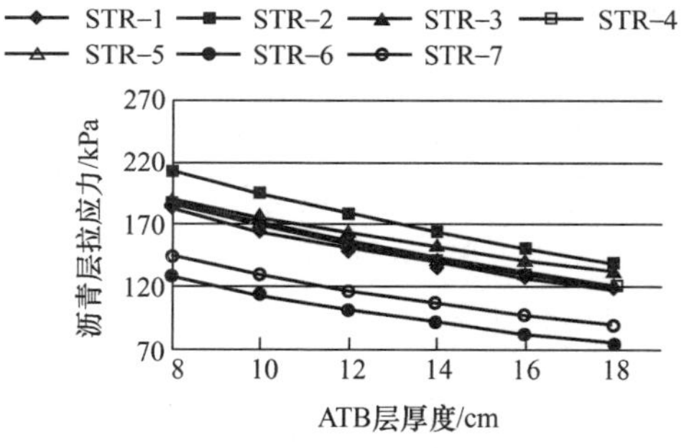

(b) 不同ATB层厚度下的沥青层拉应力

图 3.8 不同沥青层厚度下的沥青层拉应力

分析图 3.8 易知，沥青层拉应力随着沥青层厚度的增加逐渐减小；当沥青面层厚度在 6～10cm 间变化时，沥青层拉应力变化较小；当沥青面层厚度为 10cm 时，面层厚度每增加 2cm，柔性基层沥青路面沥青层拉应力减小 4%～6.64%；沥青层拉应力随着 ATB 层的增加呈线性减小，ATB 层厚度每增加 2cm，沥青层拉应力减小 7.22%～10.61%。由此可以看出，ATB 层厚度的变化对沥青层拉应力的影响很大。众所周知，沥青面层的造价要高于 ATB 层，对比分析可知，可通过增加 ATB 层的厚度来减少沥青层的疲劳开裂。

另外，一般沥青层容许拉应力为 200～230kPa，当取下限时，STR－3 的沥青面层厚度至少要达到 14cm，STR－2 的 ATB 层厚度至少为 10cm。

图 3.9 所示为不同沥青层模量下的沥青层拉应力。

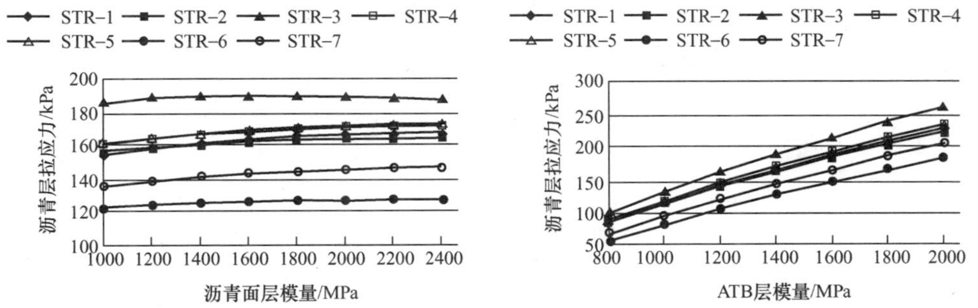

(a) 不同面层模量下的沥青层拉应力　(b) 不同ATB层模量下的沥青层拉应力

图 3.9　不同沥青层模量下的沥青层拉应力

从图 3.9 中容易看出，随着沥青面层和 ATB 层模量的增加，沥青层拉应力逐渐增大。当沥青面层模量为 1000MPa 时，面层模量每增大 200MPa，沥青层拉应力增大 0.11%～1.14%；当 ATB 层模量为 800MPa 时，ATB 层模量每增加 200MPa，沥青层拉应力增大 14.04%～16.82%。由此可见，ATB 层模量的变化对沥青层拉应力的影响很大，尽量不要采用变化面层模量的措施来降低沥青层的拉应力。当沥青层容许拉应力取下限（200kPa）时，STR-1、STR-2、STR-3、STR-4、STR-5 和 STR-7 的 ATB 层模量分别应在 1700MPa、1800MPa、1500MPa、1600MPa、1600MPa 和 2000MPa 以下。

图 3.10 所示为不同沥青层厚度下的沥青层拉应变。

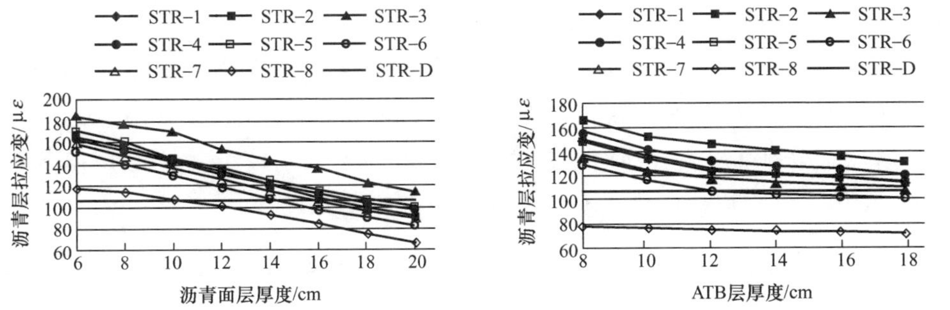

(a) 不同面层厚度下的沥青层拉应变　(b) 不同ATB层厚度下的沥青层拉应变

图 3.10　不同沥青层厚度下的沥青层拉应变

如图 3.10 所示，随着沥青面层和 ATB 层厚度的增加，沥青层拉应变均逐渐减小。沥青面层厚度每增加 2cm，沥青层拉应变减小 6.87%～8.54%。ATB 层厚度为 8～12cm 时，对全柔性基层和组合式基层沥青路面沥青层拉应变的影响最大，在此范围内，ATB 层厚度每增加 2cm，沥青层拉应变减小 6.51%～9.76%；当 ATB 层厚度为 8～18cm 时，ATB 层厚度每增加 2cm，STR-8 沥青层拉应变仅减小 1.75%。因此，在柔性基层沥青路面结构设计中，可以通过增加面层或者 ATB 层厚度来减小沥青层的拉应变，其中 ATB 层厚度建议在 8～12cm 之间调试。

图 3.11 所示为不同沥青层模量下的沥青层拉应变。

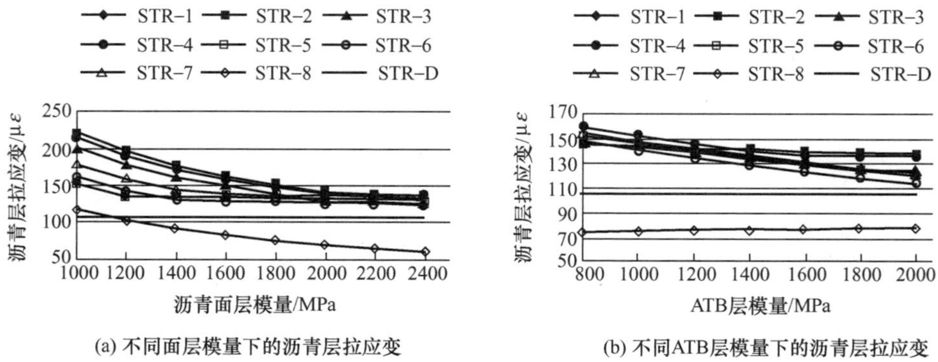

图 3.11　不同沥青层模量下的沥青层拉应变

分析图 3.11 容易知道，随着面层模量的增大，各种路面的沥青层拉应变均逐渐减小；除去 STR－8 的柔性基层沥青路面结构，在面层模量达到 1800MPa 并继续增大时，沥青层拉应变均向 130με 无限接近。由此可以看出，过度依靠增大面层模量的手段来减小沥青层拉应变是不可行的。此外，当沥青层拉应变取下限（160με）时，STR－2、STR－3、STR－4、STR－6 和 STR－7 的面层模量至少应在 1600MPa、1400MPa、1600MPa、1000MPa 和 1200MPa 以上。除去 STR－1、STR－5 和 STR－6 的柔性基层沥青路面结构，当面层模量为 1000～1800MPa 时，面层模量每增大 200MPa，沥青层拉应变减小 7.11%～10.71%。ATB 层模量的增加对柔性基层沥青路面结构的沥青层拉应变影响较小，ATB 层模量每增大 200MPa，沥青层拉应变减小 0.85%～4.41%。

3.3.2　沥青层及级配碎石层剪应力随沥青层厚度及模量的变化

柔性基层沥青路面车辙和 Top－Down 裂缝是由沥青层的剪切破坏形成的，级配碎石层剪切破坏也是其主要病害之一。根据上述内容可知，柔性基层沥青路面结构性车辙和 Top－Down 裂缝可以通过控制沥青层的最大剪应力予以遏制。全柔性基层和组合式基层沥青路面的级配碎石层剪切破坏控制指标不同，分别为级配碎石层最大剪应力和 $|\tau|/\sigma$。

图 3.12 所示为不同沥青层厚度下的沥青层剪应力。

如图 3.12 所示，各种柔性基层沥青路面结构沥青层最大剪应力随着面层厚

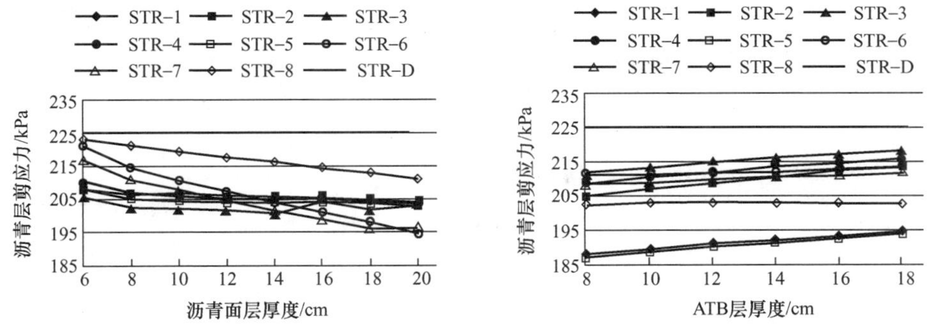

(a) 不同沥青面层厚度下的沥青层剪应力　(b) 不同ATB层厚度下的沥青层剪应力

图 3.12　不同沥青层厚度下的沥青层剪应力

度的增加均呈现逐渐减小的趋势，且随着 ATB 层厚度的增加逐渐增大。当面层厚度为 6cm 时，厚度每增加 2cm，STR－6、STR－7 和 STR－8 的剪应力分别减小 1.82%、1.45%和 0.80%。当 ATB 层厚度在 8～18cm 之间时，厚度每增加 2cm，沥青层剪应力增大 0.018%～0.84%。因此，沥青面层和 ATB 层厚度对沥青层剪应力的影响较小，不建议通过增加沥青层厚度来降低沥青层剪应力。

另外，对比半刚性沥青路面结构 STR－D 和柔性基层沥青路面结构的沥青层剪应力可以看出，半刚性沥青路面剪应力处于一个较高的水平，始终大于柔性基层沥青路面沥青层剪应力，由此可以解释新疆南疆和东疆高速公路容易出现车辙的现象。因此，柔性基层沥青路面结构在防止车辙方面要优于半刚性沥青路面结构。

图 3.13 所示为不同沥青层模量下的沥青层剪应力。

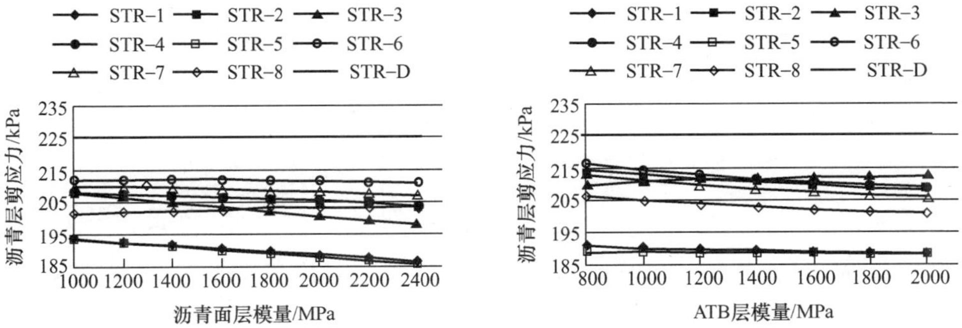

(a) 不同沥青面层模量下的沥青层剪应力　(b) 不同ATB层模量下的沥青层剪应力

图 3.13　不同沥青层模量下的沥青层剪应力

从图 3.13 中可以看出，沥青面层和 ATB 层模量的变化对沥青层剪应力的影响较小。沥青层模量在 1000～2400MPa 之间时，模量每变化 200MPa，沥青层剪应力变化 0.07%～0.69%；ATB 层模量在 800～2000MPa 之间时，模量每变化 200MPa，沥青层剪应力变化 0.007%～0.58%。

图 3.14 所示为不同沥青层厚度下的级配碎石层剪应力。

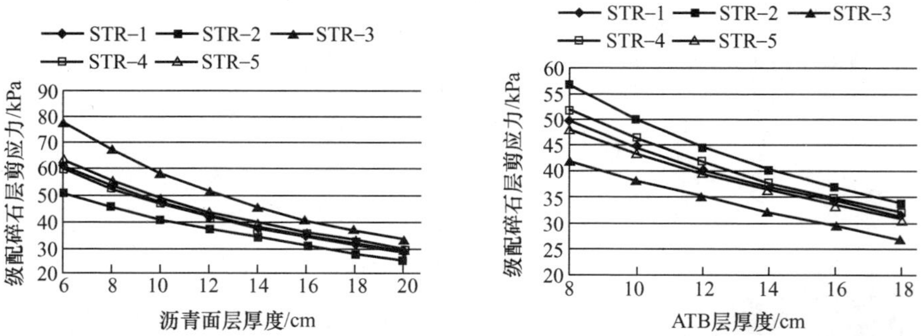

(a) 不同沥青面层厚度下的级配碎石层剪应力 (b) 不同ATB层厚度下的级配碎石层剪应力

图 3.14 不同沥青层厚度下的级配碎石层剪应力

分析图 3.14 可知，全柔性基层沥青路面结构的级配碎石层剪应力随着沥青面层和 ATB 层厚度的增加逐渐降低，但是降低的梯度逐渐减小。当沥青面层厚度在 6～20cm 之间时，面层厚度每增加 2cm，级配碎石层剪应力减小 10.00%～12.33%；当 ATB 层厚度在 8～18cm 之间时，ATB 层厚度每增加 2cm，级配碎石层剪应力减小 8.76%～10.34%。由此可见，面层厚度和 ATB 层厚度对级配碎石层剪应力的影响很大。因此，当级配碎石层剪应力过大时，可采用适当增加面层或者 ATB 层厚度的方法予以微调。

图 3.15 所示为不同沥青层模量下的级配碎石层剪应力。

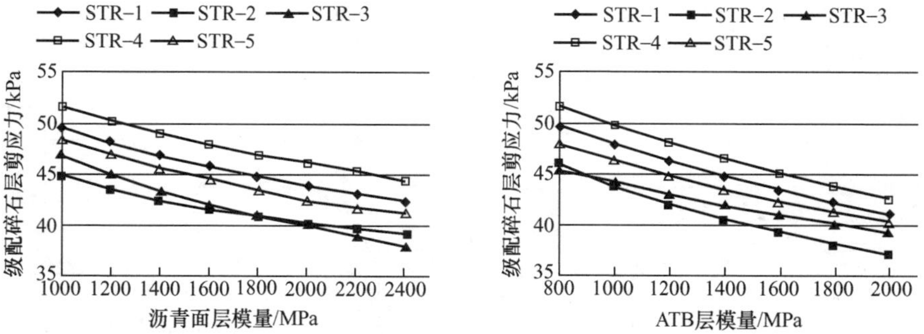

(a) 不同沥青面层模量下的级配碎石层剪应力 (b) 不同ATB层模量下的级配碎石层剪应力

图 3.15 不同沥青层模量下的级配碎石层剪应力

如图 3.15 所示，全柔性基层沥青路面结构的级配碎石层剪应力随着沥青面层和 ATB 层模量的增大逐渐减小。沥青面层模量每增加 200MPa，级配碎石层剪应力减小 2.03%～3.10%；ATB 层模量每增加 200MPa，级配碎石层剪应力减小 2.38%～3.56%。因此，面层模量和 ATB 层模量对级配碎石层剪应力影响较小。

图 3.16 所示为不同沥青层厚度下的级配碎石层 $|\tau|/\sigma$。

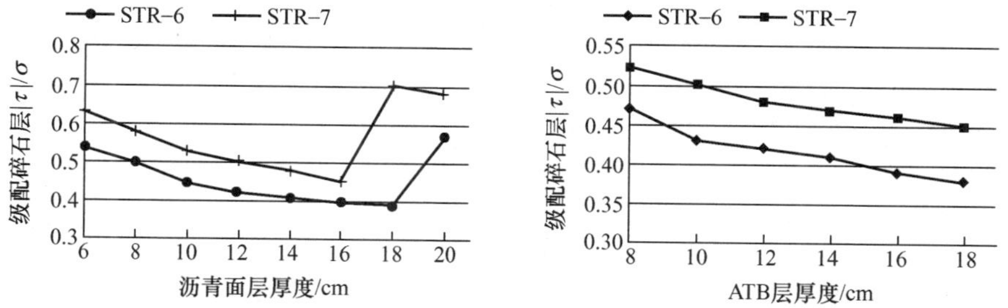

(a) 不同沥青面层厚度下的级配碎石层 $|\tau|/\sigma$　(b) 不同ATB层厚度下的级配碎石层 $|\tau|/\sigma$

图 3.16　不同沥青层厚度下的级配碎石层 $|\tau|/\sigma$

如图 3.16 所示，级配碎石层 $|\tau|/\sigma$ 随面层厚度的增加先减小后增大。当 STR－6 和 STR－7 的沥青面层厚度分别达到 18cm 和 16cm 时，$|\tau|/\sigma$ 值瞬间增大。随着沥青面层厚度的增加，级配碎石层剪应力和正应力均逐渐减小，但是可能出现正应力减小速率大于剪应力减小速率的情况，从而导致级配碎石层 $|\tau|/\sigma$ 出现突变，这说明沥青面层厚度影响到级配碎石滑动面出现的位置。另外，STR－6 的半刚性底基层厚度大于 STR－7，且级配碎石层厚度小于 STR－7，相对于 STR－6 来说，STR－7 的级配碎石层更易出现剪切破坏。

随 ATB 层厚度的增加，级配碎石层 $|\tau|/\sigma$ 呈现逐渐减小的趋势。当 ATB 层厚度在 8～18cm 之间时，厚度每增加 2cm，STR－6 和 STR－7 的级配碎石层 $|\tau|/\sigma$ 分别减小 4.32%和 2.92%。因此，组合式基层沥青路面结构的级配碎石层 $|\tau|/\sigma$ 受 ATB 层厚度的影响较小。

图 3.17 所示为不同沥青层模量下的级配碎石层 $|\tau|/\sigma$。

由图 3.17 可以看出，随着沥青面层和 ATB 层模量的增加，级配碎石层 $|\tau|/\sigma$ 总体呈现减小的趋势，但是减小的程度不大。沥青面层和 ATB 层模量每减小 200MPa，级配碎石层 $|\tau|/\sigma$ 减小 1.22%～1.59%。

结合图 3.16 和图 3.17 可以知道，组合式基层沥青路面级配碎石层 $|\tau|/\sigma$ 受沥青层厚度和模量的影响较小，不建议通过改变沥青层厚度和模量参数来降低级配碎石层 $|\tau|/\sigma$ 数值。另外，对比 STR－6 和 STR－7 可知，STR－6 结构级配碎石层 $|\tau|/\sigma$ 始终小于 STR－7。

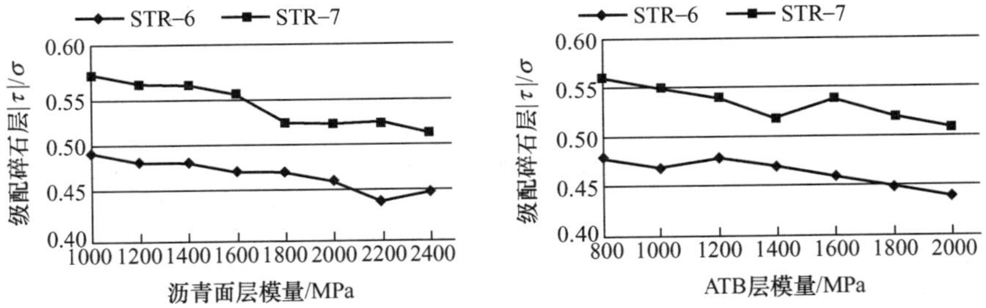

(a) 不同沥青面层模量下的级配碎石层|τ|/σ　　(b) 不同ATB层模量下的级配碎石层|τ|/σ

图 3.17　不同沥青层模量下的级配碎石层|τ|/σ

3.3.3　半刚性基层拉应力随沥青层厚度及模量的变化

组合式基层沥青路面中半刚性底基层和 ATB 基层之间用级配碎石层分隔，半刚性基层的层位下移有助于防止半刚性基层出现断裂的现象。然而，在行车荷载循环作用下，组合式基层沥青路面也有可能出现半刚性底基层断裂的情况，因此有必要对半刚性底基层层底拉应力进行控制。为此，需首先分析沥青层厚度和模量对半刚性底基层拉应力的影响。根据第 2 章的内容，组合式基层沥青路面结构半刚性底基层层底拉应力与半刚性底基层厚度及级配碎石层厚度有着很大的关系。

图 3.18 所示为不同沥青层厚度下的半刚性底基层拉应力。

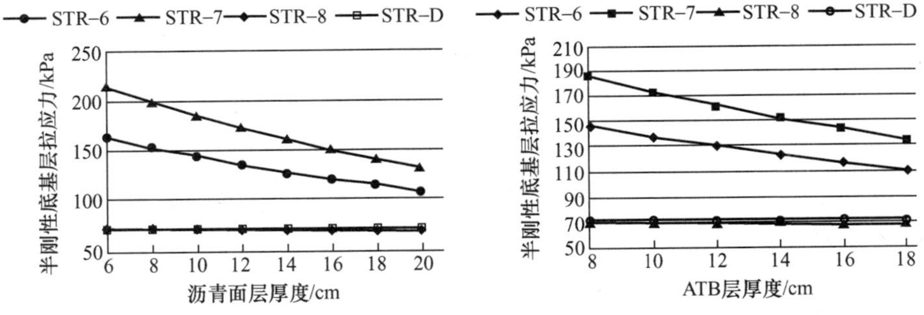

(a) 不同沥青面层厚度下的半刚性底基层拉应力　　(b) 不同ATB层厚度下的半刚性底基层拉应力

图 3.18　不同沥青层厚度下的半刚性底基层拉应力

如图 3.18 所示，组合式基层沥青路面结构 STR－8 和半刚性沥青路面结构 STR－D 的半刚性基层层底拉应力处于一个很低的水平，均在 70kPa 左右，这是因为在本次路面结构计算时默认沥青层与半刚性基层之间处于完全连续的状态。复合式基层沥青路面结构 STR－6 和 STR－7 半刚性底基层拉应力随着面层和 ATB 层厚度的增加逐渐减小。当面层厚度在 6～20cm 之间时，厚度每增加 2cm，STR－6 和 STR－7 半刚性底基层拉应力分别减小 5.90％和 6.97％；ATB 层厚度在 8～18cm 之间时，厚度每增加 2cm，STR－6 和 STR－7 半刚性底基层拉应力分别减小 5.53％和 6.50％。因此，在进行组合式基层沥青路面结构设计时，可以通过增加面层和 ATB 层厚度的措施来适当减小半刚性底基层的拉应力。

另外，半刚性底基层通常用水稳碎石或水稳砂砾修筑而成，这两种材料修筑的半刚性底基层的疲劳拉应力通常为 200～240kPa。由此可以看出，两种组合式基层路面结构很容易满足半刚性基层疲劳拉应力不大于 240kPa 这个条件，且 STR－6 的半刚性底基层拉应力始终小于 STR－7。

图 3.19 所示为不同沥青层模量下的半刚性底基层拉应力。

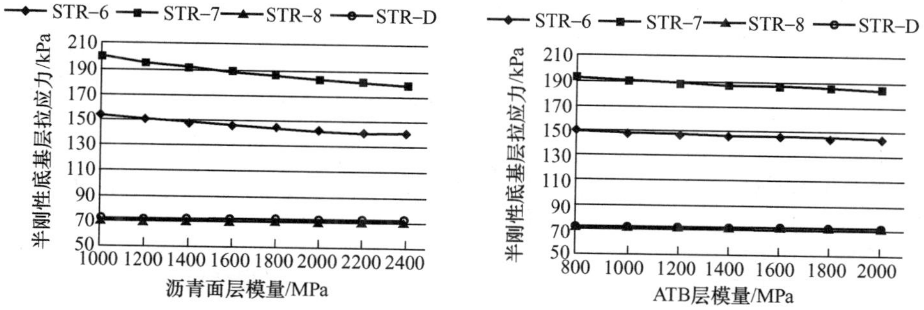

(a) 不同沥青面层模量下的半刚性底基层拉应力　　(b) 不同ATB层模量下的半刚性底基层拉应力

图 3.19　不同沥青层模量下的半刚性底基层拉应力

分析图 3.19 容易看出，随着沥青面层和 ATB 层模量的增加，组合式基层沥青路面半刚性底基层拉应力逐渐减小，但是沥青层模量对半刚性底基层拉应力的影响有限。沥青面层和 ATB 层模量每增加 200MPa，两种组合式基层沥青路面半刚性底基层拉应力减小 0.51％～1.56％。因此，在进行组合式基层沥青路面结构设计时，不建议通过提高沥青面层或 ATB 层模量的方式减小半刚性底基层的拉应力。

3.3.4　路基顶面压应变随沥青层厚度及模量的变化

路基顶面压应变用于控制路基的竖向变形，路基竖向变形过大是导致沥青路面结构性车辙的主要原因。根据上述内容，柔性基层沥青路基顶面压应变主要与路基回弹模量等结构设计参数有关，因此需首先分析沥青层参数对路基顶面压应变的影响。

图 3.20 所示为不同沥青层厚度下的路基顶面压应变。

从图 3.20 中可以看出，沥青面层和 ATB 层厚度的增加使得各路面结构的路基顶面压应变逐渐减小，这主要是因为沥青层厚度的增加导致路基之上的结构层

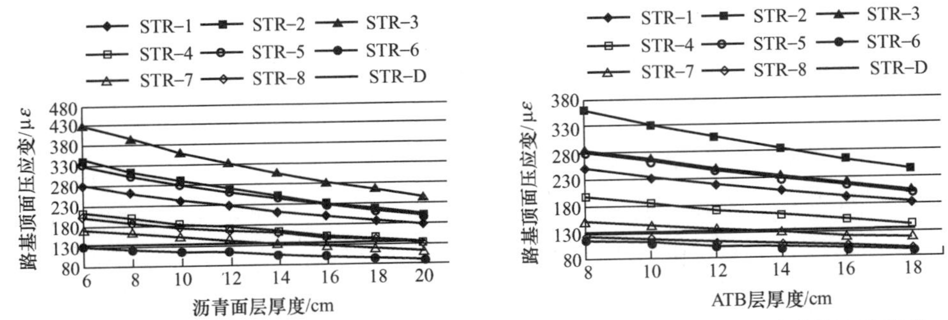

(a) 不同沥青面层厚度下的路基顶面压应变　　(b) 不同ATB层厚度下的路基顶面压应变

图 3.20　不同沥青层厚度下的路基顶面压应变

强度和刚度增大。沥青面层厚度在 6～20cm 之间时，面层厚度每增加 2cm，路基顶面压应变减小 4.78%～8.11%；ATB 层厚度在 8～18cm 之间时，ATB 层厚度每增加 2cm，路基顶面压应变减小 4.43%～7.61%。可以看出，沥青面层和 ATB 层厚度对路基顶面压应变有一定的影响，可以通过增加沥青面层或 ATB 层厚度来减小路基顶面压应变。

从图 3.20 中还可以看出，半刚性沥青路面结构 STR－D 由于半刚性基层的存在，路基顶面压应变处于一个很小的水平。就路基顶面压应变指标而言，组合式基层路面结构 STR－6 始终优于 STR－D。

图 3.21 所示为不同沥青层模量下的路基顶面压应变。

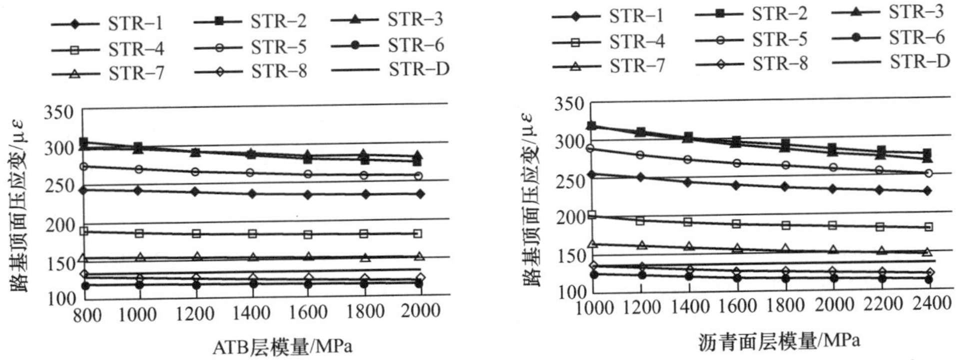

(a) 不同沥青面层模量下的路基顶面压应变　　(b) 不同ATB层模量下的路基顶面压应变

图 3.21　不同沥青层模量下的路基顶面压应变

从图 3.21 中可以看出，路基顶面压应变随着沥青面层和 ATB 层模量的增加有逐渐减小的趋势，但是减小的程度很小。沥青面层或 ATB 层模量每减小 200MPa，路基顶面压应变仅减小 0.53%～2.50%。

3.3.5　沥青层模量及厚度参数推荐范围

综上所述，可以得到如下结论：

1）ATB层厚度每增加 2cm，沥青层拉应力减小 7.22%～10.61%；当 ATB 层模量为 800MPa 时，ATB 层模量每增加 200MPa，沥青层拉应力增大 14.04%～16.82%。因此，就沥青层拉应力指标而言，建议 STR-2 的 ATB 层厚度至少为 10cm，ATB 层模量不宜过大，STR-2 和 STR-7 的 ATB 层模量宜分别小于 1800MPa 和 2000MPa。

2）沥青层拉应变随着 ATB 层厚度的增加逐渐减小，但减小的幅度逐渐降低，ATB 层厚度为 12cm 是沥青层拉应变梯度变化的一个拐点。因此，建议 ATB 层厚度在 8～12cm 之间取值，尽量取高值。

3）柔性基层沥青路面的级配碎石层剪应力随着面层和 ATB 层厚度的增加逐渐减小。当沥青面层厚度在 6～20cm 之间时，面层厚度每增加 2cm，级配碎石层剪应力减小 10.00%～12.33%；当 ATB 层厚度在 8～18cm 之间时，ATB 层厚度每增加 2cm，级配碎石层剪应力减小 8.76%～10.34%。

4）STR-6 和 STR-7 的半刚性底基层拉应力随着沥青面层和 ATB 层厚度的增加逐渐减小。面层及 ATB 层厚度每增加 2cm，半刚性底基层拉应力减小 5.53%～6.97%。

3.4　基层厚度及模量变化对拟定路面结构各指标的影响规律

基层是柔性基层沥青路面结构的重要组成部分。此处基层主要指级配碎石层和半刚性底基层，ATB 基层在 3.3 节已阐述过。级配碎石层和半刚性底基层厚度及模量参数见表 3.23。结合第 2 章的内容，对级配碎石层参数的研究将全柔性基层沥青路面结构和组合式基层沥青路面结构区别分析，主要是考虑到不同路面结构的参数不同。例如，在组合式基层沥青路面中，级配碎石层模量能达到 500MPa 以上，但在全柔性基层沥青路面中很难达到，这主要是因为级配碎石材料模量与围压有着直接的关系（围压越大，模量越大），当其下承层模量较高时，围压相对较大，级配碎石层模量也就随之提高。

表 3.23 级配碎石层和半刚性底基层厚度及模量参数

结构层		厚度/cm	模量/MPa
级配碎石层	全柔性基层	10，15，20，25，30，35，40	200，250，300，350，400，450
	组合式基层	10，15，20，25	300，350，400，450，500，550，600
半刚性底基层		15，20，25，30，35，40	1500，2000，2500，3000，3500，4000

3.4.1 对路表弯沉的影响

根据表 3.23 设定的参数取值范围，利用 ANSYS 有限元软件进行仿真模拟，得到基层厚度及模量对路表弯沉这一指标的影响，具体如图 3.22 所示。

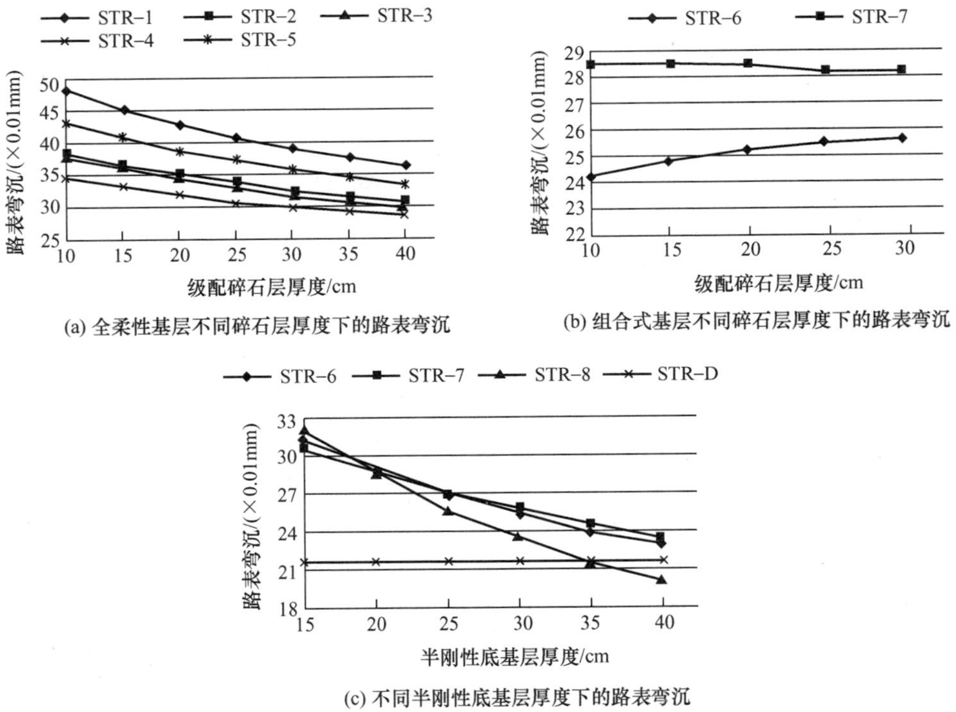

(a) 全柔性基层不同碎石层厚度下的路表弯沉

(b) 组合式基层不同碎石层厚度下的路表弯沉

(c) 不同半刚性底基层厚度下的路表弯沉

图 3.22 不同基层厚度下的路表弯沉

如图 3.22（a）所示，全柔性基层沥青路面的路表弯沉随着级配碎石层厚度的增加逐渐减小，级配碎石层厚度的增加直接导致全柔性基层沥青路面整体刚度和强度的增加。当级配碎石层厚度在 10～40cm 之间时，厚度每增加 10cm，全柔性基层沥青路面的路表弯沉减小 6.65％～9.55％。

组合式基层沥青路面路表弯沉随着级配碎石层厚度的增加呈先增大后减小的

变化趋势。当级配碎石层厚度为零时，路面结构即为半刚性沥青路面结构，整体性较强；当级配碎石层厚度较小时，由于级配碎石层模量较小，随着厚度的增加，路面结构的整体性有一定的下降；当级配碎石层厚度达到一定大小时，组合式基层沥青路面结构路表弯沉随着级配碎石层厚度的增加逐渐减小。从图 3.22 中可以看出，级配碎石层厚度对组合式基层沥青路面结构路表弯沉的影响较小。

组合式基层和复合式基层沥青路面路表弯沉随着半刚性底基层厚度的增加逐渐减小。其中，STR－6 和 STR－7 路表弯沉随半刚性底基层厚度变化的情况基本相同，复合式基层 STR－8 路表弯沉对半刚性底基层厚度的敏感性要大于组合式基层沥青路面结构。半刚性底基层厚度每增加 5cm，STR－6、STR－7 和 STR－8 的路表弯沉分别减小 6.18%、5.20%和 9.58%。半刚性沥青路面结构 STR－D 的整体强度很大，因此路表弯沉很小；当 STR－8 的半刚性底基层厚度达到 35cm 时，路表弯沉小于 STR－D。

图 3.23 所示为不同基层模量下的路表弯沉。

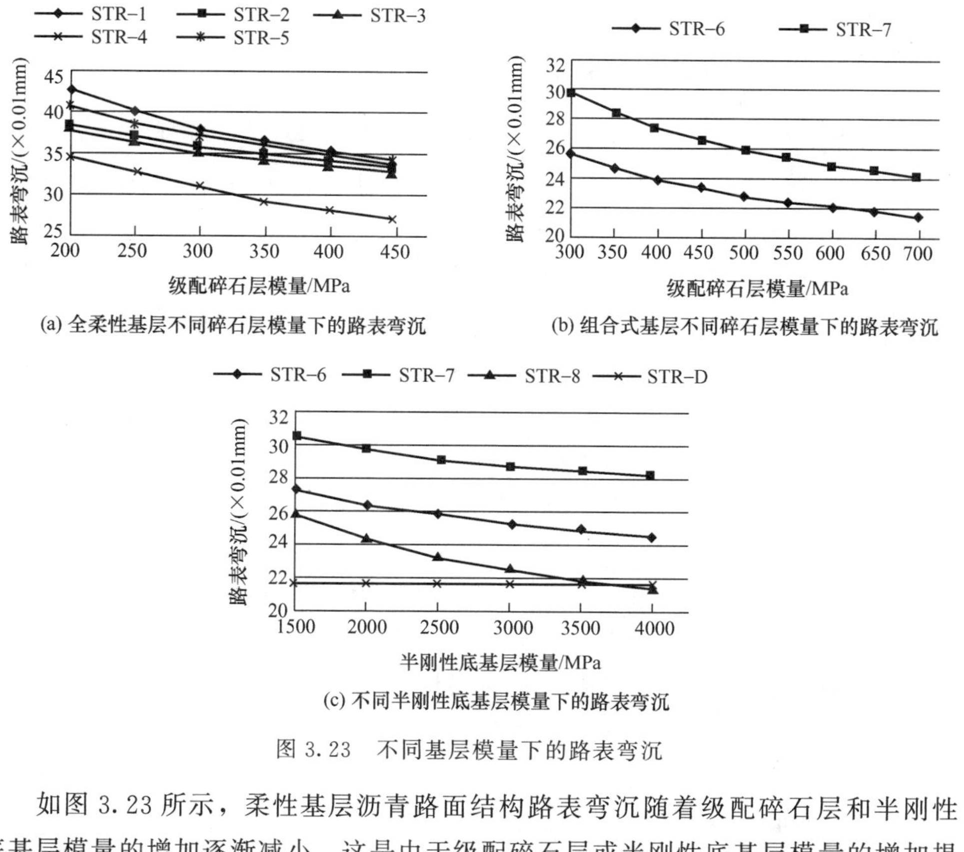

(c) 不同半刚性底基层模量下的路表弯沉

图 3.23 不同基层模量下的路表弯沉

如图 3.23 所示，柔性基层沥青路面结构路表弯沉随着级配碎石层和半刚性底基层模量的增加逐渐减小，这是由于级配碎石层或半刚性底基层模量的增加提高了柔性基层沥青路面的整体强度。

分析图 3.23（a）可知，当级配碎石层模量为 200～450MPa 时，模量每增加 100MPa，全柔性基层沥青路面结构路表弯沉值下降 5.28%～9.54%。由此可见，级配碎石层强度的提高对全柔性基层沥青路面的路表弯沉有着一定的影响。但是鉴于级配碎石层是松散集料，在全柔性基层沥青路面中围压相对较小，且施工难度较大，因此不建议通过增大级配碎石层模量来降低全柔性基层沥青路面的路表弯沉值。

对于组合式基层沥青路面结构来说，当级配碎石层模量在 300～700MPa 之间时，模量每增加 100MPa，组合式基层沥青路面结构路表弯沉值下降 4.53%～5.21%。由此可以看出，级配碎石层模量的提高有助于提高组合式基层沥青路面的整体强度，但是影响较小。

随着半刚性底基层模量的增大，组合式基层和复合式基层沥青路面路表弯沉逐渐降低，但是降低的幅度较小。分析可知，半刚性底基层模量增加 500MPa，路表弯沉下降 1.44%～3.97%。

3.4.2 对沥青层拉应变的影响

柔性基层沥青路面沥青层拉应力或者拉应变在一定程度上受到基层组合形式及结构设计参数的影响。通过建模计算可得到柔性基层沥青路面沥青层拉应力和拉应变随基层厚度及模量的变化规律。

图 3.24 所示为不同基层厚度下的沥青层拉应力。

由图 3.24 可以看出，随着级配碎石层厚度的增加，全柔性基层沥青路面沥青层拉应力逐渐减小，组合式基层沥青路面拉应力逐渐增大，但增大或减小的梯度逐渐减小。全柔性基层沥青路面随着级配碎石层厚度的增加，路面结构的整体性增强，沥青层拉应力逐渐减小；而组合式基层沥青路面结构随着级配碎石层厚度的增加，沥青层与半刚性底基层相距越来越远，路面结构的整体性在一定程度上下降了。

分析图 3.24（a，b）中的数据可知，当级配碎石层厚度在 10～20cm 之间变化时，厚度每增加 5cm，全柔性基层沥青路面结构沥青层拉应力减小 6.74%～9.00%，组合式基层沥青路面结构沥青层拉应力增大 25.11%～27.46%；当级配碎石层厚度在 20～40cm 之间变化时，厚度每增加 5cm，沥青层拉应力减小 2.95%～4.36%。当组合式基层沥青路面级配碎石层厚度在 20～30cm 之间变化时，厚度每增加 5cm，沥青层拉应力增大 5.04%～5.63%。

从图 3.24（c）中可以看出，半刚性底基层厚度对组合式基层沥青路面沥青

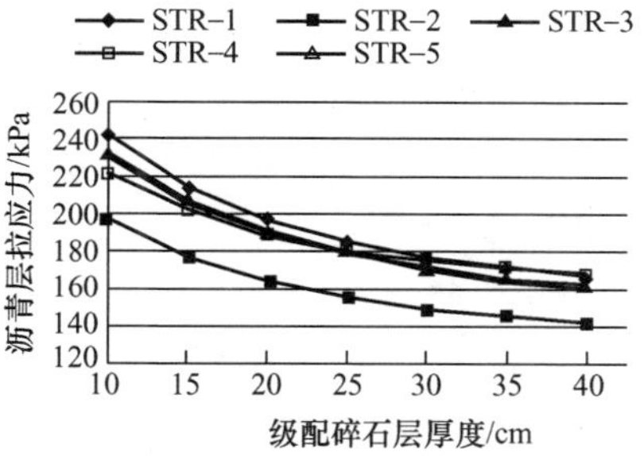

(a) 全柔性基层不同碎石层厚度下的沥青层拉应力

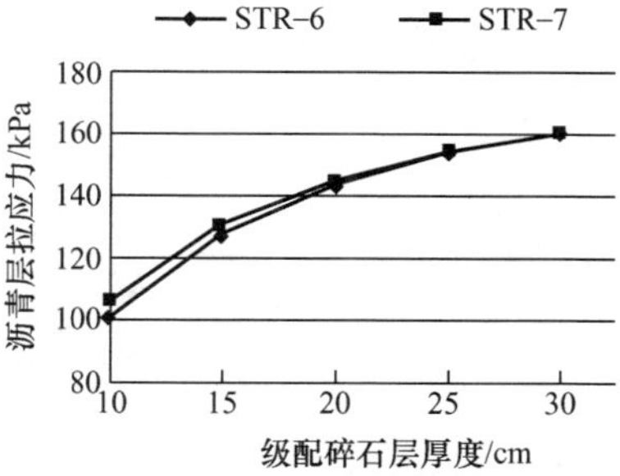

(b) 组合式基层不同碎石层厚度下的沥青层拉应力

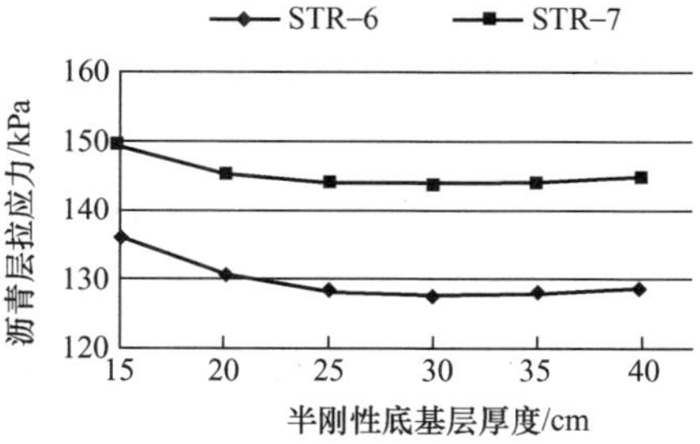

(c) 不同半刚性底基层厚度下的沥青层拉应力

图 3.24 不同基层厚度下的沥青层拉应力

层拉应力的影响较小，随着厚度的增加，呈现先减小后增大的变化规律。当半刚性底基层仅为 15cm 时，沥青层拉应力均在 150kPa 以下。

当以沥青层容许拉应力的下限（200kPa）作为限制时，STR－1、STR－3、STR－4 和 STR－5 的级配碎石层厚度至少为 19cm、18cm、15cm 和 14cm。结合上述分析，就沥青层拉应力指标而言，本书建议在进行全柔性基层沥青路面结构设计时，综合考虑路面结构的力学性能和经济因素，级配碎石层厚度能达到 20cm；在对组合式基层沥青路面进行路面结构设计时，级配碎石层厚度应控制在 20cm 及以下。

图 3.25 所示为不同基层厚度下的沥青层拉应变。

由图 3.25 可知，全柔性基层路面拉应变随着级配碎石层厚度的增加逐渐减小，组合式基层路面沥青层拉应变随着级配碎石层厚度的增加逐渐增大。当级配碎石层厚度在 10～20cm 之间时，厚度每增加 5cm，全柔性基层和组合式基层路面沥青层拉应变分别变化 4.11％～5.69％和 8.53％～9.33％；当级配碎石层厚度由 20cm 继续增大时，厚度每增加 5cm，柔性基层和组合式基层沥青层拉应变分别变化 1.66％～2.61％和 2.53％～2.72％。

半刚性底基层厚度对组合式基层沥青路面沥青层拉应变的影响较小，随着厚度的增加，呈现先减小后增大的变化规律。另外，当半刚性底基层仅为 15cm 厚

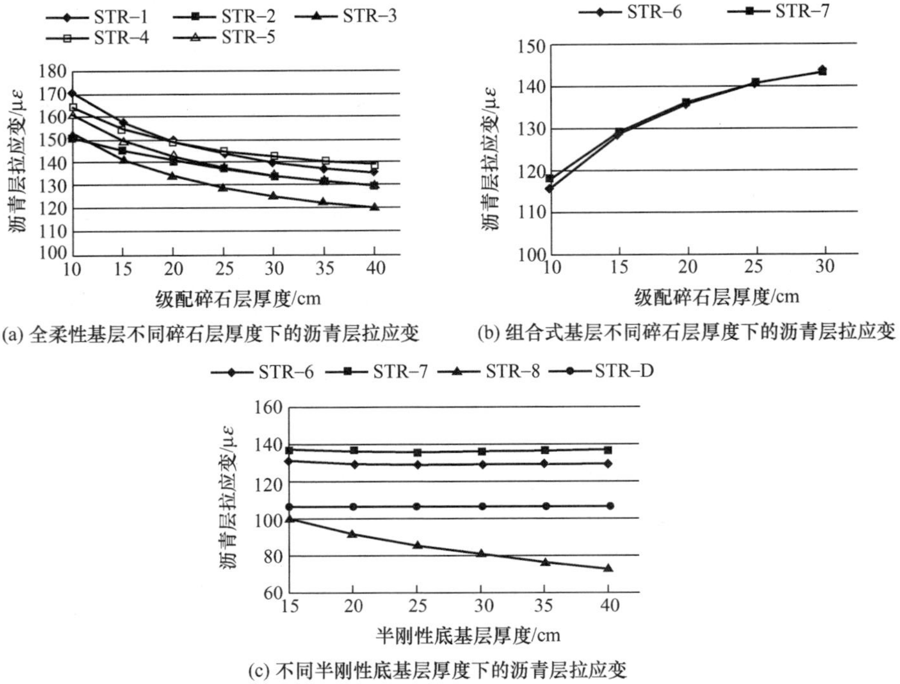

(a) 全柔性基层不同碎石层厚度下的沥青层拉应变

(b) 组合式基层不同碎石层厚度下的沥青层拉应变

(c) 不同半刚性底基层厚度下的沥青层拉应变

图 3.25　不同基层厚度下的沥青层拉应变

时，沥青层拉应变均在 140με 以下。复合式基层沥青路面结构沥青层拉应变随着半刚性底基层厚度的增加逐渐减小。

当以沥青层容许拉应变下限（160με）作为限制时，STR－1、STR－4 和 STR－5 的级配碎石层厚度至少为 14cm、13cm 和 10cm。就沥青层拉应变而言，在对组合式基层沥青路面结构进行设计时，级配碎石层厚度应控制在 20cm 及以下。

图 3.26 所示为不同基层模量下的沥青层拉应力。

如图 3.26 所示，随着级配碎石层模量或半刚性底基层模量的增大，柔性基层沥青路面沥青层拉应力逐渐减小。级配碎石层模量的增大直接导致柔性基层沥青路面整体强度和刚度的提高，因此沥青层拉应力逐渐减小。

对于全柔性基层沥青路面来说，当级配碎石层模量在 200～450MPa 之间时，模量每增加 50MPa，沥青层拉应力减小 11.19%～15.09%；对于组合式基层沥青路面来说，当级配碎石层模量在 300～700MPa 之间时，模量每增加 50MPa，沥青层拉应力减小 13.83%～16.95%。半刚性底基层的模量对组合式基层沥青路面沥青层拉应力的影响很小。当半刚性底基层模量为 1500～4000MPa 时，模量每增加 500MPa，沥青层拉应力减小 1.27%～1.42%。

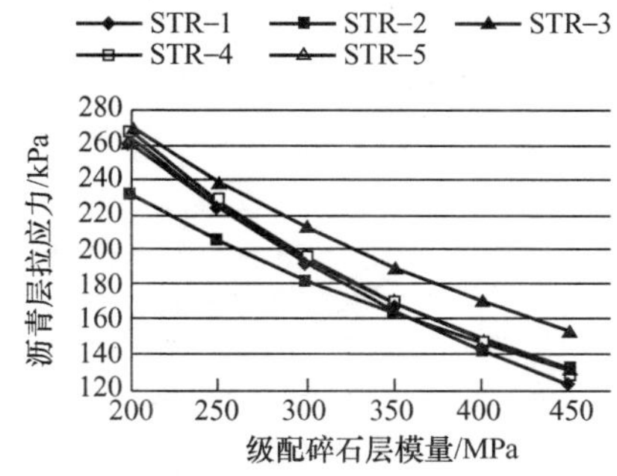

(a) 全柔性基层不同碎石层模量下的沥青层拉应力

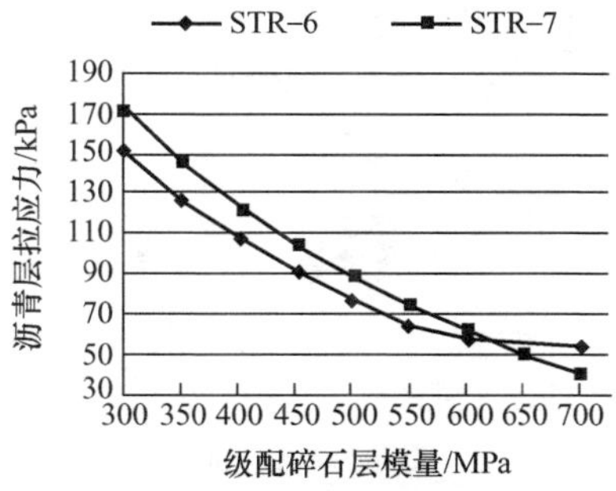

(b) 组合式基层不同碎石层模量下的沥青层拉应力

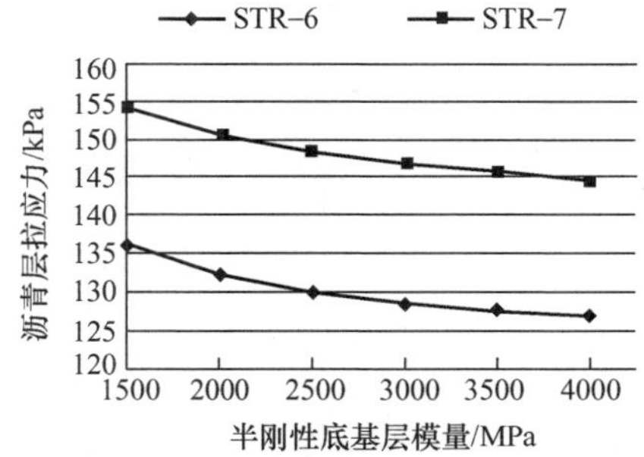

(c) 不同半刚性底基层模量下的沥青层拉应力

图 3.26　不同基层模量下的沥青层拉应力

图 3.27 所示为不同基层模量下的沥青层拉应变。

如图 3.27 所示，半刚性底基层模量的变化对沥青层拉应变的影响较小，而级配碎石层模量对沥青层拉应变的影响较大。对于全柔性基层沥青路面结构来说，当级配碎石层模量在 200～450MPa 之间时，模量每增加 50MPa，沥青层拉应变减小 7.49%～9.99%。对于组合式基层沥青路面来说，当级配碎石层模量在 300～500MPa 之间时，模量每增加 50MPa，沥青层拉应力减小 7.41%～8.31%；而当级配碎石层模量在 500～700MPa 之间变化时，对组合式基层沥青路面拉应力的影响较小。

3.4.3　对沥青层及级配碎石层剪应力的影响

在对柔性基层沥青路面结构进行设计时，选择参数合理的级配碎石层和半刚性底基层有助于防止沥青层及级配碎石层的剪切破坏。通过对不同参数的级配碎石层以及半刚性底基层下的沥青层和级配碎石层剪应力进行分析，得出的结论如下。

图 3.28 所示为不同基层厚度下的沥青层剪应力。

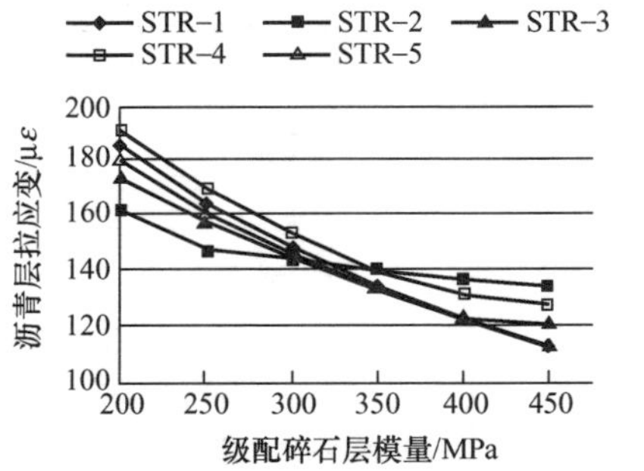

(a) 全柔性基层不同碎石层模量下的沥青层拉应变

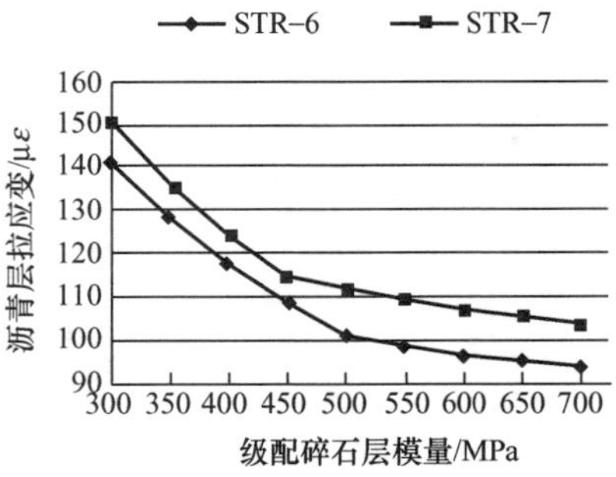

(b) 组合式基层不同碎石层模量下的沥青层拉应变

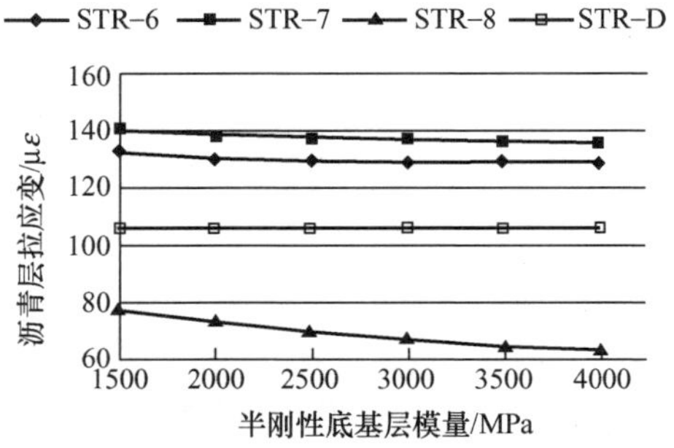

(c) 不同半刚性底基层模量下的沥青层拉应变

图 3.27 不同基层模量下的沥青层拉应变

从图 3.28（a）中可以看出，对于全柔性基层沥青路面来说，随着级配碎石层厚度的增加，沥青层剪应力有逐渐增大的趋势，但是增大量较小。当级配碎石层厚度由 10cm 增加到 40cm 时，全柔性基层沥青路面沥青层剪应力仅增加不到 3％。

分析图 3.28（b，c）可知，组合式基层沥青路面沥青层剪应力随着级配碎石层厚度的增加而增大，随着半刚性底基层厚度的增加而减小。当级配碎石层厚度由 10cm 增加到 30cm 时，组合式基层路面沥青层剪应力仅减小不到 3.6％；当半刚性底基层厚度由 15cm 增加到 40cm 时，组合式基层及复合式基层沥青路面沥青层剪应力仅增大不到 3.5％。

图 3.29 所示为不同基层模量下的沥青层剪应力。

如图 3.29 所示，柔性基层沥青路面结构沥青层剪应力随着级配碎石层模量和半刚性底基层模量的增大逐渐增大。对于全柔性基层沥青路面结构来说，当级配碎石层模量由 200MPa 增大到 450MPa 时，沥青层剪应力增大 4.3％以下；对于组合式基层沥青路面沥青层剪应力来说，当级配碎石层模量由 300MPa 增大到 700MPa 时，剪应力增大 3.2％以下，当半刚性底基层模量由 1500MPa 增大到

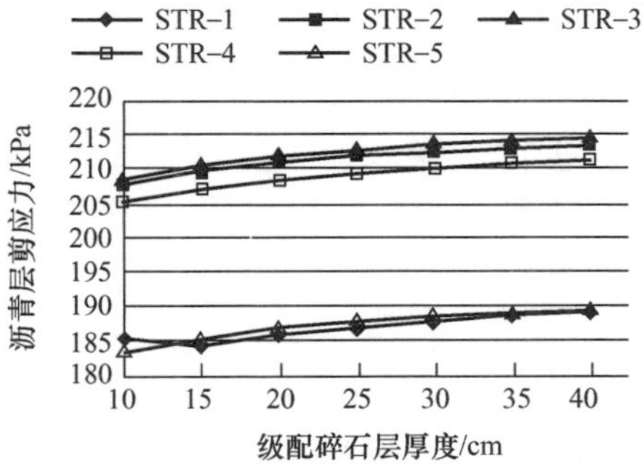

(a) 全柔性基层不同碎石层厚度下的沥青层剪应力

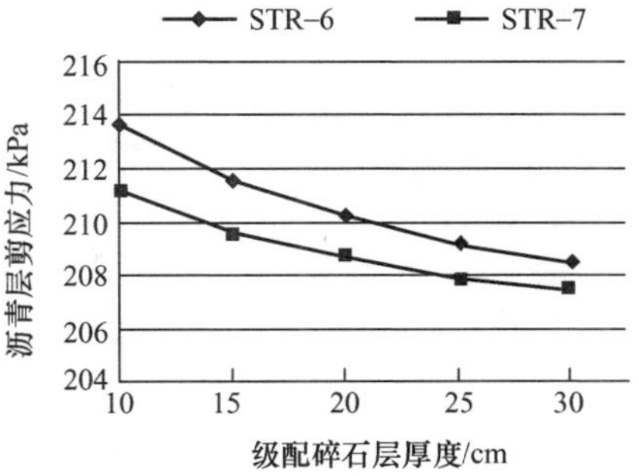

(b) 组合式基层不同碎石层厚度下的沥青层剪应力

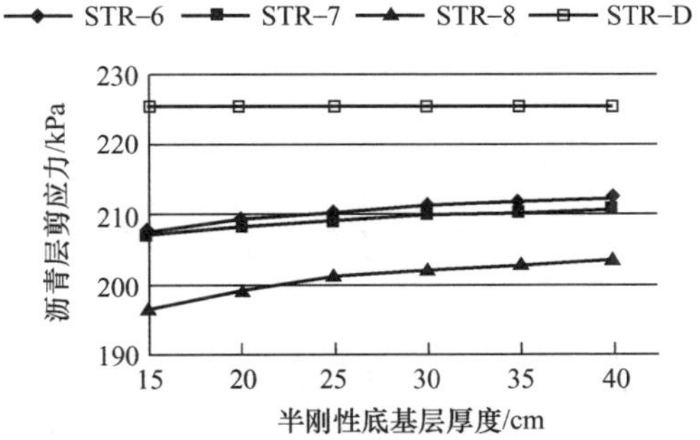

(c) 不同半刚性底基层厚度下的沥青层剪应力

图 3.28　不同基层厚度下的沥青层剪应力

4000MPa 时，剪应力增大 0.95%以下。

因此，级配碎石层和半刚性底基层参数对柔性基层沥青路面沥青层剪应力的影响较小。

图 3.30 和图 3.31 所示为不同碎石层厚度和不同碎石层模量下的级配碎石层剪应力。

如图 3.30 和图 3.31 所示，全柔性基层沥青路面结构级配碎石层剪应力随着级配碎石层厚度的增加呈先增大后减小的变化趋势，在级配碎石层厚度为 15cm 时达到最大值，且随着级配碎石层模量的增加而逐渐增大。当级配碎石层厚度由 15cm 增加到 40cm 时，级配碎石层剪应力减小 2.3%～5.62%。当级配碎石层模量在 200～450MPa 之间变化时，级配碎石层模量每增加 50MPa，剪应力增加 7.54%～8.47%。由此可以看出，级配碎石层模量对全柔性基层沥青路面级配碎石层剪应力有着很大的影响。就级配碎石层剪应力指标而言，剪应力的大小受级配碎石层模量的影响较大。综上所述，本书建议在对全柔性基层沥青路面结构进行设计时，级配碎石层厚度取 15cm 以上。

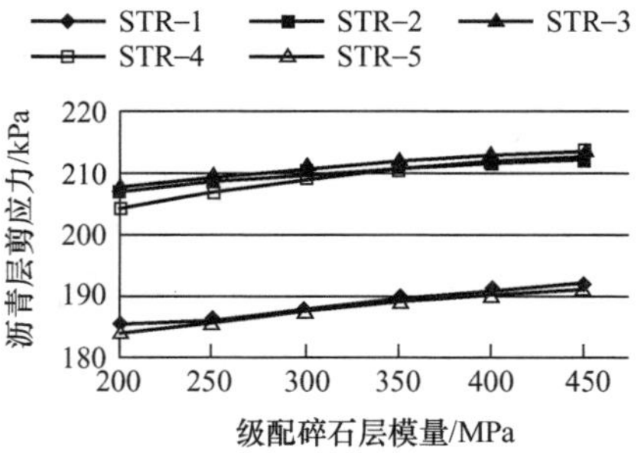

(a) 全柔性基层不同碎石层模量下的沥青层剪应力

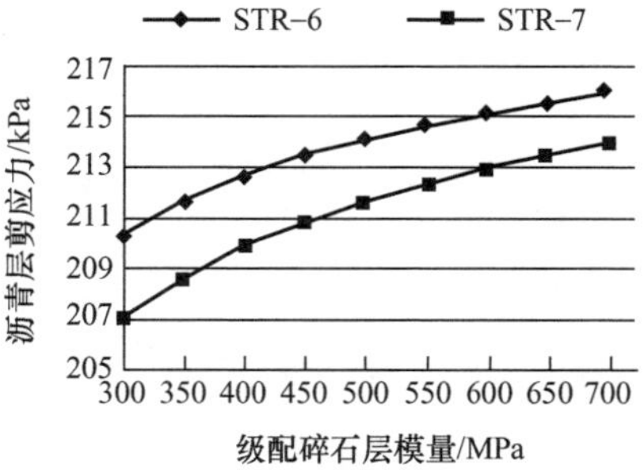

(b) 组合式基层不同碎石层模量下的沥青层剪应力

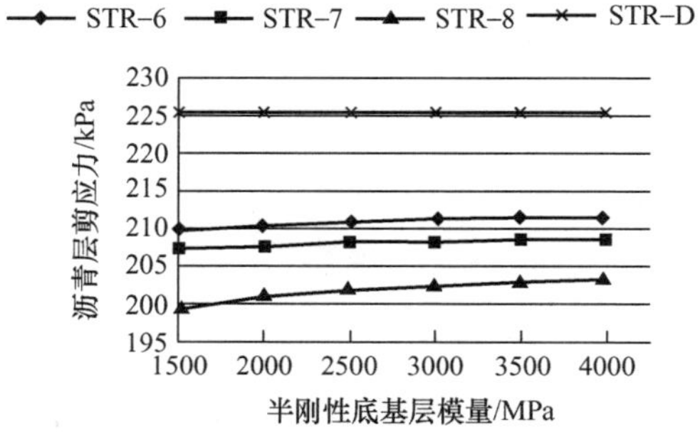

(c) 不同半刚性底基层模量下的沥青层剪应力

图 3.29　不同基层模量下的沥青层剪应力

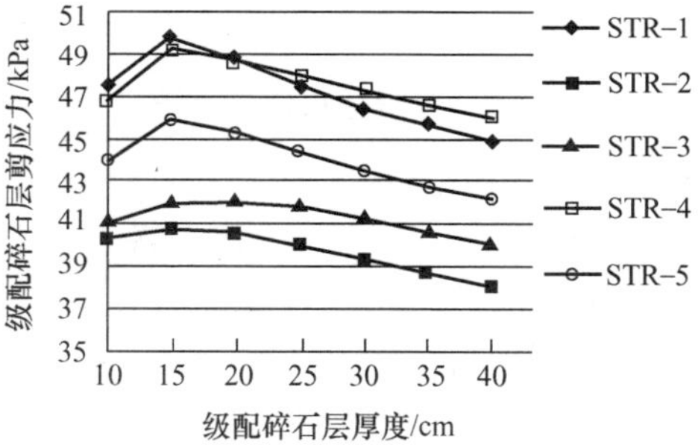

图 3.30　不同碎石层厚度下的级配碎石层剪应力

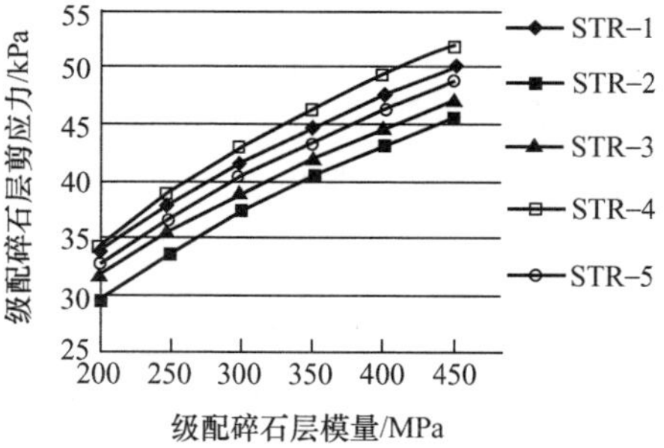

图 3.31　不同碎石层模量下的级配碎石层剪应力

图 3.32 所示为不同基层厚度下的级配碎石层 $|\tau|/\sigma$。

分析图 3.32 可知，组合式基层沥青路面级配碎石层 $|\tau|/\sigma$ 随着级配碎石层厚度的增大呈先减小后增大的变化规律，随着半刚性底基层厚度的增加逐渐减小。

从图 3.32（a）中可以看出，STR－6 当级配碎石层厚度在 10～15cm 之间时，

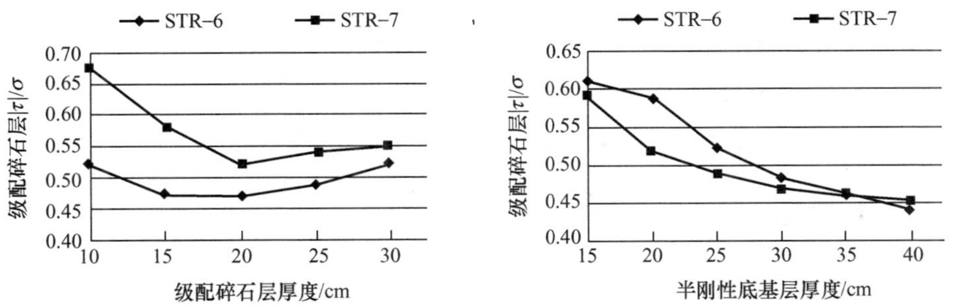

(a) 不同碎石层厚度下的级配碎石层|τ|/σ　　(b) 不同半刚性底基层厚度下的碎石层|τ|/σ

图 3.32　不同基层厚度下的级配碎石层 | τ | /σ

厚度每增加 5cm，级配碎石层 | τ | /σ 减小 13.13%；当级配碎石层厚度在 15～20cm 之间变化时，级配碎石层 | τ | /σ 基本不变。因此，建议 STR－6 级配碎石层厚度在 15～20cm 之间取值。STR－7 当级配碎石层厚度在 10～20cm 之间时，厚度每增加 5cm，级配碎石层 | τ | /σ 减小 13.10%。因此，建议 STR－7 级配碎石层厚度取 20cm。综上所述，在对组合式基层沥青路面进行结构设计时，就级配碎石层 | τ | /σ 指标而言，级配碎石层厚度不宜过大，建议在 15～20cm 之间取值。

从图 3.32（b）中可以看出，半刚性基层厚度在 15～40cm 之间变化时，半刚性基层厚度每增加 5cm，级配碎石层 | τ | /σ 减小 5.64%～6.58%。由此可以看出，适当增加半刚性基层的厚度有助于减小级配碎石层 | τ | /σ。

图 3.33 所示为不同基层模量下的级配碎石层 | τ | /σ。

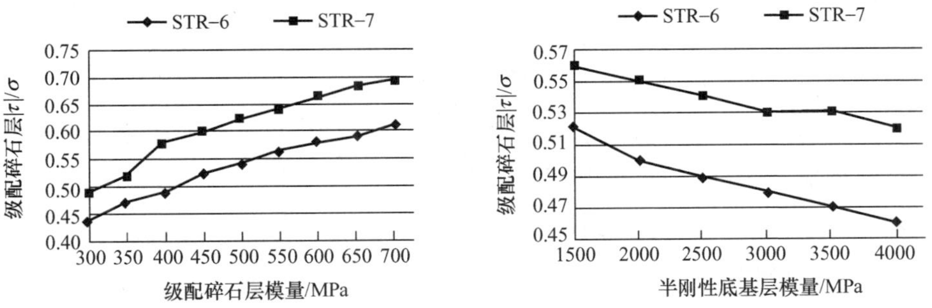

(a) 不同碎石层模量下的级配碎石层|τ|/σ　　(b) 不同半刚性底基层模量下的级配碎石层|τ|/σ

图 3.33　不同基层模量下的级配碎石层 | τ | /σ

由图 3.33 可知，组合式基层沥青路面结构级配碎石层 | τ | /σ 随着级配碎石层模量的增加逐渐增大，随着半刚性底基层模量的增加逐渐减小。当级配碎石层模量在 300～700MPa 之间时，模量每增加 100MPa，级配碎石层 | τ | /σ 增加 7.97%～8.21%；当半刚性底基层模量在 1500～4000MPa 之间时，模量每增加

500MPa 时，级配碎石层 $|\tau|/\sigma$ 减小 1.49%～2.47%。因此，分析可知，级配碎石层模量的变化对组合式基层沥青路面级配碎石层 $|\tau|/\sigma$ 有着一定的影响，而半刚性底基层模量对级配碎石层 $|\tau|/\sigma$ 的影响较小。此外，对于级配碎石层指标 $|\tau|/\sigma$ 而言，级配碎石层模量不宜过大。

3.4.4 对半刚性基层拉应力的影响

组合式基层沥青路面中半刚性底基层的受力情况与基层参数如厚度及模量有着一定的关系。

图 3.34 所示为不同基层厚度下的半刚性基层拉应力。

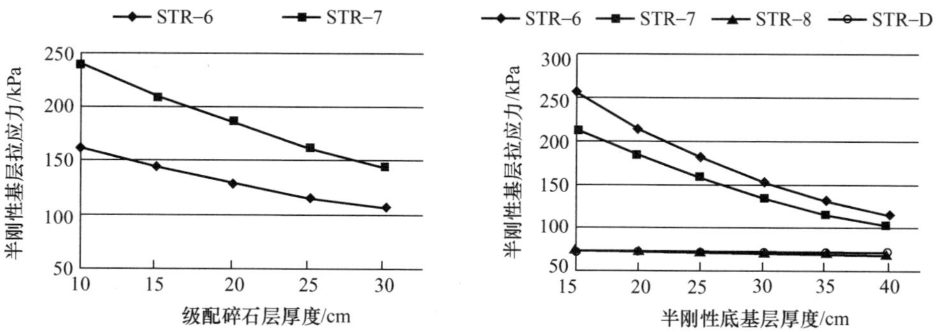

(a) 不同碎石层厚度下的半刚性基层拉应力　　(b) 不同半刚性底基层厚度下的半刚性基层拉应力

图 3.34　不同基层厚度下的半刚性基层拉应力

如图 3.34 所示，柔性基层沥青路面结构半刚性底基层拉应力随着级配碎石层厚度和半刚性底基层厚度的增加逐渐减小。其中，级配碎石层厚度及半刚性底基层厚度对组合式基层沥青路面半刚性底基层拉应力的影响较大，而对复合式基层沥青路面的影响较小。当级配碎石层厚度在 10～30cm 之间变化时，级配碎石层厚度每增加 5cm，半刚性底基层拉应力减小 10.73%～13.09%；当半刚性底基层厚度在 15～40cm 之间变化时，厚度每增加 5cm，半刚性底基层拉应力减小 14.99%～16.43%。

当以半刚性基层容许拉应力的下限（200kPa）作为控制界限时，STR－7 的级配碎石层厚度不宜小于 19cm，STR－6 和 STR－7 的半刚性底基层厚度不宜小于 23cm 和 18cm。

图 3.35 所示为不同基层模量下的半刚性基层拉应力。

分析图 3.35 可知，组合式基层沥青路面半刚性底基层拉应力随着级配碎石层模量的增加逐渐减小，随着半刚性底基层模量的增加逐渐增大；复合式基层沥青路面半刚性底基层拉应力受半刚性底基层模量的影响很小。当级配碎石层模量

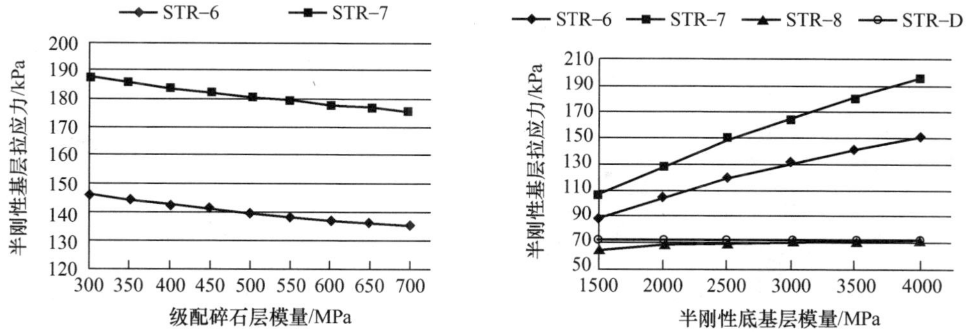

(a) 不同碎石层模量下的半刚性基层拉应力

(b) 不同半刚性底基层模量下的半刚性基层拉应力

图 3.35　不同基层模量下的半刚性基层拉应力

由 300MPa 增加到 700MPa 时，半刚性底基层拉应力减小 6.65%～7.70%；当半刚性底基层模量在 1500～4000MPa 之间变化时，模量每增大 500MPa，半刚性底基层拉应力增大 10.28%～11.65%。由此可见，级配碎石层模量的变化对半刚性底基层拉应力的影响较小，而半刚性底基层模量的变化对半刚性底基层拉应力的影响较大。因此，在对组合式基层沥青路面进行结构设计时，可以通过减小半刚性底基层模量的方法来降低半刚性底基层的拉应力。

3.4.5　对路基顶面压应变的影响

无论是全柔性基层沥青路面还是组合式基层沥青路面，基层参数的大小对路基顶面竖向压应变都有很大的影响。可以通过调整基层参数的方法来对路基顶面竖向压应变进行控制，为此本书分析了不同基层参数下的路基顶面竖向压应变。

图 3.36 所示为不同基层厚度下的路基顶面竖向压应变。

如图 3.36 所示，柔性基层沥青路面路基顶面竖向压应变随着级配碎石层厚度的增加逐渐减小，随着半刚性底基层厚度的增加也逐渐减小。无论是级配碎石层厚度的增加还是半刚性底基层厚度的增加，都使路基的层位下降，而且一定程度上增大了路面结构的整体刚度，因此路基顶面竖向压应变逐渐减小。

对于全柔性基层沥青路面而言，当级配碎石层厚度在 10～40cm 之间取值时，厚度每增加 5cm，路基顶面竖向压应变减小 11.66%～12.53%。对组合式基层沥青路面而言，当级配碎石层厚度在 10～30cm 之间取值时，厚度每增加 5cm，路基顶面竖向压应变减小 7.43%～9.08%；当半刚性底基层厚度在 15～40cm 之间取值时，厚度每增加 5cm，路基顶面竖向压应变减小 3.89%～4.24%。

由以上的对比分析可知，柔性基层沥青路面可以通过增加级配碎石层厚度的

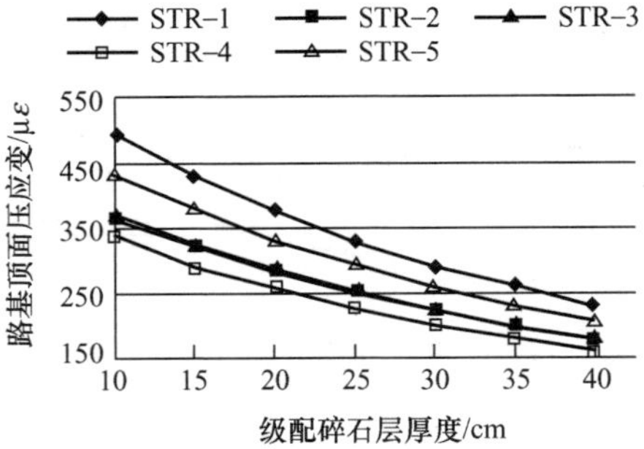

(a) 全柔性基层不同碎石层厚度下的路基顶面压应变

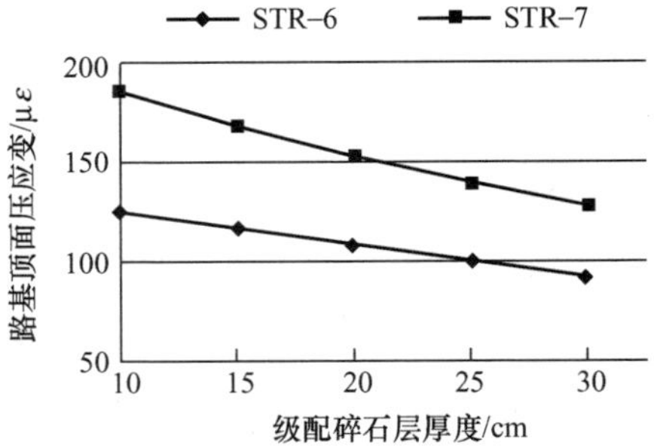

(b) 组合式基层不同碎石层厚度下的路基顶面压应变

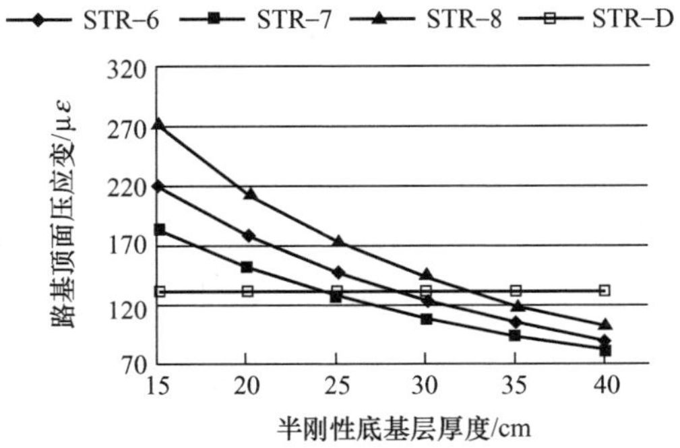

(c) 不同半刚性底基层厚度下的路基顶面压应变

图 3.36 不同基层厚度下的路基顶面竖向压应变

方式来减小路基顶面的竖向压应变，也可采用适当增大半刚性底基层厚度的方式。

当以路基顶面竖向压应变的下限（280$\mu\varepsilon$）作为限定值时，STR－1、STR－2、STR－3、STR－4 和 STR－5 的级配碎石层厚度至少为 32cm、21cm、21cm、18cm 和 27cm。

图 3.37 所示为不同基层模量下的路基顶面竖向压应变。

如图 3.37 所示，路基顶面竖向压应变随着级配碎石层模量的增加逐渐减小，随着半刚性底基层模量的增加也逐渐减小。对于全柔性基层沥青路面结构来说，级配碎石层模量在 200～450MPa 之间取值时，模量每增加 50MPa，路基顶面竖向压应变减小 1.52%～3.77%；对于组合式基层沥青路面来说，级配碎石层模量在 300～700MPa 之间取值时，模量每增加 50MPa，路基顶面竖向压应变减小 1.55%～2.22%；对于组合式基层和复合式基层沥青路面来说，半刚性底基层模量在 1500～4000MPa 之间取值时，模量每增加 500MPa，路基顶面竖向压应变减小 5.95%～7.33%。因此，对于组合式基层沥青路面可以采用增加半刚性底基

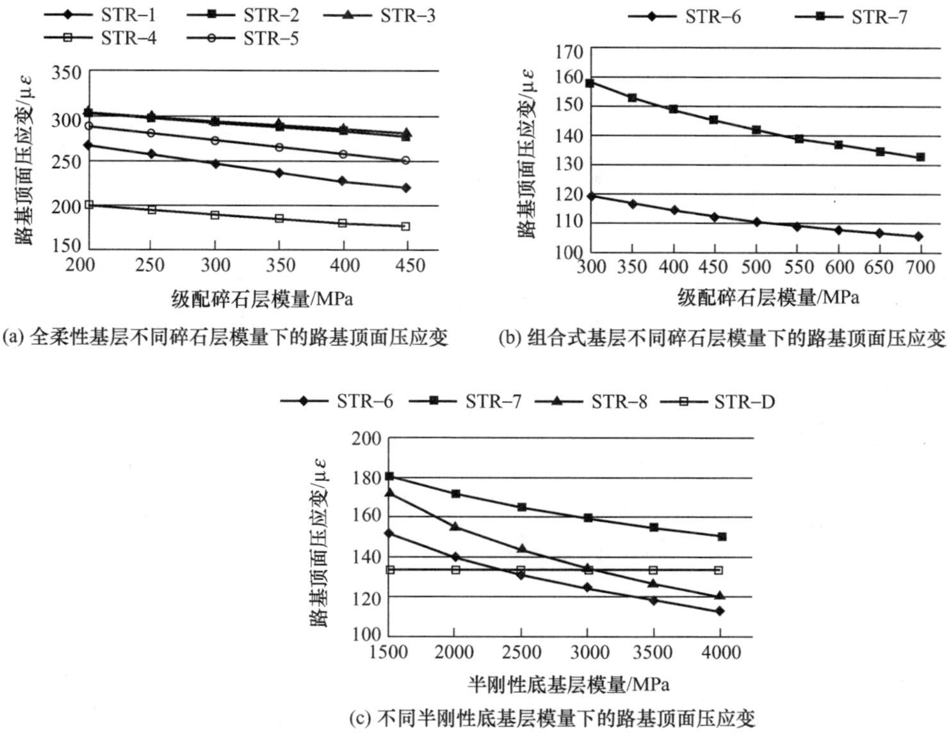

(a) 全柔性基层不同碎石层模量下的路基顶面压应变　(b) 组合式基层不同碎石层模量下的路基顶面压应变

(c) 不同半刚性底基层模量下的路基顶面压应变

图 3.37　不同基层模量下的路基顶面竖向压应变

层模量的措施来减小路基顶面的竖向压应变，但不建议采用增加级配碎石层模量的方法来减小路基顶面的竖向压应变。

3.4.6　基层模量及厚度参数范围推荐

综上所述，通过综合分析可以得到如下结论：

1）全柔性基层沥青路面沥青层拉应力或拉应变随着级配碎石层厚度的增加而减小，而组合式基层沥青路面沥青层拉应力或拉应变与之相反。其中，级配碎石层厚度为 20cm 是组合式基层沥青路面沥青层拉应变和拉应力变化梯度的一个拐点，因此本书建议组合式基层沥青路面级配碎石层厚度在 20cm 以下取值。

2）全柔性基层沥青路面级配碎石层剪应力随着级配碎石层厚度的增加呈先增大后减小的变化趋势，并在厚度为 15cm 时达到最大值，因此本书建议全柔性基层沥青路面结构的级配碎石层厚度在 15cm 以上取值。

3）组合式基层沥青路面级配碎石层 $|\tau|/\sigma$ 随着半刚性基层厚度的增加逐渐减小。半刚性基层厚度在 15～40cm 之间变化时，半刚性基层厚度每增加 5cm，级配碎石层 $|\tau|/\sigma$ 减小 5.64%～6.58%。

4）半刚性底基层拉应力随着级配碎石层厚度及模量和半刚性底基层厚度及模量的增加而逐渐减小。例如，当级配碎石层厚度在 10～30cm 之间变化时，级配碎石层厚度每增加 5cm，半刚性底基层拉应力减小 10.73%～13.09%。

5）柔性基层沥青路面路基顶面压应变可以通过增加级配碎石层厚度来减小。级配碎石层厚度每增加 5cm，路基顶面竖向压应变减小 7.43%～12.53%。

3.5　路基回弹模量变化对拟定路面结构各指标的影响规律

柔性基层沥青路面对路基强度有着一定的要求，路基顶面压应变及弯沉等指标受路基回弹模量的影响较大。因此，结合第 2 章内容，本节将新疆地区路基回弹模量的取值范围限定在 30～140MPa，分别为 30MPa、45MPa、60MPa、75MPa、100MPa、120MPa 和 140MPa。

3.5.1　路基回弹模量对路表弯沉的影响

路基回弹模量的大小对柔性基层沥青路面的路表弯沉影响很大，对路面结构整体性指标等也具有较大的影响。利用有限元软件模拟得出不同路基回弹模量下各结构的路表弯沉值，具体如图 3.38 所示。

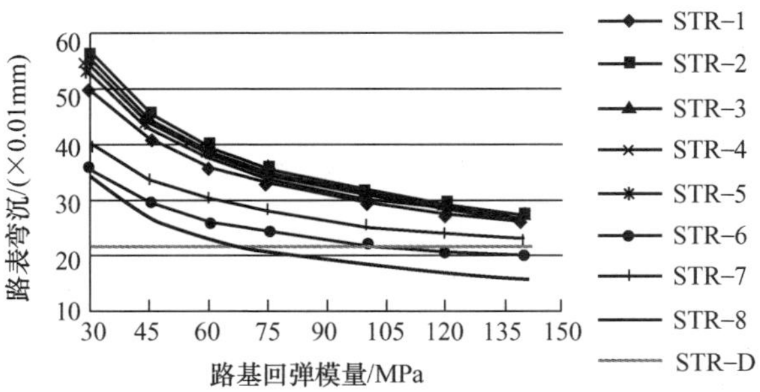

图 3.38　不同路基回弹模量下的路表弯沉值

分析图 3.38 可知，各柔性基层沥青路面路表弯沉值随着路基回弹模量的增加逐渐减小，且减小的梯度逐渐降低。路基回弹模量在 30～45MPa 之间取值时，回弹模量每增加 10MPa，全柔性基层和组合式基层沥青路面路表弯沉值减小 11.89%～13.87%，复合式基层沥青路面路表弯沉值减小 15.25%；路基回弹模量在 45～75MPa 之间取值时，回弹模量每增加 10MPa，全柔性基层和组合式基层沥青路面路表弯沉值减小 6.63%～8.27%，复合式基层沥青路面路表弯沉值减小 8.53%；路基回弹模量在 75～140MPa 之间取值时，回弹模量每增加 10MPa，全柔性基层和组合式基层沥青路面路表弯沉值减小 3.09%～4.26%，复合式基层沥青路面路表弯沉值减小 4.25%。

因此，就路表弯沉而言，柔性基层沥青路面结构路基回弹模量应在 45～75MPa 之间取值，并建议取上限。

3.5.2　对沥青层受拉和受剪的影响

柔性基层沥青路面沥青层受力情况与路基回弹模量有着一定的关系。路基回弹模量的增加有助于提高路面结构的整体刚度，从而改变路面结构内力的分布。本节计算了不同路基回弹模量下柔性基层沥青路面沥青层的受力情况，具体如下。

图 3.39 和图 3.40 所示为不同路基回弹模量下的沥青层拉应力和拉应变。

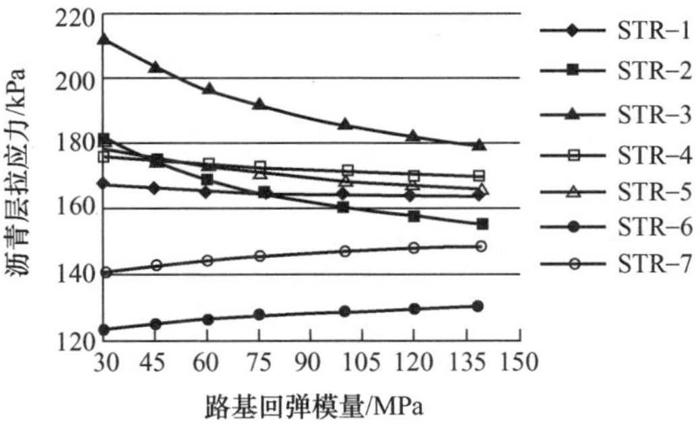

图 3.39　不同路基回弹模量下的沥青层拉应力

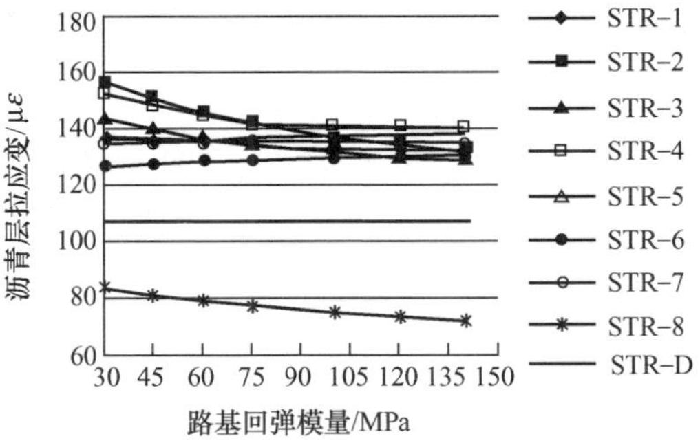

图 3.40　不同路基回弹模量下的沥青层拉应变

如图 3.39 和图 3.40 所示，随着路基回弹模量的增加，全柔性基层沥青路面沥青层拉应力和拉应变逐渐减小，而组合式基层沥青路面沥青层拉应力和拉应变有逐渐增大的趋势。通过分析容易知道，路基回弹模量的变化对组合式基层和全柔性基层沥青路面沥青层拉应力和拉应变的影响均较小。例如，当路基回弹模量在 30～75MPa 间变化时，回弹模量每变化 10MPa，柔性基层沥青路面沥青层拉应力变化 2.27%以下。因此，不建议通过改变路基回弹模量的方式来调整柔性基层沥青层拉应力或拉应变的数值。

图 3.41 所示为不同路基回弹模量下的沥青层剪应力。

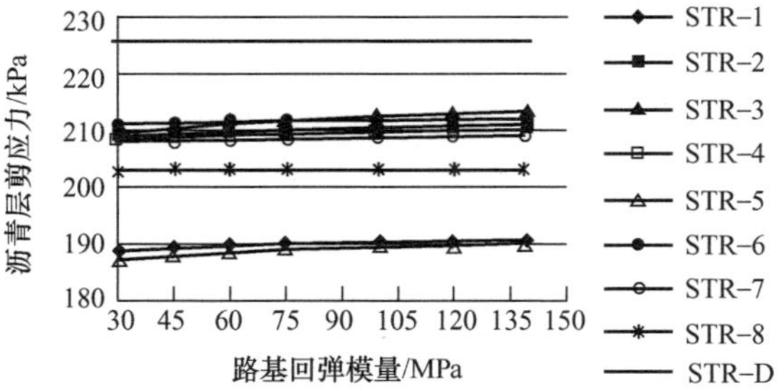

图 3.41　不同路基回弹模量下的沥青层剪应力

分析图 3.41 可知，随着路基回弹模量的增加，沥青路面沥青层剪应力呈增大的趋势，路基回弹模量的变化对柔性基层沥青路面沥青层剪应力的影响很小。

总而言之，柔性基层沥青路面沥青层的受力与路基回弹模量有着一定的关系，但是受路基回弹模量的影响较小，因此不建议通过改变路基回弹模量来改善沥青层的受力状态。

3.5.3　对级配碎石层剪应力的影响

路基回弹模量对级配碎石层剪应力及 $|\tau|/\sigma$ 有着一定的影响，计算结果如下。

图 3.42 所示为不同路基回弹模量下的级配碎石层剪应力及 $|\tau|/\sigma$。

如图 3.42 所示，路基回弹模量对级配碎石层剪应力和 $|\tau|/\sigma$ 有着一定的影响。随着路基回弹模量的增加，级配碎石层剪应力和 $|\tau|/\sigma$ 均逐渐减小。当路基回弹模量仅为 30MPa 时，各路面结构的级配碎石层剪应力均在 50kPa 以下，满足级配碎石层容许剪应力（130～260kPa）的要求。

组合式基层沥青路面中，半刚性底基层的作用毋庸置疑。半刚性底基层位于路基之上，因此在此分析路基回弹模量对组合式基层沥青路面半刚性底基层受力的影响。

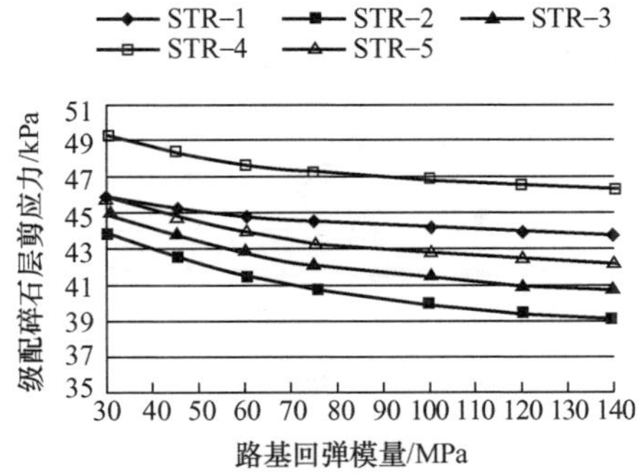

(a) 级配碎石层剪应力

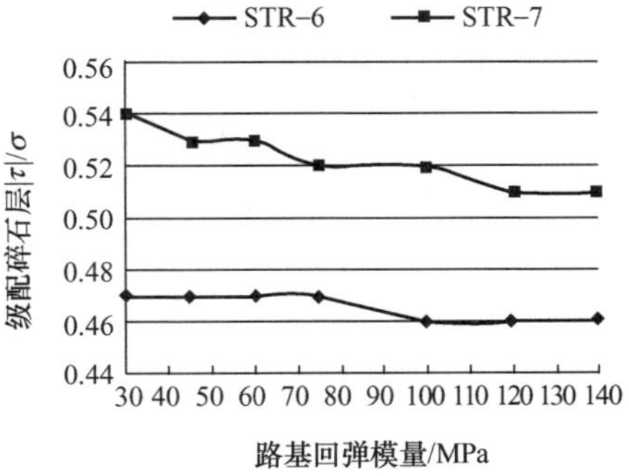

(b) 级配碎石层|τ|/σ

图 3.42　不同路基回弹模量下的级配碎石层剪应力及|τ|/σ

3.5.4　对半刚性基层拉应力的影响

组合式基层沥青路面中，半刚性底基层位于路基之上，因此有必要分析路基回弹模量对组合式基层沥青路面半刚性底基层受力的影响，计算结果如图 3.43 所示。

如图 3.43 所示，随着路基回弹模量的增加，组合式基层沥青路面半刚性底基层拉应力逐渐减小，而复合式基层沥青路面半刚性底基层拉应力几乎不变，且维持在一个较低的水平。图 3.43 中，在同一路基回弹模量下，STR－6 的半刚性底基层拉应力始终小于 STR－7。若以半刚性基层容许拉应力（200kPa）作为评判准则，当 STR－7 的路基回弹模量在 45MPa 以上时满足要求。

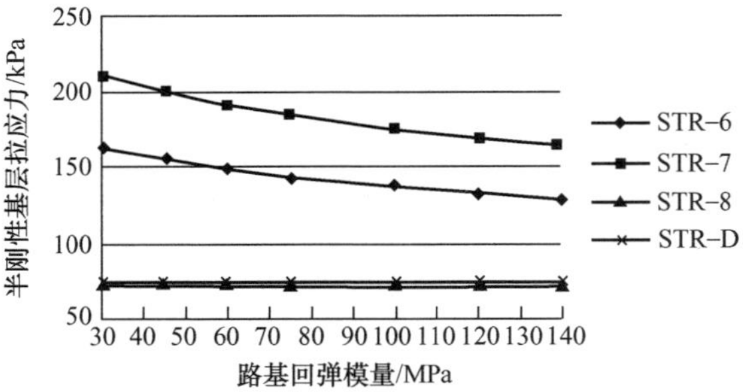

图 3.43 不同路基回弹模量下的半刚性底基层拉应力

3.5.5 对路基顶面压应变及路表弯沉的影响

根据上述的结论可知，路基回弹模量的大小对柔性基层沥青路面路基顶面竖向压应变及路表弯沉有着很大的影响，因此有必要对拟定的各路面结构不同路基回弹模量下的路基顶面竖向压应变及路表弯沉进行分析，具体计算结果如下。

图 3.44 和图 3.45 所示为不同路基回弹模量下的路基顶面竖向压应变和路表弯沉。

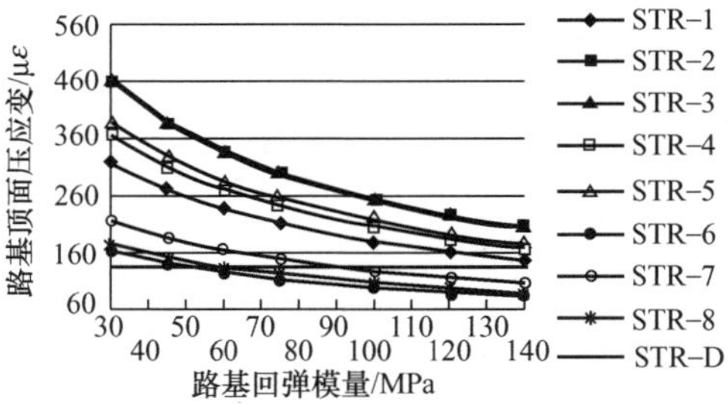

图 3.44 不同路基回弹模量下的路基顶面竖向压应变

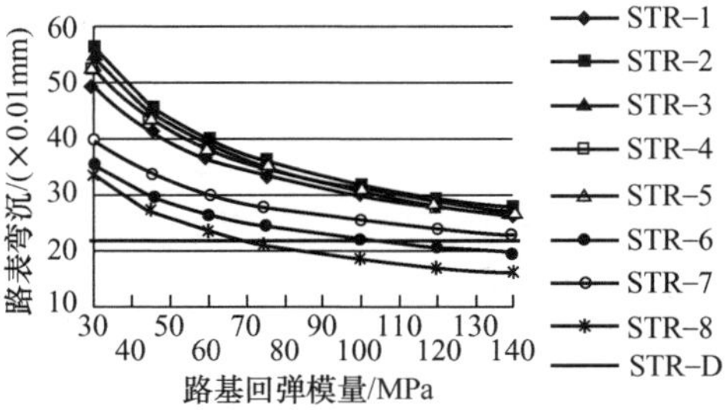

图 3.45 不同路基回弹模量下的路表弯沉

分析图 3.44 可知，随着路基回弹模量的逐渐增加，各路面结构的路基顶面压应变逐渐减小，减小的梯度逐渐降低。路基回弹模量在 30～45MPa 之间取值时，回弹模量每增加 10MPa，柔性基层沥青路面路基顶面竖向压应变减小 10.31%～11.86%；路基回弹模量在 45～75MPa 之间取值时，回弹模量每增加 10MPa，柔性基层沥青路面路基顶面竖向压应变减小 7.03%～8.69%；路基回弹模量在 75～140MPa 之间取值时，回弹模量每增加 10MPa，柔性基层沥青路面路基顶面竖向压应变减小 4.74%～5.93%。因此，可以通过增加路基回弹模量来减小路基顶面竖向压应变，防止柔性基层的结构性车辙。

当以路基顶面竖向容许压应变下限（280$\mu\varepsilon$）作为界限时，STR-1、STR-2、STR-3、STR-4 和 STR-5 路基回弹模量至少为 36MPa、85MPa、85MPa、55MPa 和 65MPa。

分析图 3.45 可知，各柔性基层沥青路面路表弯沉值随着路基回弹模量的增加逐渐减小，且减小的梯度逐渐降低。路基回弹模量在 30～45MPa 之间取值时，回弹模量每增加 10MPa，全柔性基层和组合式基层沥青路面路表弯沉值减小 11.89%～13.87%，复合式基层沥青路面路表弯沉值减小 15.25%；路基回弹模量在 45～75MPa 之间取值时，回弹模量每增加 10MPa，全柔性基层和组合式基层沥青路面路表弯沉值减小 6.63%～8.27%，复合式基层沥青路面路表弯沉值减小 8.53%；路基回弹模量在 75～140MPa 之间取值时，回弹模量每增加 10MPa，全柔性基层和组合式基层沥青路面路表弯沉值减小 3.09%～4.26%，复合式基层沥青路面路表弯沉值减小 4.25%。因此，就路表弯沉而言，柔性基层沥青路面结构路基回弹模量应在 45～75MPa 之间取值，并建议取上限。

3.5.6　路基回弹模量合理参数推荐

根据以上分析可知，路基回弹模量对柔性基层沥青路面路表弯沉和路基顶面压应变有着很大的影响。综合来看，对各结构路基回弹模量的建议如下：STR-1、STR-2、STR-3、STR-4 和 STR-5 路基回弹模量至少为 45MPa、85MPa、85MPa、55MPa 和 65MPa。就路表弯沉而言，柔性基层沥青路面结构路基回弹模量应在 45～75MPa 之间取值，并建议取上限。

对初步拟定的路面结构进行优化的方法主要有沥青层参数优化、基层参数优化和路基回弹模量优化，其中对路基回弹模量的优化显然更符合实际情况，且根据本章上述分析内容及结论容易发现，当路基回弹模量达到一定值时拟定的路面结构各指标参数均满足要求，因此可仅对路基回弹模量进行优化。根据分析结论，优化的结果见表 3.24。

表 3.24 优化后的新疆柔性基层沥青路面结构及其厚度

方案	沥青面层	上基层	基层	底基层	砂砾垫层/cm	路基回弹模量/MPa
STR-1	5cmSMA-16+6cm AC-20	10cmATB-30	20cm+20cm 级配碎石	—	15	60
STR-2	4cmAC-13+6cm AC-20	14cmATB-30	20cm 级配碎石	—	15	85
STR-3	4cmAC-13+5cm AC-20+7cmAC-25F	8cmATB-25	20cm 级配碎石	—	15	85
STR-4	4cmAC-13+6cm AC-20	10cmATB-30	15cm+20cm 级配碎石	—	15	120
STR-5	5cmSMA-16+7cm AC-20	10cmATB-30	15cm+15cm 级配碎石	—	15	70
STR-6	4cmSMA-13+6cmAC-20	8cmATB-25	15cm 级配碎石	32cm 水稳砂砾	15	70
STR-7	4cmSMA-13+6cmAC-20	8cmATB-25	20cm 级配碎石	20cm 水稳砂砾	20	70
STR-8	5cmAC-16+6cmAC-20	8cmATB-25	34cm 水稳碎石	—	15	70
STR-D	4cmAC-13+5cm AC-20+7cmAC-25F	33cm 水稳碎石	—	—	15	80

3.6 小　　结

1）全柔性基层沥青路面沥青层拉应力和级配碎石层剪应力受沥青层与级配碎石层间摩擦系数 f 的影响很大，建议在进行全柔性基层沥青路面结构设计时应予以考虑。

2）组合式基层沥青路面中，沥青层与级配碎石层层间摩擦系数 f_1 对 $|\tau|/\sigma$ 的影响最大，而级配碎石层与半刚性底基层层间摩擦系数对力学指标的影响很小，因此建议在组合式基层沥青路面中考虑 f_1，不考虑 f_2。

3）全柔性基层沥青路面级配碎石层剪应力的大小与级配碎石层回弹模量、沥青层厚度及模量和沥青层与级配碎石层层间摩擦系数 f 直接相关。

4）组合式基层沥青路面中 $|\tau|/\sigma$ 对结构设计参数的敏感性要高于级配碎石层剪应力，主要有沥青层与级配碎石层层间摩擦系数 f_1 和级配碎石层厚度等，

因此建议以 $|\tau|/\sigma$ 作为设计指标。

5）根据正交计算及结果分析提出了新疆不同区划内全柔性和组合式基层沥青路面结构设计指标，具体见表 3.10 及表 3.19。

6）沥青层拉应力和拉应变随着 ATB 层厚度的增加逐渐减小，而随着 ATB 层模量的增加逐渐增大。因此，在进行柔性基层沥青路面结构设计时，应适当增加 ATB 层的厚度，同时控制 ATB 层的模量。例如，建议 STR－2 的 ATB 层厚度至少为 10cm，STR－2 和 STR－7 的 ATB 层模量宜分别在 1800MPa 和 2000MPa 以下。

7）全柔性基层沥青路面沥青层拉应力或拉应变随着级配碎石层厚度的增加而减小，而组合式基层沥青路面沥青层拉应力或拉应变与之相反。因此，在全柔性基层路面设计时应尽量增加级配碎石层的厚度，而在组合式基层路面设计时要控制级配碎石层的厚度，并不超过 20cm。

8）全柔性基层沥青路面的级配碎石层剪应力与面层及 ATB 层厚度和级配碎石层厚度、模量直接相关，可以通过增大沥青层厚度和级配碎石层厚度及参数的方法来减小剪应力数值，建议全柔性基层沥青路面级配碎石层厚度大于 15cm。

9）组合式基层沥青路面结构级配碎石层 $|\tau|/\sigma$ 与半刚性基层厚度和级配碎石层厚度及模量有关。级配碎石层 $|\tau|/\sigma$ 随底基层厚度的增加逐渐减小，随级配碎石层模量的增加逐渐增大。另外，级配碎石层厚度不宜过大，建议在 15～20cm 之间变动。

10）半刚性底基层拉应力的大小可以通过增加沥青层厚度、级配碎石层厚度及模量和底基层厚度及模量的方法来调节。例如，当级配碎石层厚度在 10～30cm 之间变化时，级配碎石层厚度每增加 5cm，半刚性底基层拉应力减小 10.73%～13.09%。

11）柔性基层沥青路面路基回弹模量的大小直接影响到路表弯沉和路基顶面压应变的大小，可以通过增大路基回弹模量来提高路面结构整体刚度、减小路基顶面压应变。

第4章 基于新疆气候环境的柔性基层沥青路面结构优化

众所周知，气候环境对沥青路面结构力学性能的影响很大。新疆有四个不同的气候区划，不同气候区划中的气候环境大不相同。倘若在沥青路面结构的设计中不考虑当地的气候环境，特别是在新疆这种气候差异较大的地区，设计的路面结构在实际使用中就容易出现各种病害。因此，需基于新疆四个区划的气候环境对柔性基层沥青路面结构进行优化。

4.1 新疆Ⅰ区和Ⅱ区低温环境下柔性基层沥青路面的指标响应

新疆Ⅰ区和Ⅱ区是典型的冬季寒冷地区，在此区域内柔性基层沥青路面的破坏方式以裂缝为主，另外级配碎石层剪切破坏及半刚性底基层断裂等也是潜在的病害。在低温-荷载耦合场下，沥青层、级配碎石层及半刚性底基层厚度对路面结构力学性能有直接影响。因此，需分析不同沥青层、级配碎石层和半刚性底基层厚度下沥青层的受拉情况，并验算级配碎石层剪应力及半刚性底基层拉应力。

现选择阿勒泰地区气候作为新疆Ⅰ区和Ⅱ区典型的气候环境。在温度-荷载耦合场下各力学指标随着时间的变化而变化，为了便于分析，取一天中力学指标的最大值进行对比分析。为了更好地分析结构设计参数的变化对柔性基层沥青路面力学指标的影响，同时对柔性基层沥青路面与半刚性基层沥青路面进行对比分析，在下面的分析中将半刚性基层沥青路面STR－D的结构设计参数如下文中的沥青层厚度设定为常量，即下文中出现的STR－D各力学指标数值始终为常量，以STR－D的各力学指标数值作为参考，衡量各柔性基层沥青路面的力学性能。

4.1.1 沥青层厚度的变化对力学性能的影响

在低温环境下，柔性基层沥青路面沥青面层与ATB层的参数有着明显的差异，特别是劲度模量，且面层与ATB层造价不同，因此在下面的分析中将沥青面层与ATB层的厚度分开讨论，具体厚度范围见表4.1。

表 4.1　沥青面层和 ATB 层厚度参数

结构层	厚度/cm
沥青面层	10，12，14，16，18
ATB 层	8，10，12，14，16

根据表 4.1 中的参数，利用 ANSYS 有限元软件进行仿真模拟，并提取结果，如下所述。

图 4.1 和图 4.2 所示为低温环境下面层厚度对沥青层拉应力和拉应变的影响。

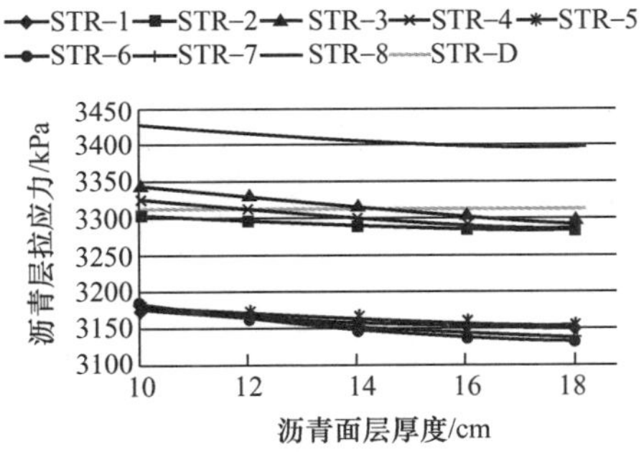

图 4.1　低温环境下面层厚度对沥青层拉应力的影响

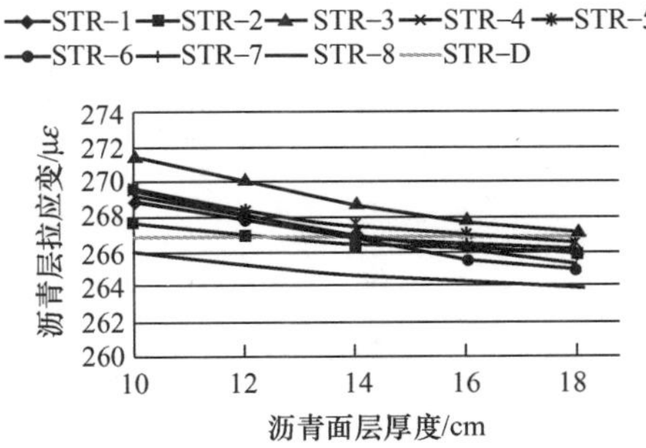

图 4.2　低温环境下面层厚度对沥青层拉应变的影响

从图 4.1 和图 4.2 中可以看出，随着沥青面层厚度的增加，沥青层拉应力及拉应变逐渐减小，但是减小的幅度逐渐降低。当面层厚度由 10cm 增加到 14cm，各柔性基层沥青路面沥青层拉应力和拉应变仅减小 0.33%～1.09%和 0.49%～1.12%，可见沥青面层厚度的变化对沥青层受拉情况的影响较小。

图 4.3 所示为低温环境下面层厚度对级配碎石层剪应力的影响。

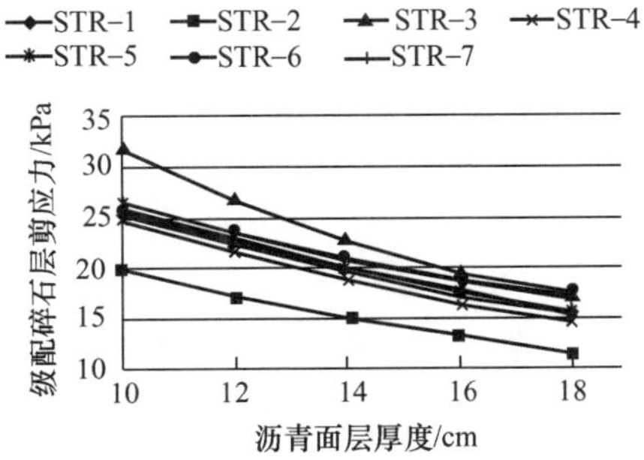

图 4.3　低温环境下面层厚度对级配碎石层剪应力的影响

如图 4.3 所示，在Ⅰ区和Ⅱ区冬季环境下，各柔性基层沥青路面级配碎石层最大剪应力均在 35kPa 以下，且随着面层厚度的增加逐渐减小。当面层厚度在 10～18cm 之间时，面层厚度每增加 2cm，级配碎石层剪应力减小 9.50%～15.56%。这表明，在Ⅰ区和Ⅱ区冬季环境下，面层厚度的大小对级配碎石层剪应力有着较大的影响。

图 4.4 所示为低温环境下面层厚度对半刚性底基层拉应力的影响。

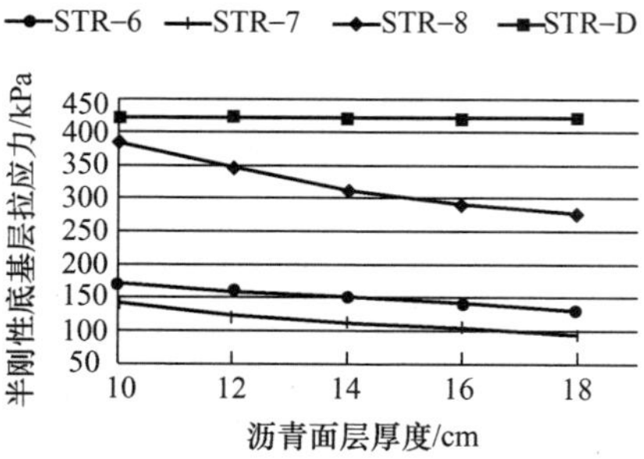

图 4.4 低温环境下面层厚度对半刚性底基层拉应力的影响

从图 4.4 中可以看出，在Ⅰ区和Ⅱ区冬季环境下，复合式基层和半刚性基层沥青路面 STR－8 和 STR－D 的半刚性（底）基层拉应力明显大于 STR－6 和 STR－7，STR－6 和 STR－7 的半刚性底基层拉应力均在 200kPa 以下，且各路面结构半刚性（底）基层拉应力均随面层厚度的增加逐渐减小。其中，面层厚度每增加 2cm，STR－6、STR－7 和 STR－8 半刚性底基层拉应力分别减小 6.15%、9.75%和 8.20%。对比 STR－8 可知，STR－6 和 STR－7 的半刚性底基层层位更低，Ⅰ区和Ⅱ区冬季环境对半刚性底基层的影响相对更小，面层厚度的增加也可使半刚性底基层的层位下移，从而使得半刚性底基层的拉应力逐渐减小。

从图 4.4 中还可以看出，在Ⅰ区和Ⅱ区冬季环境下，新疆传统半刚性基层沥青路面结构 STR－D 的半刚性基层拉应力达到 420.97kPa，显然偏大，在车辆重复荷载作用下极容易产生断裂等病害。

图 4.5 和图 4.6 所示为低温环境下 ATB 层厚度对沥青层拉应力和拉应变的影响。

如图 4.5 和图 4.6 所示，各柔性基层沥青路面结构沥青层拉应力及拉应变随着 ATB 层厚度的增加逐渐减小，但是减小的幅度较低。当 ATB 层厚度由 8cm 增加到 16cm 时，沥青层拉应力和拉应变分别减小 0.52%～1.67%和 0.63%～1.90%，在Ⅰ区和Ⅱ区冬季环境下 ATB 层厚度对沥青层拉应力及拉应变的影响较小。

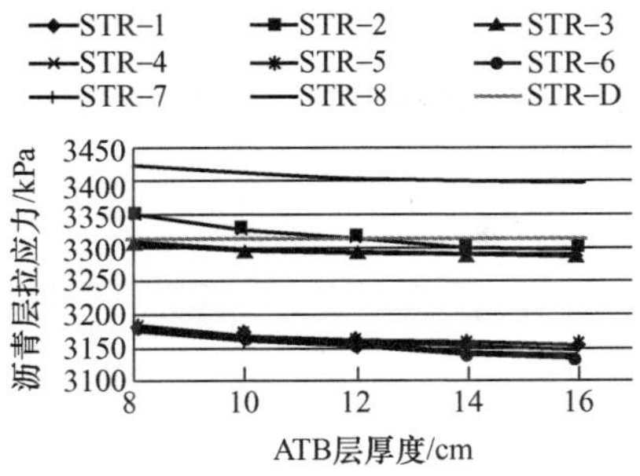

图 4.5　低温环境下 ATB 层厚度对沥青层拉应力的影响

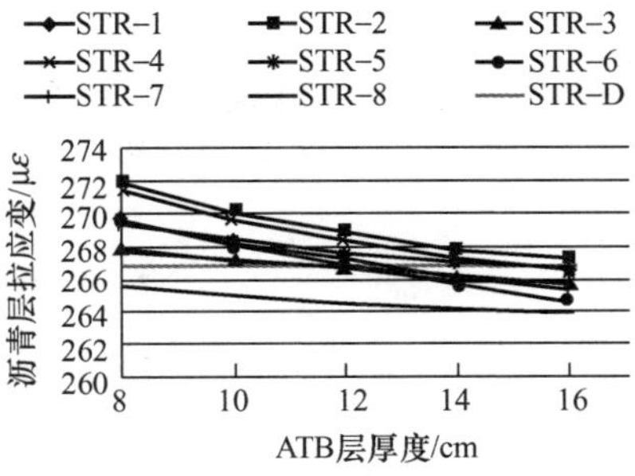

图 4.6　低温环境下 ATB 层厚度对沥青层拉应变的影响

图 4.7 所示为低温环境下 ATB 层厚度对级配碎石层剪应力的影响。

分析图 4.7 容易看出，ATB 层厚度的增加对柔性基层沥青路面级配碎石层剪应力有着一定的影响。当 ATB 层厚度在 8～16cm 之间变化时，厚度每增加 2cm，级配碎石层剪应力减小 9.54%～15.00%。此外，在Ⅰ区和Ⅱ区冬季环境下，由于沥青层模量很高，级配碎石层剪应力最大值均在 35kPa 以下。

图 4.8 所示为低温环境下 ATB 层厚度对半刚性底基层拉应力的影响。

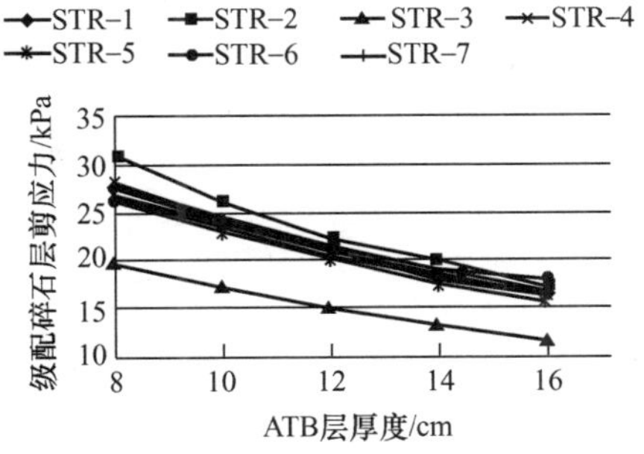

图 4.7　低温环境下 ATB 层厚度对级配碎石层剪应力的影响

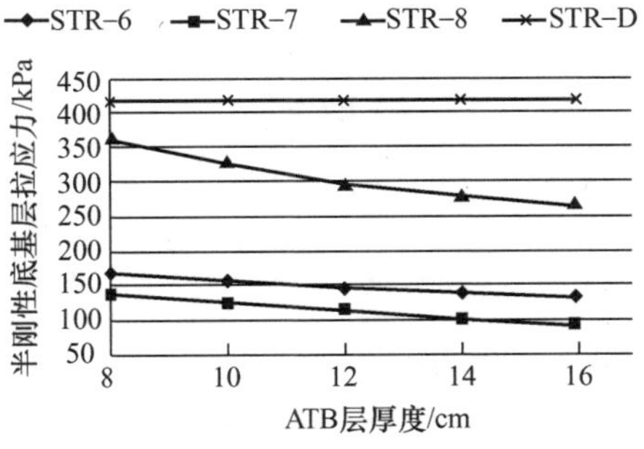

图 4.8　低温环境下 ATB 层厚度对半刚性底基层拉应力的影响

由图 4.8 可以看出，在Ⅰ区和Ⅱ区冬季环境下，随着 ATB 层厚度的增加，柔性基层沥青路面结构的半刚性底基层拉应力逐渐减小。当 ATB 层厚度在 8～16cm 之间变化时，厚度每增加 2cm，半刚性底基层拉应力减小 6.22%～9.81%。其中，复合式基层沥青路面结构 STR-8 的半刚性底基层拉应力明显大于 STR-6 和 STR-7，STR-7 的半刚性底基层拉应力最小。

4.1.2　不同级配碎石层厚度下的力学指标

级配碎石层在不同的柔性基层沥青路面结构中起到不同的作用，如在全柔性基层沥青路面中可以适当提高路面的整体强度，在组合式基层沥青路面中主要起到隔离层的作用，因此需对不同级配碎石层厚度下的全柔性基层和组合式基层沥青路面结构的力学性能分开分析。级配碎石层厚度取值范围见表 4.2。

表 4.2　级配碎石层厚度参数

结构层	厚度/cm
全柔性基层	15，20，25，30，35，40
组合式基层	10，15，20，25，30

图 4.9 所示为低温环境下级配碎石层厚度对沥青层拉应力和拉应变的影响。

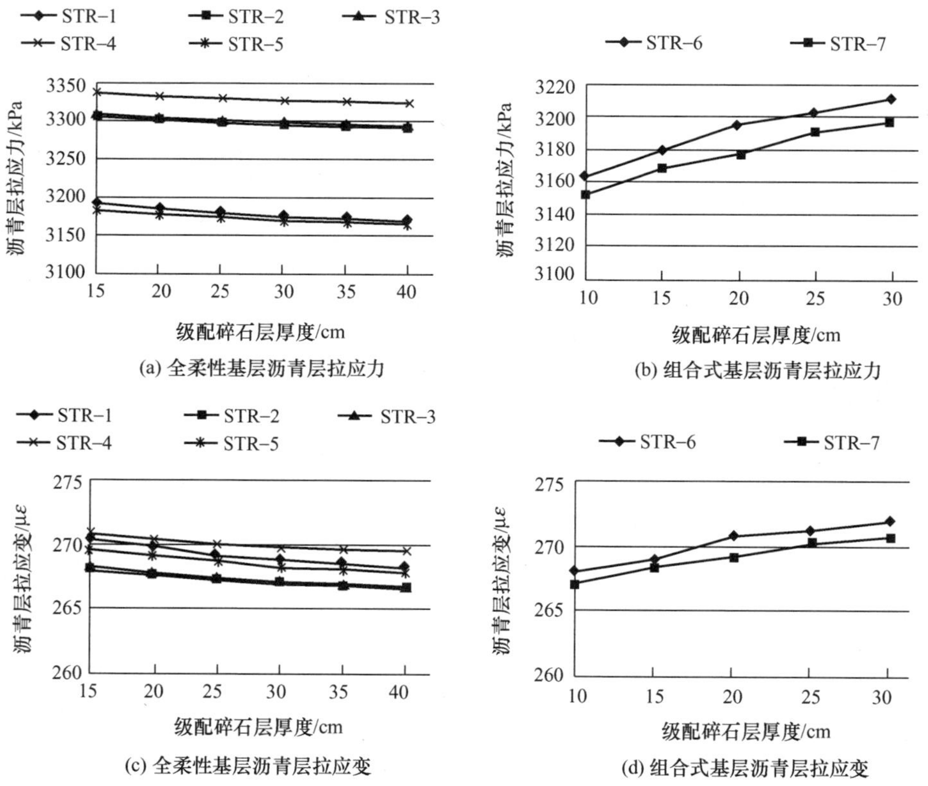

图 4.9　低温环境下级配碎石层厚度对沥青层拉应力和拉应变的影响

从图 4.9 中可以看出，随着级配碎石层厚度的增加，全柔性基层沥青路面结构整体强度逐渐增大，因此沥青层拉应力和拉应变均逐渐减小；而组合式基层沥青路面结构与之相反，即沥青层拉应力和拉应变均逐渐增大。然而，在新疆Ⅰ区和Ⅱ区冬季环境下，级配碎石层厚度的增加对柔性基层沥青路面沥青层拉应力和拉应变的影响较小，如当级配碎石层厚度由 15cm 增加到 40cm 时，全柔性基层沥青路面沥青层拉应力及拉应变分别减小了 0.35%～0.67%和 0.45%～0.75%。

图 4.10 所示为低温环境下级配碎石层厚度对级配碎石层剪应力的影响。

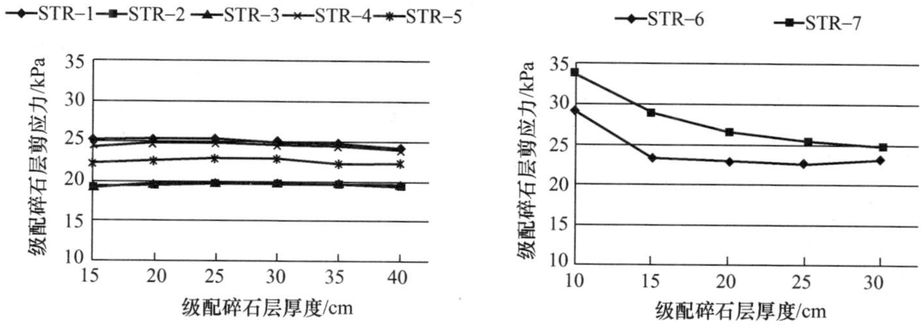

(a) 全柔性基层级配碎石层剪应力　　(b) 组合式基层级配碎石层剪应力

图 4.10　低温环境下级配碎石层厚度对级配碎石层剪应力的影响

从图 4.10 中可以看出，在新疆Ⅰ区和Ⅱ区冬季环境下，级配碎石层厚度的变化对全柔性基层沥青路面级配碎石层剪应力的影响很小，而对组合式基层沥青路面级配碎石层剪应力的影响相对较大。其中，组合式基层沥青路面级配碎石层剪应力随着级配碎石层厚度的增加逐渐减小，但减小的幅度逐渐降低。当级配碎石层厚度由 10cm 增加到 30cm 时，STR－6 和 STR－7 的级配碎石层剪应力分别减小 25.52%和 32.54%；而当级配碎石层厚度由 10cm 增加到 20m 时，STR－6 和 STR－7 的级配碎石层剪应力分别减小 25.42%和 24.33%，即厚度每增加 5cm，组合式基层沥青路面级配碎石层剪应力减小 12.43%左右。从图 4.10 中还可以看出，在新疆低温环境下，组合式基层沥青路面级配碎石层剪应力较小，均在 35kPa 以下。

图 4.11 所示为低温环境下级配碎石层厚度对半刚性底基层拉应力的影响。

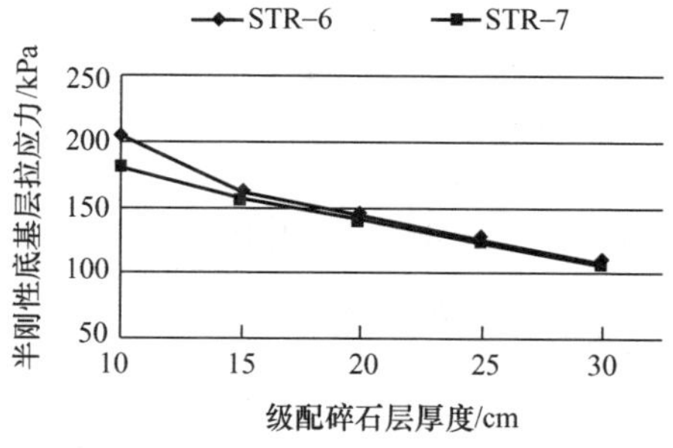

图 4.11　低温环境下级配碎石层厚度对半刚性底基层拉应力的影响

分析图 4.11 可知，在新疆低温环境下，随着级配碎石层厚度的增加，组合式基层沥青路面半刚性底基层拉应力呈线性减小。在组合式基层沥青路面结构中，级配碎石层厚度的增加使得半刚性底基层的层位逐渐下移，从而使得半刚性底基层的拉应力逐渐减小。当级配碎石层厚度在 10～30cm 之间变化时，厚度每增加 5cm，半刚性底基层拉应力减小 14.68%。换言之，在组合式基层沥青路面结构设计时，通过增加级配碎石层厚度来降低半刚性底基层的拉应力是一项行之有效的措施。

4.1.3　半刚性底基层厚度的变化对沥青层开裂的影响

组合式基层沥青路面中半刚性底基层的设置可以明显提高路面结构的整体强度及刚度，并且可以减小半刚性底基层的层底拉应力，从而提高半刚性底基层的疲劳寿命，延长柔性基层沥青路面的使用寿命。因此，下文将分析在新疆Ⅰ区和Ⅱ区冬季环境下半刚性底基层厚度参数的变化对柔性基层沥青路面力学性能的影响。半刚性底基层的厚度见表 4.3。

表 4.3　半刚性底基层厚度参数

结构层	厚度/cm
半刚性底基层	20，25，30，35，40

图 4.12 所示为低温环境下半刚性底基层厚度对沥青层受力情况的影响。

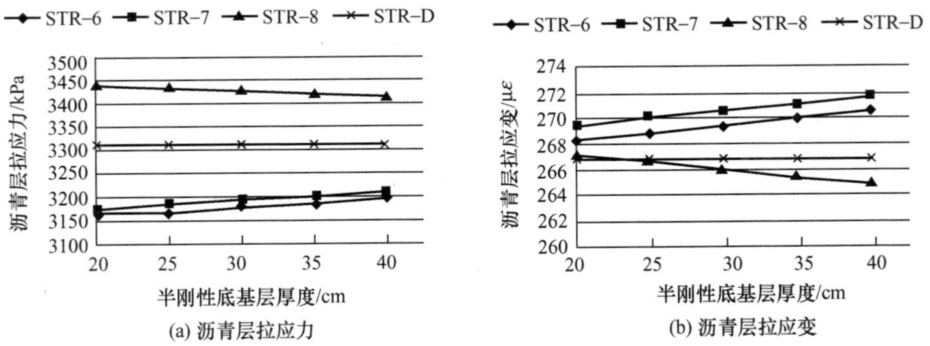

图 4.12　低温环境下半刚性底基层厚度对沥青层受力情况的影响

如图 4.12 所示，在新疆Ⅰ区和Ⅱ区冬季环境下，半刚性底基层厚度的变化对组合式基层沥青路面和复合式基层沥青路面沥青层拉应力及拉应变的影响很小。当半刚性底基层厚度由 20cm 增加到 40cm 时，柔性基层沥青路面结构沥青层拉应力及拉应变分别变化 0.78%～0.98%和 0.80%～0.89%。

图 4.13 所示为低温环境下半刚性底基层厚度对级配碎石层剪应力的影响。

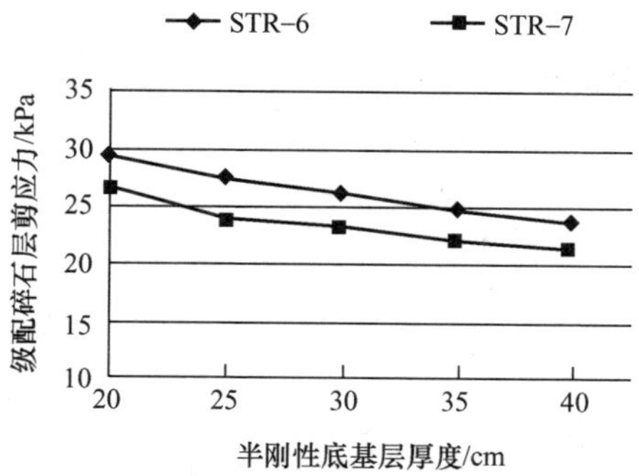

图 4.13　低温环境下半刚性底基层厚度对级配碎石层剪应力的影响

如图 4.13 所示，在新疆Ⅰ区和Ⅱ区冬季环境下，随着半刚性底基层厚度的增加，组合式基层沥青路面结构级配碎石层剪应力逐渐减小，且当半刚性底基层厚度仅为 20cm 时，STR－6 和 STR－7 的级配碎石层剪应力均在 30kPa 以下，而当底基层厚度为 40cm 时，STR－6 和 STR－7 的级配碎石层剪应力均在 20kPa 以上，这表明半刚性底基层厚度对组合式基层沥青路面级配碎石层剪应力的影响较小。

图 4.14 所示为低温环境下半刚性底基层厚度对半刚性底基层拉应力的影响。

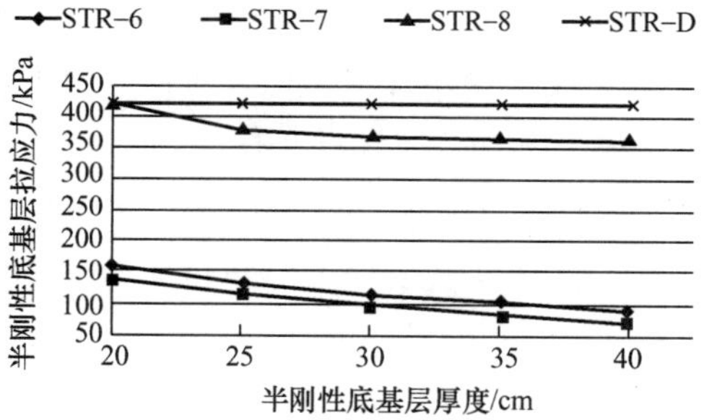

图 4.14　低温环境下半刚性底基层厚度对半刚性底基层拉应力的影响

由图 4.14 可知，半刚性底基层厚度的增加不仅使得柔性基层沥青路面结构的整体性得到提高，还使得半刚性底基层的拉应力逐渐减小。在新疆Ⅰ区和Ⅱ区冬季环境下，半刚性底基层厚度在 20～40cm 之间时，厚度每增加 5cm，STR－6、STR－7 和 STR－8 的半刚性底基层拉应力分别减小 14.03%、16.30% 和 4.02%。由此可见，在低温环境下可以通过增加半刚性底基层厚度来减小组合式基层沥青路面结构半刚性底基层的拉应力。从图 4.14 中还可以看出，在新疆冬季低温环境下，复合式基层沥青路面结构 STR－8 和半刚性基层沥青路面结构 STR－D 的半刚性基层拉应力均在 350kPa 以上，显然过大，因此不建议在新疆Ⅰ区和Ⅱ区使用 STR－8 和 STR－D 结构。

4.2　新疆Ⅲ区环境下柔性基层沥青路面的指标响应

新疆Ⅲ区是高低温过渡区，冬季最低温度不及Ⅰ区和Ⅱ区，夏季最高气温不超过Ⅳ区夏季。然而，该区域不仅夏季炎热，而且冬季寒冷。在该区域内沥青路面常见的病害有高温车辙、推移和低温裂缝等。在分析新疆Ⅲ区环境下的柔性基层沥青路面结构时，要同时考虑夏季高温及冬季低温环境。喀什拥有典型的新疆Ⅲ区气候环境，可基于喀什的夏季及冬季气候来分析路面结构设计参数的变化对柔性基层沥青路面结构设计指标的影响。

表4.4所示为新疆Ⅲ区气候环境建模参数。

表4.4　新疆Ⅲ区气候环境建模参数

季节	日太阳辐射总量/(MJ/m²)	日照时数/h	中午最大辐射量/(MJ/m²)	日最高温度/℃	日最低温度/℃	日平均温度/℃	日气温变化幅度/℃
夏季	24.63	14.63	2.65	36	18.5	27.25	17.5
冬季	6.75	9.4	1.13	−8	−20	−14	12

结合新疆Ⅰ、Ⅱ区和Ⅳ区气候条件下各拟定柔性基层沥青路面结构力学响应的变化规律可知，增加沥青面层及ATB层的厚度对整个路面结构力学性能的提高作用较小，而且面层及ATB层造价相对较高，因此在接下来分析Ⅲ区气候环境下各路面结构设计参数对力学指标的影响时仅以基层及底基层的厚度为重点进行分析。

4.2.1　级配碎石层厚度对力学指标的影响

上文详细论述了Ⅲ区气候条件，为深入分析，将该高低温过渡区分为夏季和冬季分别进行讨论。

1. Ⅲ区夏季

根据调查可知，在新疆Ⅲ区过渡区中沥青路面仍有车辙裂缝等病害的存在，而夏季是车辙裂缝等病害高发的季节。对各柔性基层沥青路面来说，级配碎石层厚度对路面结构整体强度及刚度有着很大的影响，因此下文将分析Ⅲ区夏季环境下级配碎石层厚度对柔性基层沥青路面结构力学性能的影响。

图4.15所示为Ⅲ区夏季环境下级配碎石层厚度对路表弯沉的影响。

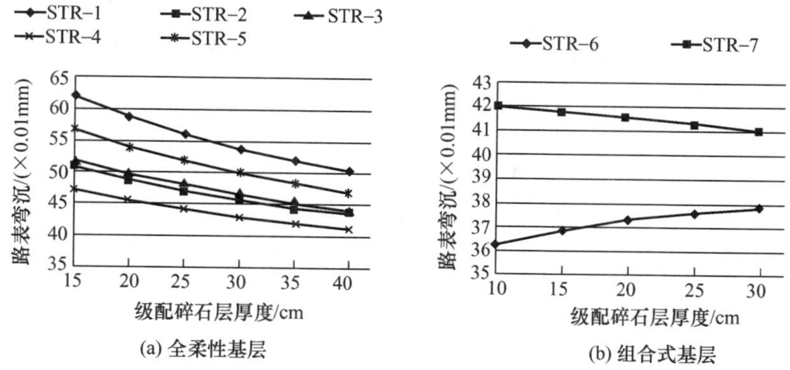

图 4.15　Ⅲ区夏季环境下级配碎石层厚度对路表弯沉的影响

分析图 4.15 可知，在新疆Ⅲ区夏季环境下全柔性基层沥青路面结构路表弯沉值随级配碎石层厚度的增加逐渐减小，当级配碎石层厚度在 15～40cm 之间时，碎石层厚度每增加 5cm，路表弯沉值减小 2.14%～4.17%。由此可见，全柔性基层沥青路面路表弯沉值受碎石层厚度的影响较小。同样，级配碎石层厚度对组合式基层路面结构路表弯沉值的影响也较小，碎石层厚度每增加 5cm，路表弯沉值仅减小不到 1%。

图 4.16 所示为Ⅲ区夏季环境下级配碎石层厚度对沥青层受拉的影响。

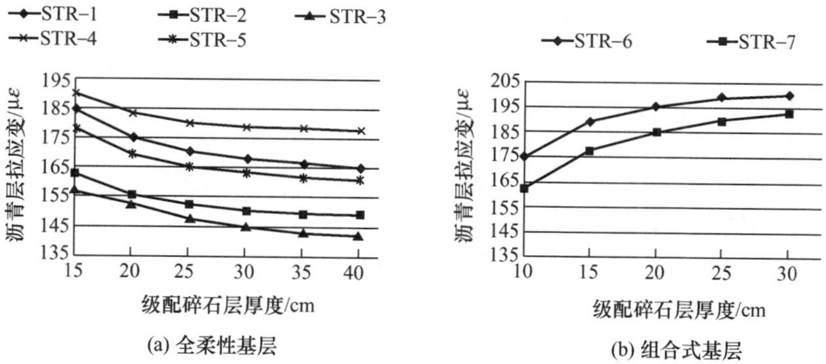

图 4.16　Ⅲ区夏季环境下级配碎石层厚度对沥青层受拉的影响

从图 4.16 中可以看出，在Ⅲ区夏季气候条件下，随着级配碎石层厚度的增加，全柔性基层沥青路面结构沥青层拉应变逐渐减小，而组合式基层沥青路面结构的沥青层拉应变逐渐增大，但变化的梯度均逐渐降低，且均以级配碎石层厚度 20cm 为分界线，在 20cm 以下时沥青层拉应变变化较大。另外，分析组合式基层沥青路面结构 STR－6 和 STR－7 可知，当级配碎石层厚度在 10～30cm 之间时，碎石层厚度每增加 5cm，沥青层拉应变分别增加 5.67%和 6.53%。

综上所述，对于组合式基层沥青路面结构，级配碎石层厚度宜在 10～20cm 之间取值，而全柔性基层沥青路面结构级配碎石层厚度宜在 20cm 以上取值。

图 4.17 所示为Ⅲ区夏季环境下级配碎石层厚度对沥青层受剪的影响。

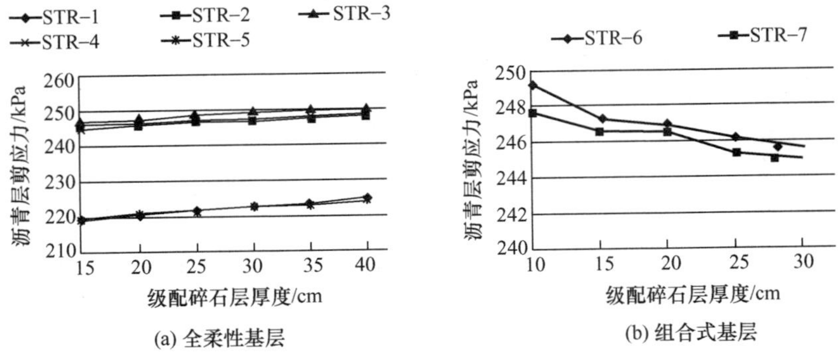

图 4.17　Ⅲ区夏季环境下级配碎石层厚度对沥青层受剪的影响

由图 4.17 可知，在新疆Ⅲ区夏季气候条件下，柔性基层沥青路面结构沥青层剪应力随级配碎石层厚度的增加逐渐增大或者减小，但变化量较小。当级配碎石层厚度增加 5cm 时，各拟定柔性基层沥青路面结构沥青层剪应力变化量在 0.5%以下。

图 4.18 所示为Ⅲ区夏季环境下级配碎石层厚度对碎石层受剪的影响。

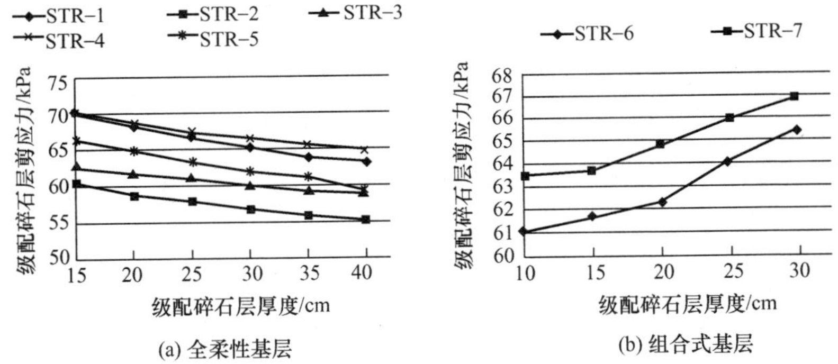

图 4.18　Ⅲ区夏季环境下级配碎石层厚度对碎石层受剪的影响

分析图 4.18 可知，全柔性基层沥青路面结构随着级配碎石层厚度的增加级配碎石层剪应力逐渐减小，而组合式基层沥青路面级配碎石层剪应力却逐渐增大，这是由于随着级配碎石层厚度的增加，级配碎石层承担的剪应力增加。然而，分析数据可知，在Ⅲ区夏季环境下，级配碎石层厚度的变化对各拟定路面结构级配碎石层剪应力的影响较小，级配碎石层厚度每增加 5cm，级配碎石层剪应力仅变化 2%以下。

图 4.19 所示为Ⅲ区夏季环境下级配碎石层厚度对路基顶面压应变的影响。

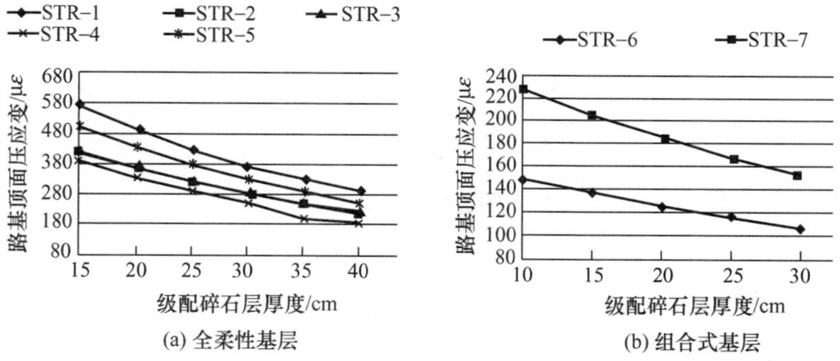

图 4.19　Ⅲ区夏季环境下级配碎石层厚度对路基顶面压应变的影响

从图 4.19 中可以看出，在Ⅲ区夏季环境下，级配碎石层厚度的增加对各拟定路面结构路基顶面压应变的影响很大，随着级配碎石层厚度的增加，路基顶面压应变呈线性减小。对于全柔性基层沥青路面结构来说，当碎石层厚度在 15～40cm 之间变化时，厚度每增加 5cm，路基顶面压应变减小 12.78%～14.14%；碎石层厚度在 10～30cm 之间时，厚度每增加 5cm，组合式基层沥青路面结构路基顶面压应变减小 8.22%～10.10%。

对于柔性基层沥青路面结构来说，路基顶面容许压应变一般在 280～350$\mu\varepsilon$ 之间，因此 STR－1、STR－2、STR－3、STR－4 和 STR－5 的级配碎石层厚度至少取 32cm、22cm、22cm、19cm 和 27cm。

图 4.20 所示为Ⅲ区夏季环境下级配碎石层厚度对半刚性底基层拉应力的影响。

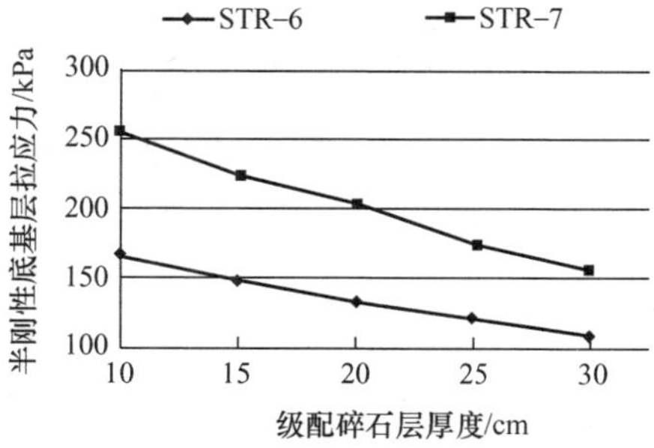

图 4.20　Ⅲ区夏季环境下级配碎石层厚度对半刚性底基层拉应力的影响

分析图 4.20 可知，在Ⅲ区夏季环境下，级配碎石层厚度的增加对组合式基层沥青路面结构半刚性底基层拉应力的影响很大，随着碎石层厚度的增加，底基层拉应力呈线性减小。当级配碎石层厚度在 10～30cm 之间变化时，碎石层厚度每增加 5cm，STR－6 和 STR－7 的半刚性底基层拉应力分别减小 10.32％和 12.50％。

2. Ⅲ区冬季

在Ⅲ区冬季环境下，在车辆荷载作用下，柔性基层沥青路面容易出现沥青层的受拉破坏及半刚性底基层的受拉破坏。另外，对于组合式基层沥青路面结构来说，级配碎石层厚度的增加使得半刚性底基层层位下移，减少了外界环境的变化对半刚性底基层拉应力的影响。

图 4.21 和图 4.22 所示为Ⅲ区冬季环境下级配碎石层厚度对全柔性基层和组合式基层力学响应的影响。

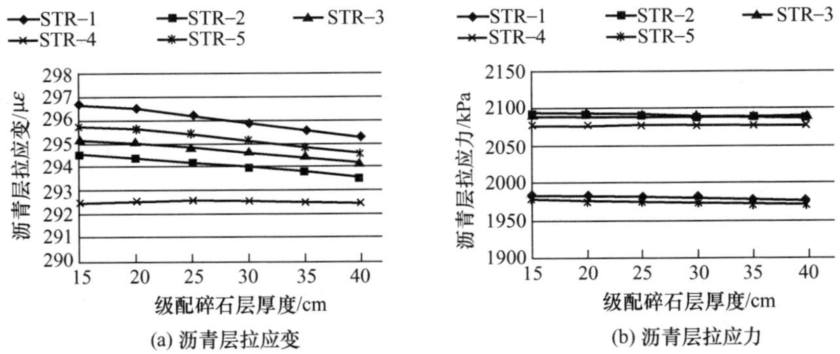

图 4.21　Ⅲ区冬季环境下级配碎石层厚度对全柔性基层力学响应的影响

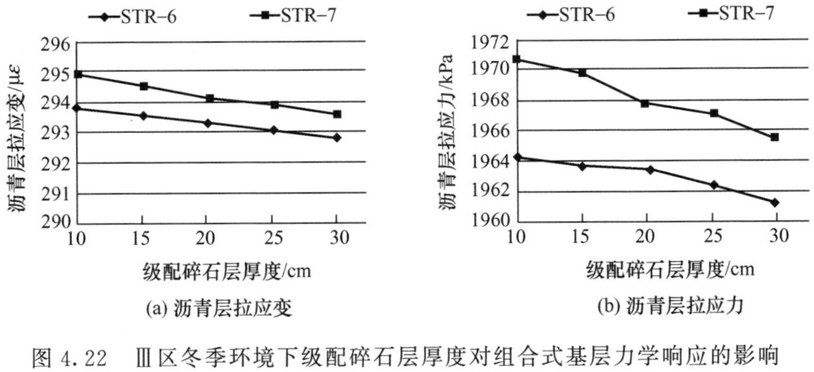

图 4.22　Ⅲ区冬季环境下级配碎石层厚度对组合式基层力学响应的影响

从图 4.21 和图 4.22 中可以看出，在Ⅲ区冬季环境下，柔性基层沥青路面结构沥青层拉应力及拉应变随着级配碎石层厚度的增加逐渐减小。但是从图中也容易看出，级配碎石层厚度的增加对沥青层受拉情况的影响较小，级配碎石层厚度每增加 5cm，沥青层拉应力和拉应变均仅减小 0.1％以下。

图 4.23 所示为Ⅲ区冬季环境下级配碎石层厚度对半刚性底基层拉应力的影响。

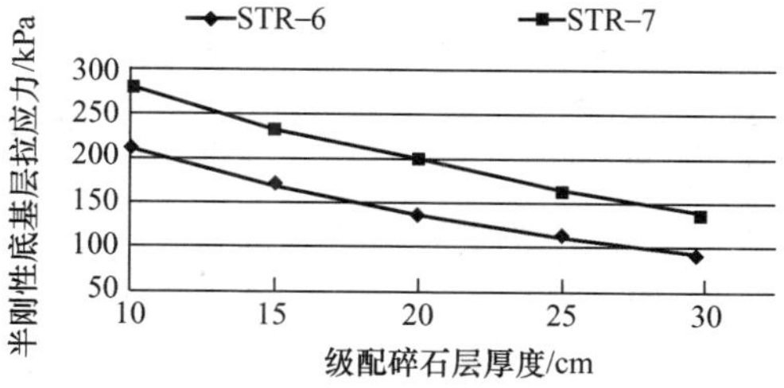

图 4.23 Ⅲ区冬季环境下级配碎石层厚度对半刚性底基层拉应力的影响

分析图 4.23 可知，在Ⅲ区冬季环境下，随着级配碎石层厚度的增加，组合式基层沥青路面结构半刚性底基层拉应力呈线性减小。当级配碎石层厚度在 10～30cm 之间变化时，碎石层厚度每增加 5cm，半刚性底基层拉应力减小 17.63%～19.87%。由此可见，在低温环境下，级配碎石层厚度对半刚性底基层受拉情况的影响很大。另外，半刚性底基层容许拉应力一般为 200～240kPa，也就是说，STR－7 的级配碎石层厚度应至少取 15cm。

4.2.2 半刚性底基层厚度的变化对力学指标的影响

组合式基层沥青路面结构中半刚性底基层的厚度对半刚性底基层受拉情况的影响很大。当半刚性底基层厚度过薄时，施工时很难满足设计要求。此外，在Ⅲ区气候条件下，行车荷载作用很容易导致半刚性底基层的断裂。

1. Ⅲ区夏季

本节以Ⅲ区夏季气候环境为背景，分析半刚性底基层厚度的变化对组合式基层沥青路面结构力学响应的影响，计算结果如下。

图 4.24 所示为 Ⅲ区夏季环境下半刚性底基层厚度对路面结构竖向指标的影响。

分析图 4.24 可知，在Ⅲ区夏季环境下，半刚性底基层厚度对各路面结构路表弯沉及路基顶面压应变的影响很大，特别是路基顶面压应变指标，随着半刚性底基层厚度的增加，路表弯沉及路基顶面压应变逐渐减小。当半刚性底基层厚度在 20～40cm 之间时，厚度每增加 5cm，组合式基层沥青路面结构路基顶面压应变减小 17.31%～18.56%，复合式基层沥青路面路基顶面压应变减小 21.25%，

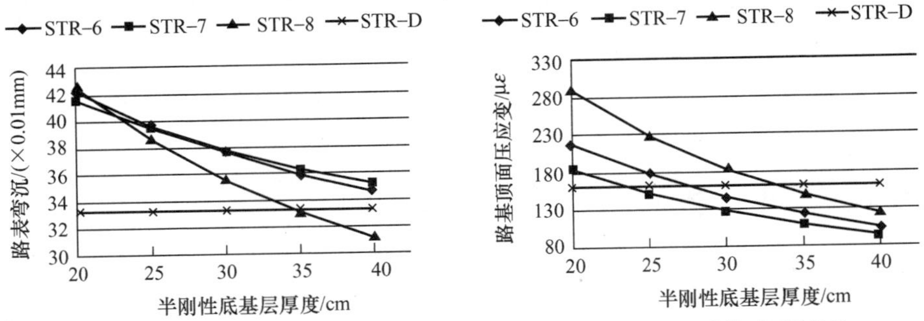

(a) 路表弯沉　　(b) 路基顶面压应变

图 4.24　Ⅲ区夏季环境下半刚性底基层厚度对竖向指标的影响

而各路面结构的路表弯沉减小 4%～7%。另外，分析可知，各拟定路面结构路基顶面压应变均不超过 280με，相对较小。

图 4.25 所示为Ⅲ区夏季环境下半刚性底基层厚度对沥青层力学响应的影响。

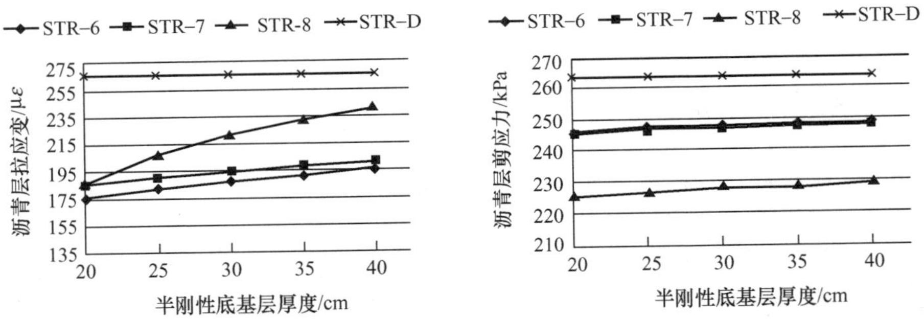

(a) 沥青层拉应变　　(b) 沥青层剪应力

图 4.25　Ⅲ区夏季环境下半刚性底基层厚度对沥青层力学响应的影响

如图 4.25 所示，在Ⅲ区夏季环境下，半刚性底基层厚度的变化对沥青层受剪状态的影响较小，而仅对复合式基层沥青路面结构 STR－8 的沥青层拉应变的影响相对较大。其中，随着半刚性底基层厚度的增加，沥青层拉应变逐渐增加。当半刚性底基层厚度增加 5cm 时，组合式基层沥青路面结构沥青层拉应变增加量仅在 3%以下，而 STR－8 的沥青层拉应变增加 6.15%。在Ⅲ区夏季环境下，半刚性基层沥青路面结构 STR－D 的沥青层拉应变及沥青层剪应力始终大于其他各拟定路面结构，STR－D 路面结构容易出现裂缝及车辙等病害。

图 4.26 所示为Ⅲ区夏季环境下半刚性底基层厚度对基层力学响应的影响。

由图 4.26 可知，随着半刚性底基层厚度的增加，级配碎石层剪应力及半刚性底基层拉应力均逐渐减小。当半刚性底基层厚度在 20～40cm 之间变化时，厚度每增加 5cm，级配碎石层剪应力减小 2%以下，半刚性底基层拉应力减小

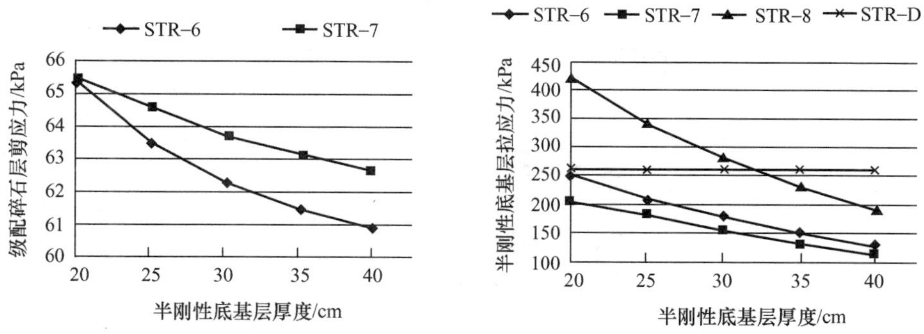

(a) 级配碎石层剪应力　(b) 半刚性底基层拉应力

图 4.26　Ⅲ区夏季环境下半刚性底基层厚度对基层力学响应的影响

14.61%～19.71%。半刚性底基层容许拉应力一般为 200～240kPa，STR-D 的半刚性底基层拉应力偏大，STR-6 和 STR-8 的半刚性底基层厚度至少为 22cm 和 34cm。

2. Ⅲ区冬季

半刚性底基层厚度对柔性基层沥青路面的力学性能有着显著的影响，现以Ⅲ区冬季气候环境为背景分析半刚性底基层厚度的变化对组合式基层沥青路面结构力学响应的影响，计算结果如下。

图 4.27 所示为Ⅲ区冬季环境下半刚性底基层厚度对沥青层受拉的影响。

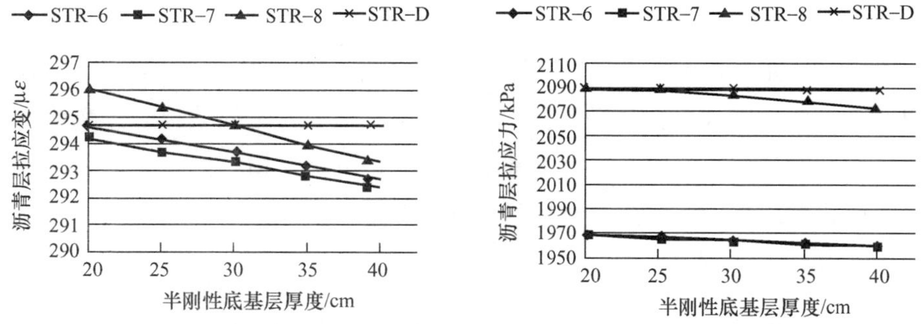

(a) 沥青层拉应变　(b) 沥青层拉应力

图 4.27　Ⅲ区冬季环境下半刚性底基层厚度对沥青层受拉的影响

如图 4.27 所示，在Ⅲ区冬季环境下，随着半刚性底基层厚度的增加，沥青层拉应力和拉应变均逐渐减小，但是减小的幅度较小。当半刚性底基层厚度在 20～40cm 之间变化时，底基层厚度每增加 5cm，沥青层拉应力和拉应变仅减小 0.3%以下。

图 4.28 所示为Ⅲ区冬季环境下半刚性底基层厚度对底基层受拉的影响。

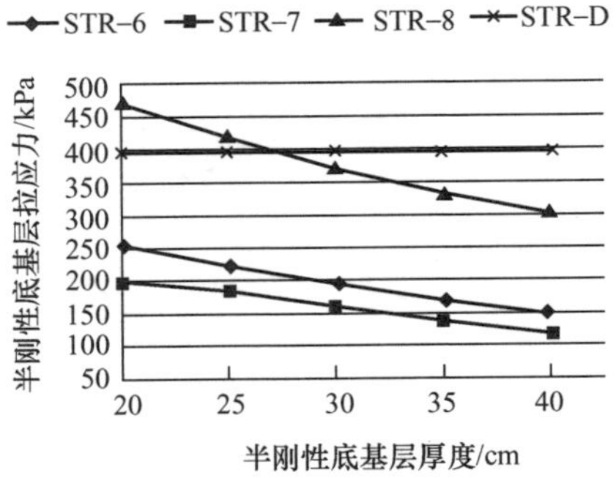

图 4.28 Ⅲ区冬季环境下半刚性底基层厚度对底基层受拉的影响

如图 4.28 所示，在Ⅲ区冬季环境下，半刚性底基层的厚度对半刚性底基层拉应力的影响较大，随着底基层厚度的增加，半刚性底基层拉应力呈线性减小。当半刚性底基层厚度在 20～40cm 之间时，底基层厚度每减小 5cm，组合式基层和复合式基层沥青路面结构的半刚性底基层拉应力减小 11.24%～13.54%。

从图 4.28 中还可以看出，STR－8 和 STR－D 由于半刚性基层距离路表较近，受外界温度影响较大，造成拉应力始终较大。半刚性底基层容许拉应力一般为 200～240kPa，STR－6 的半刚性底基层厚度至少为 23cm。

4.3 新疆Ⅳ区高温环境下柔性基层沥青路面的指标响应

对于沥青路面来说，新疆Ⅳ区最不利的季节为夏季，病害也多发生在夏季，如高温车辙和推移等。在分析新疆Ⅳ区的柔性基层沥青路面结构时，必须使得路面结构的力学指标满足要求。以下基于新疆Ⅳ区夏季气候环境，分析在此种高温环境下变化的结构设计参数对柔性基层沥青路面结构设计指标的影响，并对路面结构进行优化。

4.3.1 车辙控制指标受沥青层厚度变化的影响规律

相关研究指出，沥青层厚度与沥青路面车辙有着很大的关系，当沥青层厚度达到 18cm 后，可明显缓解车辙现象的出现。本节分析在Ⅳ区夏季高温气候下沥青层厚度对柔性基层沥青路面力学性能的影响。

图 4.29 所示为Ⅳ区高温环境下沥青层厚度对路表弯沉的影响。

从图 4.29 中可以看出，随着沥青层厚度的增加，各路面结构整体强度及刚

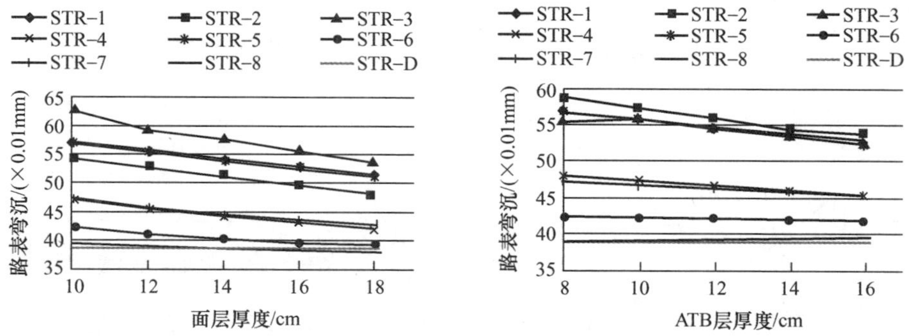

(a) 面层厚度　　(b) ATB层厚度

图 4.29　Ⅳ区高温环境下沥青层厚度对路表弯沉的影响

度提高，路表弯沉值均逐渐减小，但影响较小。面层厚度或者 ATB 层厚度每增加 2cm，各路面结构的路表弯沉仅减小 3.8%以下。此外，半刚性及复合式基层路面结构路表弯沉始终最小，组合式基层沥青路面次之，全柔性基层沥青路面最大。

图 4.30 所示为Ⅳ区高温环境下沥青层厚度对沥青层拉应变的影响。

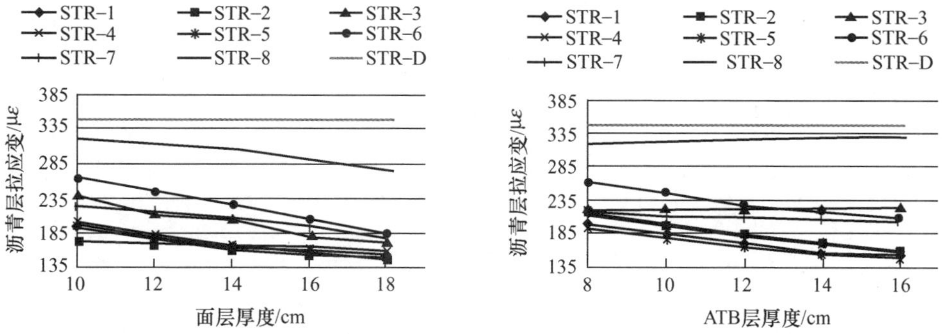

(a) 面层厚度　　(b) ATB层厚度

图 4.30　Ⅳ区高温环境下沥青层厚度对沥青层拉应变的影响

分析图 4.30 可知，随着面层厚度的增加，各路面结构的沥青层拉应变均逐渐减小。面层厚度的变化对 STR–3、STR–6 和 STR–8 的影响最大，面层厚度每增加 2cm，沥青层拉应变减小 8.22%～11.51%。沥青层容许拉应变在 160～220με 之间，STR–8 和 STR–D 的沥青层拉应变明显过高。当以沥青层容许拉应变上限作为界限时，STR–3 和 STR–6 面层的厚度至少为 12cm 和 14cm。

随着 ATB 层厚度的增加，复合式基层沥青路面沥青层拉应力逐渐增大，而其他各结构的沥青层拉应变逐渐减小。其中，ATB 层厚度的增加对全柔性基层和组合式基层沥青路面相对影响较大，对复合式基层路面结构的影响较小。当以沥青层容许拉应变上限（220$\mu\varepsilon$）作为界限时，STR－6 的 ATB 层的厚度至少为 14cm。

图 4.31 所示为Ⅳ区高温环境下沥青层厚度对沥青层剪应力的影响。

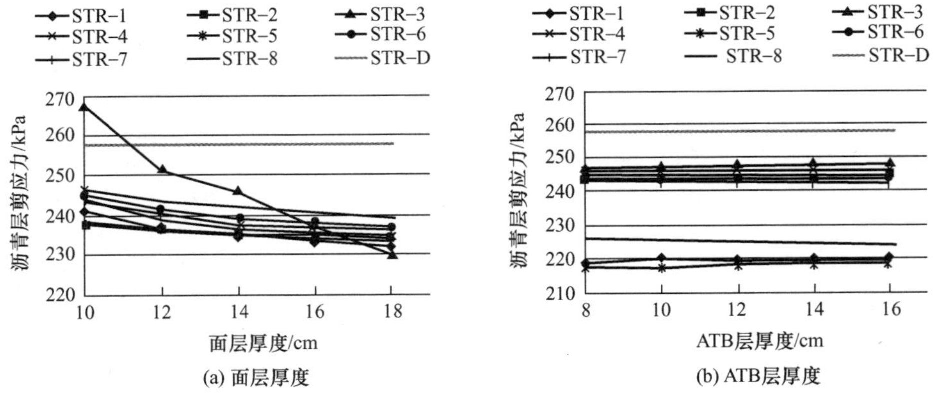

图 4.31　Ⅳ区高温环境下沥青层厚度对沥青层剪应力的影响

从图 4.31 中可以看出，ATB 层厚度的增加对沥青层剪应力的影响很小，随着面层厚度的增加，各路面结构的沥青层剪应力逐渐减小。其中，面层厚度的增加对 STR－3 的影响最大，面层厚度每增加 2cm，沥青层剪应力仅减小 3.82％。也就是说，在Ⅳ区高温环境下，面层厚度的变化对沥青层剪应力有着一定的影响，但是影响较小。

图 4.32 所示为Ⅳ区高温环境下沥青层厚度对级配碎石层剪应力的影响。

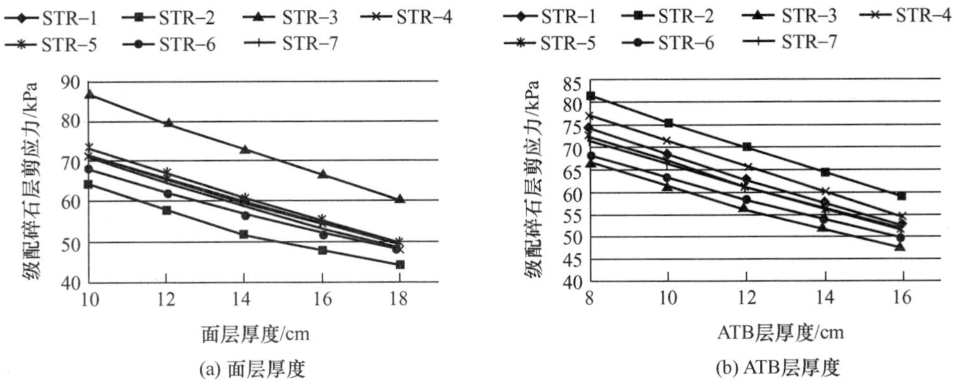

图 4.32　Ⅳ区高温环境下沥青层厚度对级配碎石层剪应力的影响

分析图 4.32 可知，在新疆Ⅳ区高温环境下沥青面层及 ATB 层厚度的变化对级配碎石层剪应力的影响很大，随着面层及 ATB 层厚度的增加，级配碎石层剪应力呈线性减小。面层及 ATB 层厚度每增加 2cm，柔性基层沥青路面结构的级配碎石层剪应力分别减小 8.59％～9.66％和 7.85％～9.15％。级配碎石材料的容许抗剪强度为 130～260kPa，显然，以上各路面结构的级配碎石层剪应力均满足要求。

图 4.33 所示为Ⅳ区高温环境下沥青层厚度对半刚性底基层拉应力的影响。

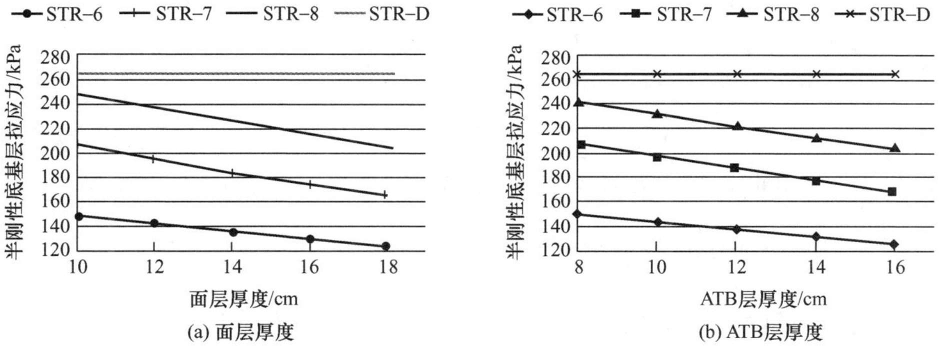

图 4.33　Ⅳ区高温环境下沥青层厚度对半刚性底基层拉应力的影响

从图 4.33 中可以看出，沥青层厚度的变化对半刚性底基层拉应力有着一定的影响，面层及 ATB 层厚度每增加 2cm，半刚性底基层拉应力分别减小 4.53%～5.47%和 4.22%～5.06%。半刚性底基层材料的容许抗拉强度一般为 200～240kPa，可以看出，在新疆Ⅳ区高温环境下 STR－D 结构明显不满足要求，该路面结构半刚性基层容易出现断裂等病害。另外，由于组合式基层沥青路面结构 STR－6 和 STR－7 的半刚性底基层上设置了级配碎石层，半刚性底基层层位下移，半刚性底基层拉应力相对较小。

图 4.34 所示为Ⅳ区高温环境下沥青层厚度对路基顶面压应变的影响。

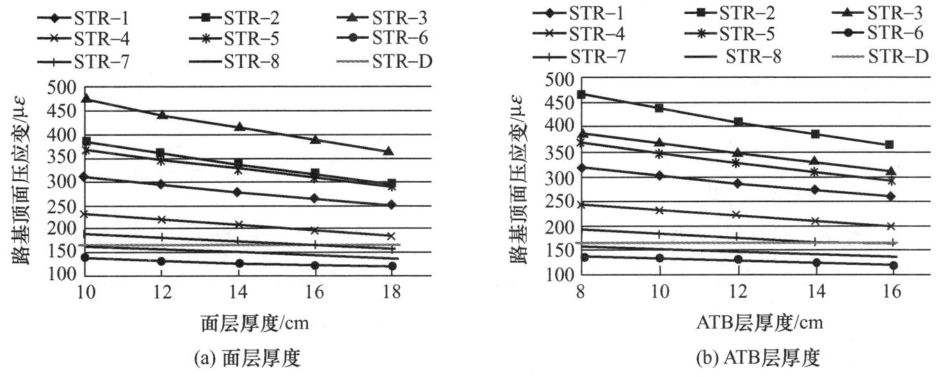

图 4.34　Ⅳ区高温环境下沥青层厚度对路基顶面压应变的影响

由图 4.34 可知，Ⅳ区高温环境下，沥青层厚度的增加使得路面结构的整体刚度及强度提高，在相同荷载作用下路基顶面压应变相应减小。由于半刚性

（底）基层的存在，组合式基层、复合式基层和半刚性基层沥青路面结构路基顶面压应变较小。另外，路基经处理后的 STR－4 的路基顶面压应变始终较小。面层及 ATB 层厚度每增加 2cm，全柔性基层沥青路面结构的路基顶面压应变分别减小 5.40%～6.61%和 5.07%～6.32%。由此可见，全柔性基层沥青路面结构沥青层厚度对路基顶面压应变有着一定的影响。

当以路基顶面容许压应变的上限（350$\mu\varepsilon$）来衡量时，当 STR－3 的 ATB 层厚度达到 12cm 时，路基顶面压应变满足要求；当面层厚度为 12cm 以上时，STR－2 满足要求；ATB 层或面层厚度达到 12cm 时，STR－5 亦满足要求。

4.3.2 车辙控制指标随级配碎石层厚度变化的规律

柔性基层沥青路面结构中，级配碎石层不但具有一定的强度，而且温度敏感性较低。在新疆Ⅳ区高温环境下，沥青层强度骤降，级配碎石层将承受更多的车辆荷载，因此需分析级配碎石层厚度的变化对高温气候条件下柔性基层沥青路面力学响应的影响。

图 4.35 所示为Ⅳ区高温环境下级配碎石层厚度对路表弯沉的影响。

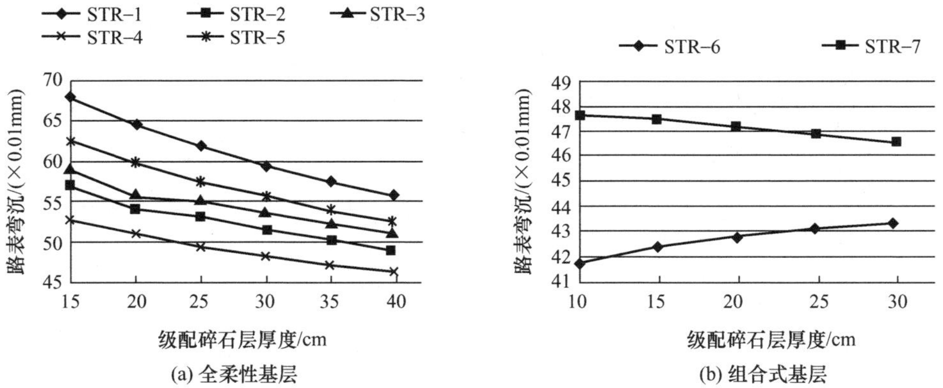

图 4.35　Ⅳ区高温环境下级配碎石层厚度对路表弯沉的影响

从图 4.35 中可以看出，级配碎石层厚度的变化对全柔性基层沥青路面及组合式基层沥青路面结构路表弯沉有着不同的影响。级配碎石层厚度的增加使得全柔性基层沥青路面结构的整体强度提高，路表弯沉值逐渐降低。组合式基层沥青路面结构中，当半刚性底基层厚度较大时，路面结构的整体刚度较大，此时级配碎石层厚度的增加使得半刚性底基层与沥青层的距离增大，刚度降低，路表弯沉逐渐增加；而当半刚性底基层厚度较小时，级配碎石层厚度的增加又使路面结构的整体刚度提高，路表弯沉逐渐减小。

分析图 4.35 中的数据可知，级配碎石层厚度对柔性基层沥青路面结构路表弯沉的影响较小。对全柔性基层沥青路面结构来说，级配碎石层厚度每增加 5cm，路表弯沉仅减小 3%以下。

图 4.36 所示为Ⅳ区高温环境下级配碎石层厚度对沥青层拉应变的影响。

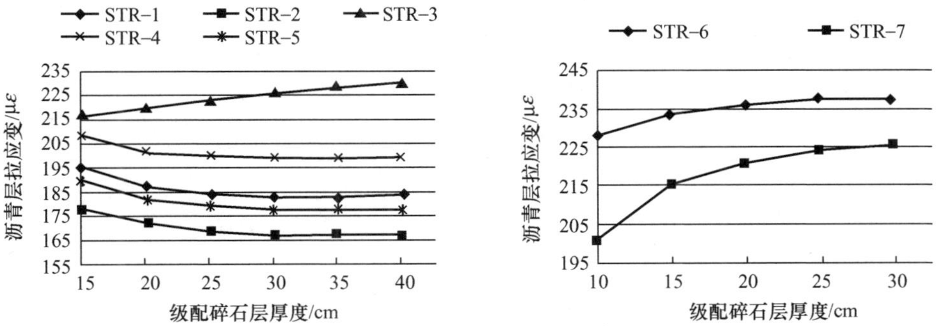

(a) 全柔性基层　　(b) 组合式基层

图 4.36　Ⅳ区高温环境下级配碎石层厚度对沥青层拉应变的影响

如图 4.36 所示，在新疆Ⅳ区高温环境下级配碎石层厚度的变化对各柔性基层沥青路面结构沥青层拉应变有着不同的影响，但是总体来说，级配碎石层厚度的变化对沥青层拉应变的影响较小。级配碎石层厚度每增加 5cm，全柔性基层沥青路面结构沥青层拉应变变化 1%以下，组合式基层沥青路面结构沥青层拉应变变化 3%以下。

图 4.37 所示为Ⅳ区高温环境下级配碎石层厚度对沥青层剪应力的影响。

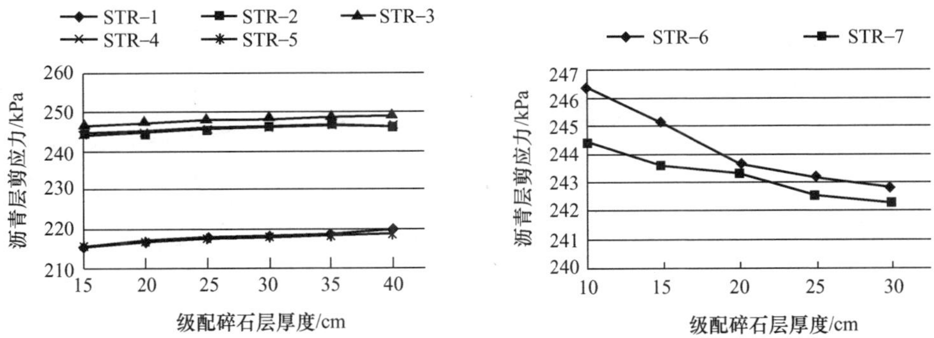

(a) 全柔性基层　　(b) 组合式基层

图 4.37　Ⅳ区高温环境下级配碎石层厚度对沥青层剪应力的影响

如图 4.37 所示，在新疆Ⅳ区高温环境下级配碎石层厚度的变化对柔性基层沥青路面结构沥青层剪应力的影响很小。随着级配碎石层厚度的增加，全柔性基层沥青路面结构沥青层剪应力逐渐增大，而组合式基层沥青路面结构沥青层剪应力逐渐减小。

图 4.38 所示为Ⅳ区高温环境下级配碎石层厚度对碎石层剪应力的影响。

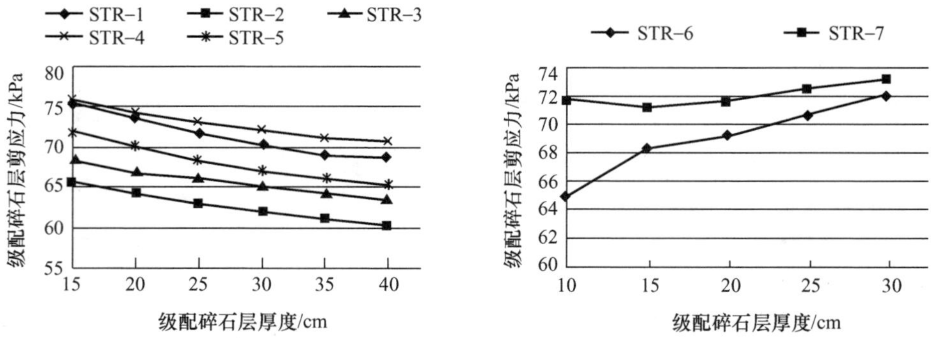

(a) 全柔性基层　　(b) 组合式基层

图 4.38　Ⅳ区高温环境下级配碎石层厚度对碎石层剪应力的影响

分析图 4.38 可知，随着级配碎石层厚度的增加，全柔性基层沥青路面结构级配碎石层剪应力逐渐减小，而组合式基层沥青路面结构级配碎石层剪应力有逐渐增大的趋势。分析数据可知，级配碎石层厚度每增加 5cm，柔性基层沥青路面结构级配碎石层剪应力仅变化 2%以下，这表明在新疆Ⅳ区高温气候环境下级配碎石层厚度对级配碎石层剪应力的影响较小。

图 4.39 所示为Ⅳ区高温环境下级配碎石层厚度对路基顶面压应变的影响。

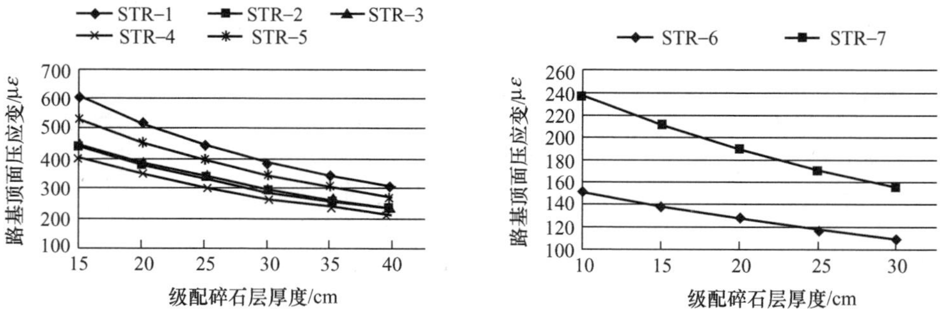

(a) 全柔性基层　　(b) 组合式基层

图 4.39　Ⅳ区高温环境下级配碎石层厚度对路基顶面压应变的影响

由图 4.39 可知，随着级配碎石层厚度的增加，柔性基层沥青路面结构路基顶面压应变均逐渐减小。对于柔性基层沥青路面结构来说，级配碎石层厚度的增加使路基顶面与路表的距离增大，车辆荷载在路基以上各结构中充分扩散，从而使得路基顶面压应变逐渐减小。对于全柔性基层沥青路面结构来说，当级配碎石层厚度在 15～40cm 之间变化时，级配碎石层厚度每增加 5cm，路基顶面压应变减小 12.65%～13.46%；当级配碎石层厚度在 10～30cm 之间变化时，级配碎石层厚度每增加 5cm，组合式基层沥青路面结构路基顶面压应变减小 8.27%～10.28%。也就是说，级配碎石层厚度对柔性基层沥青路面结构路基顶面压应变有着较大的影响。

路基顶面容许压应变一般为 280～350$\mu\varepsilon$，因此 STR-1、STR-2、STR-3、STR-4 和 STR-5 的级配碎石层厚度至少为 35cm、23cm、23cm、20cm 和 30cm。

图 4.40 所示为Ⅳ区高温环境下级配碎石层厚度对半刚性底基层拉应力的影响。

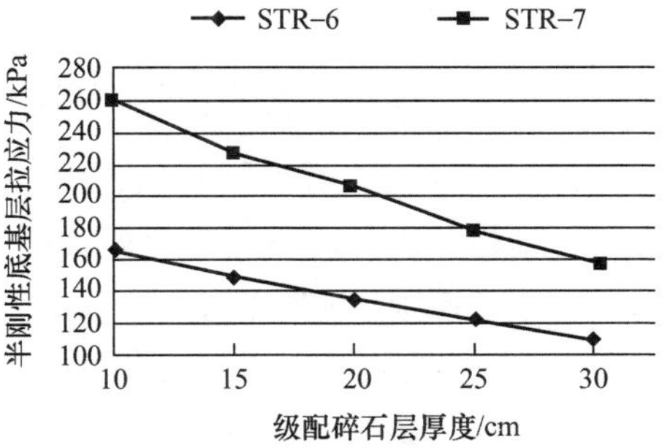

图 4.40　Ⅳ区高温环境下级配碎石层厚度对半刚性底基层拉应力的影响

从图 4.40 中可以看出，级配碎石层厚度的增加对组合式基层沥青路面结构半刚性底基层拉应力有着较大的影响。随着级配碎石层厚度的增加，半刚性底基层层位逐渐下移，半刚性底基层拉应力逐渐减小。当级配碎石层厚度在 10～30cm 之间变化时，级配碎石层厚度每增加 5cm，STR-6 和 STR-7 的半刚性底基层拉应力分别降低 10.22%和 12.45%。由于 STR-6 半刚性底基层厚度较大，其半刚性底基层拉应力始终小于 STR-7。当级配碎石层厚度达到 12cm 以上时，STR-7 的半刚性底基层拉应力满足半刚性底基层容许拉应力上限（240kPa）的要求，也就是说 STR-7 的级配碎石层厚度至少为 15cm。

4.3.3　半刚性底基层厚度的变化对车辙控制指标的影响

在新疆Ⅳ区高温环境下，柔性基层沥青路面结构半刚性底基层的厚度直接影响到路面结构的整体刚度，即与竖向力学指标路表弯沉及路基顶面压应变直接相关。同样，在高温环境下沥青层承载能力较小，对半刚性底基层的要求就有所提高，因为当半刚性底基层较薄时容易出现底基层断裂等病害。为此，需分析在新疆Ⅳ区高温环境下半刚性底基层厚度对柔性基层沥青路面力学响应的影响。

图 4.41 所示为Ⅳ区高温环境下半刚性底基层厚度对路面结构竖向力学响应

的影响。

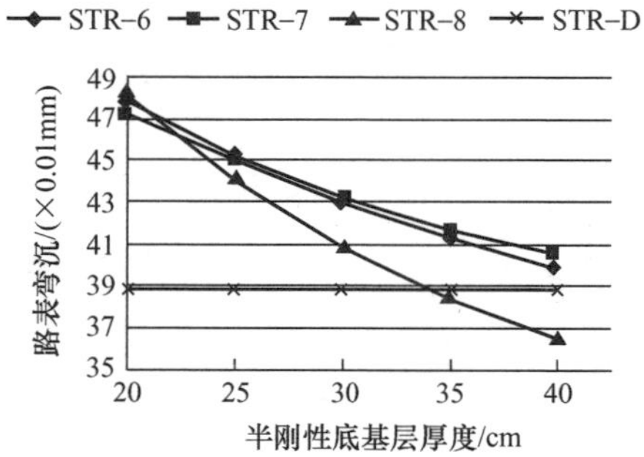

(a) 路表弯沉

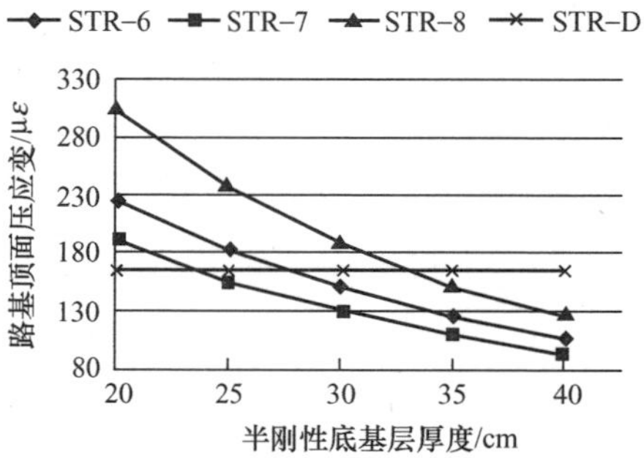

(b) 路基顶面压应变

图 4.41 Ⅳ区高温环境下半刚性底基层厚度对竖向力学响应的影响

如图 4.41 所示，在新疆Ⅳ区高温气候环境条件下，随着半刚性底基层厚度的增加，柔性基层沥青路面结构路表弯沉及路基顶面压应变均逐渐减小。对于路表弯沉指标来说，半刚性底基层厚度的增加对复合式基层沥青路面结构 STR－8 的影响较大，而对组合式基层沥青路面结构的影响相对较小。当半刚性底基层厚度在 20～40cm 之间时，半刚性底基层厚度每增加 5cm，STR－8 的路表弯沉减小 7.21%。

而柔性基层沥青路面路基顶面压应变受半刚性底基层的影响较大，当半刚性底基层厚度在 20～40cm 之间变化时，底基层厚度每增加 5cm，STR6、STR－7 和 STR－8 路基顶面压应变分别减小 19.06%、17.71%和 20.03%。这表明增加半刚性底基层厚度能有效地减小路基顶面压应变、减少路基顶面的永久变形，从而延长路面结构的使用寿命。

图 4.42 所示为Ⅳ区高温环境下半刚性底基层厚度对沥青层力学响应的影响。

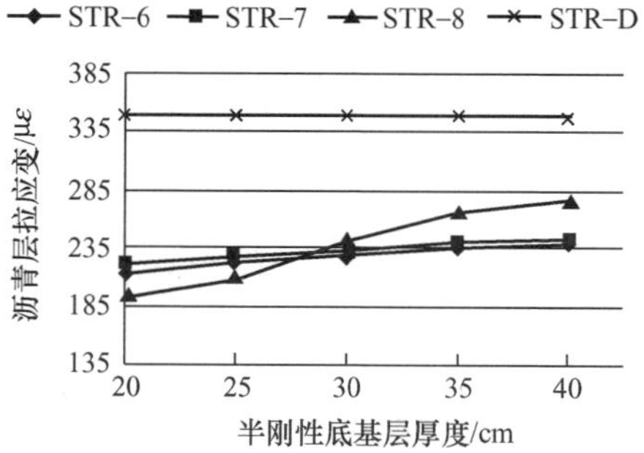

(a) 沥青层拉应变

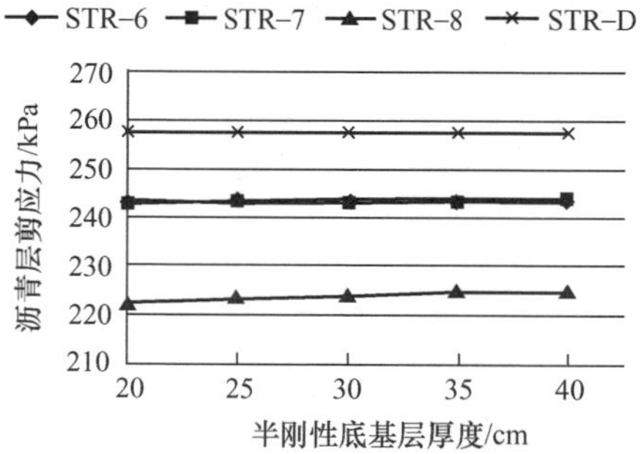

(b) 沥青层剪应力

图 4.42 Ⅳ区高温环境下半刚性底基层厚度对沥青层力学响应的影响

如图4.42所示，在高温-荷载耦合场下，半刚性底基层厚度的变化对沥青层剪应力的影响较小，而对STR-8的沥青层拉应变的影响较大。对比图4.42中的四种路面结构可知，半刚性基层沥青路面结构STR-D的沥青层拉应变及沥青层剪应力始终最大，其中沥青层拉应变达到了348$\mu\varepsilon$，显然过大。柔性基层沥青路面沥青层拉应变随着半刚性底基层厚度的增加逐渐增大，半刚性底基层厚度每增加5cm，STR-8的沥青层拉应变增加8.86%，而组合式基层沥青路面沥青层拉应变仅增加3%以下。这表明半刚性底基层的厚度仅对复合式基层沥青路面结构STR-8的沥青层拉应变有较大影响。

图4.43所示为Ⅳ区高温环境下半刚性底基层厚度对级配碎石层剪应力的影响。

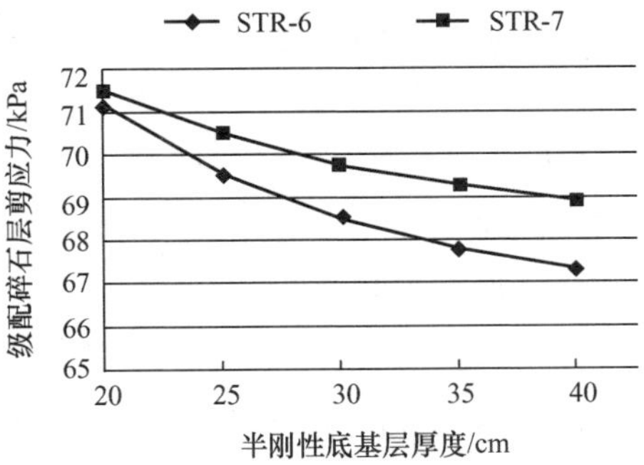

图4.43　Ⅳ区高温环境下半刚性底基层厚度对级配碎石层剪应力的影响

由图4.43可知，在高温环境下，随着半刚性底基层厚度的增加，组合式基层沥青路面结构的级配碎石层剪应力逐渐减小，但减小量较小。当半刚性底基层厚度在20～40cm之间变化时，半刚性底基层厚度每增加5cm，级配碎石层剪应力仅减小2%以下。

图4.44所示为Ⅳ区高温环境下半刚性底基层厚度对底基层拉应力的影响。

从图4.44中可以看出，在新疆Ⅳ区高温环境下，半刚性底基层厚度的增加使得半刚性底基层中的行车荷载更充分地扩散，因此半刚性底基层层底的拉应力逐渐减小。当半刚性底基层厚度在20～40cm之间时，厚度每增加5cm，STR6、STR-7和STR-8的半刚性底基层拉应力分别减小18.00%、18.07%和19.42%。分析数据可以看出，半刚性底基层的厚度对半刚性底基层拉应力有着较大的影响。半刚性底基层容许拉应力一般为200～240kPa，可以明显看出STR-D结构的半刚性底基层拉应力过大，仅当STR-6和STR-8的半刚性底基层厚度分别达到22cm和34cm以上时满足半刚性底基层容许拉应力上限的要求。

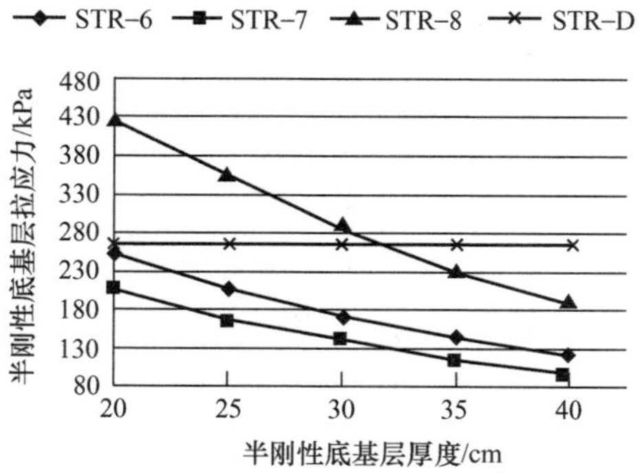

图 4.44　Ⅳ区高温环境下半刚性底基层厚度对底基层拉应力的影响

4.4　基于新疆不同区划的柔性基层沥青路面结构推荐

在新疆Ⅰ区和Ⅱ区冬季低温环境下，各路面结构沥青层受力情况基本相同，且面层、ATB 层和基层等结构设计参数的变化对沥青层受力的影响较小；在新疆低温环境下，各柔性基层沥青路面级配碎石层剪应力较小，即不会发生级配碎石层的剪切破坏。其中，对于组合式基层沥青路面结构 STR－6 和 STR－7，由于级配碎石层的设置，半刚性基层层位下移，从而使得半刚性底基层拉应力较小，因此全柔性基层沥青路面结构 STR－1～STR－5 和组合式基层沥青路面结构 STR－6 和 STR－7 对新疆Ⅰ区和Ⅱ区冬季低温环境有着良好的适应性。

对于复合式基层沥青路面结构 STR－8 和半刚性基层沥青路面结构 STR－D 来说，在新疆Ⅰ区和Ⅱ区冬季低温环境下，半刚性（底）基层拉应力过大。当然，可以通过增加沥青面层的厚度来降低半刚性（底）基层的拉应力，但造价太高，不建议使用。

在新疆Ⅰ区和Ⅱ区冬季低温环境下各路面结构力学指标的排序见表 4.5。

表 4.5　Ⅰ、Ⅱ区环境下各力学指标优劣情况对照

力学指标	排　序
沥青层拉应力	STR－D＞STR－3＞STR－2＞STR－4＞STR－1＞STR－5＞STR－6＞STR－7＞STR－8
沥青层拉应变	STR－D＞STR－5＞STR－1＞STR－3＞STR－2＞STR－7＞STR－6＞STR－4＞STR－8
半刚性底基层拉应力	STR－D＞STR－8＞STR－7＞STR－6

由于在Ⅰ、Ⅱ区冬季环境下各拟定路面结构沥青层受拉情况基本相同，且沥青层剪应力和级配碎石层等指标均较小，有必要对路面结构进行通用指标的排序，以确保路面结构在其他季节条件下的力学性能。各路面结构通用指标的排序见表 4.6。

表 4.6　各路面结构通用指标的排序

力学指标	排　序
路表弯沉	STR－1>STR－5>STR－2>STR－3>STR－4>STR－7>STR－6>STR－8>STR－D
沥青层拉应力	STR－3>STR－5>STR－4>STR－1>STR－2>STR7>STR－6
沥青层拉应变	STR－4>STR－2>STR－7>STR－1>STR－5>STR－3>STR－6>STR－D>STR－8
沥青层剪应力	STR－D>STR－3>STR－6>STR－2>STR－4>STR－7>STR－8>STR－1>STR－5
级配碎石层剪应力	STR－7>STR－4>STR－1>STR－6>STR－5>STR－3>STR－2
半刚性底基层拉应力	STR－D>STR－8>STR－7>STR－6
路基顶面压应变	STR－3>STR－2>STR－5>STR－1>STR－4>STR－7>STR－D>STR－8>STR－6

Ⅳ区的最不利季节为夏季，在夏季高温气候环境下沥青层厚度对沥青层受拉状况、级配碎石层剪应力和路基顶面压应变有着一定的影响；级配碎石层厚度的大小能明显改善半刚性底基层的受拉情况及改变路基顶面压应变的大小；半刚性底基层厚度与路基顶面压应变、路表弯沉和半刚性底基层拉应力有着明显的关系。

在Ⅳ区夏季高温环境下，STR－8 和 STR－D 的沥青层拉应力和拉应变明显偏大，且半刚性（底）基层拉应力和沥青层剪应力相对较大；STR－2 和 STR－3 的路基顶面压应变偏大，可以通过增加级配碎石层厚度至 25cm 满足要求，优化后的 STR－2 和 STR－3 见表 4.7。

表 4.7　优化后的 STR－2 和 STR－3

方案	沥青面层	基　层	垫层	路基回弹模量/MPa
STR－2（优）	4cmAC－13＋6cmAC－20	14cmATB－30＋25cm 级配碎石	15cm 砂砾	85
STR－3（优）	4cmAC－13＋5cmAC－20＋7cmAC－25F	8cmATB－25＋25cm 级配碎石	15cm 砂砾	85

新疆Ⅲ区夏季气候下各拟定路面结构的力学性能与Ⅳ区夏季高温环境下相似，也需要对STR-2和STR-3的级配碎石层进行优化，优化后的结构见表4.7。Ⅲ区冬季气候下路面结构的性能与Ⅰ区和Ⅱ区低温气候下相同，均要控制半刚性（底）基层拉应力的大小。

综合上述，可以得到优化后的路面结构在Ⅲ区和Ⅳ区气候下的性能排序，见表4.8～表4.10。

表4.8　Ⅲ区夏季环境下各力学指标优劣情况对照

力学指标	排　序
路表弯沉	STR-1>STR-5>STR-3（优）>STR-2（优）>STR-4>STR-7>STR-6>STR-8>STR-D
沥青层拉应变	STR-D>STR-8>STR-6>STR-7>STR-4>STR-5>STR-1>STR-2（优）>STR-3（优）
沥青层剪应力	STR-D>STR-6>STR-7>STR-4>STR-3（优）>STR-2（优）>STR-8>STR-1>STR-5
级配碎石层剪应力	STR-4>STR-7>STR-1>STR-5>STR-6>STR-3（优）>STR-2（优）
半刚性底基层拉应力	STR-D>STR-8>STR-7>STR-6
路基顶面压应变	STR-5>STR-3（优）>STR-2（优）>STR-1>STR-4>STR-7>STR-D>STR-8>STR-6

表4.9　Ⅲ区冬季环境下各力学指标优劣情况对照

力学指标	排　序
沥青层拉应力	STR-3（优）>STR-2（优）>STR-D>STR-8>STR-4>STR-1>STR-5>STR-7>STR-6
沥青层拉应变	STR-1>STR-5>STR-3（优）>STR-D>STR-2（优）>STR-7>STR-8>STR-6>STR-4
半刚性底基层拉应力	STR-D>STR-8>STR-7>STR-6

表4.10　Ⅳ区环境下各力学指标优劣情况对照

力学指标	排　序
路表弯沉	STR-1>STR-5>STR-3（优）>STR-2（优）>STR-4>STR-7>STR-6>STR-D>STR-8
沥青层拉应变	STR-D>STR-8>STR-6>STR-3（优）>STR-7>STR-4>STR-1>STR-5>STR-2（优）

续表

力学指标	排　序
沥青层剪应力	STR－D＞STR－3（优）＞STR－4＞STR－2（优）＞STR－6＞STR－7＞STR－8＞STR－1＞STR－5
级配碎石层剪应力	STR－3（优）＞STR－7＞STR－4＞STR－1＞STR－2（优）＞STR－6＞STR－5
半刚性底基层拉应力	STR－D＞STR－8＞STR－7＞STR－6
路基顶面压应变	STR－1＞STR－5＞STR－3（优）＞STR－2（优）＞STR－4＞STR－7＞STR－D＞STR－8＞STR－6

结合上述各结构的力学指标分析，给出各公路区划内不同结构的排序建议，见表 4.11。

表 4.11　各区划内推荐的柔性基层沥青路面结构排序

区划	性能排序
Ⅰ、Ⅱ区	STR－6＞STR－1＞STR－5＞STR－7＞STR－2＞STR－3＞STR－4
Ⅲ区	STR－1＞STR－2（优）＞STR－3（优）＞STR－5＞STR－6＞STR－7＞STR－4
Ⅳ区	STR－1＞STR－5＞STR－2（优）＞STR－6＞STR－7＞STR－4＞STR－3（优）

4.5　小　结

本章通过对不同气候区划下各路面结构的力学性能进行计算分析，得出了如下的结论：

1）在Ⅰ区和Ⅱ区冬季环境下，级配碎石层及半刚性底基层厚度的增加能有效地减小半刚性底基层的拉应力。级配碎石层和半刚性底基层厚度每增加 5cm，组合式基层沥青路面结构半刚性底基层拉应力分别减小 14.68％和 15.17％。

2）在Ⅲ区夏季气候条件下，随着级配碎石层厚度的增加，全柔性基层沥青路面结构沥青层拉应变逐渐减小，而组合式基层沥青路面结构沥青层拉应变逐渐增大。当级配碎石层厚度在 10～30cm 之间时，STR－6 和 STR－7 碎石层厚度每增加 5cm，沥青层拉应变分别增加 5.67％和 6.53％。建议组合式基层和全柔性基层沥青路面结构碎石层厚度分别在 10～20cm 和 20cm 以上取值。

3）在Ⅲ区夏季气候条件下，随着级配碎石层和半刚性底基层厚度的增加，半刚性底基层拉应力和路基顶面压应变均逐渐减小。级配碎石层厚度和半刚性底基层厚度每增加 5cm，半刚性底基层拉应力分别减小 8.22%～14.14%和 14.61%～19.71%，路基顶面压应变分别减小 10.32%～12.50%和 17.31%～18.56%。

4）在Ⅲ区冬季环境下，组合式基层沥青路面结构半刚性底基层拉应力受级配碎石层和半刚性底基层厚度的影响较大，碎石层和半刚性底基层厚度每增加 5cm，半刚性底基层拉应力分别减小 17.63%～19.87%和 11.24%～13.54%。

5）Ⅳ区高温环境下，级配碎石层和半刚性底基层厚度对路基顶面压应变有着很大的影响。级配碎石层厚度每增加 5cm，全柔性基层和组合式基层沥青路面的路基顶面压应变分别减小 12.65%～13.46%和 8.27%～10.28%。半刚性底基层厚度每增加 5cm，路基顶面压应变减小 17.71%～19.06%。

6）Ⅳ区高温环境下，级配碎石层与半刚性底基层厚度对半刚性底基层拉应力有很大影响。级配碎石层和半刚性底基层厚度每增加 5cm，半刚性底基层拉应力分别减小 10.22%～12.45%和 18.00%～18.07%。

7）通过分析不同区划气候环境下各柔性基层沥青路面结构的力学性能，对Ⅲ区和Ⅳ区气候下的 STR－2 和 STR－3 进行优化（级配碎石层厚度达到 25cm 时满足要求），并为新疆各气候分区推荐柔性基层沥青路面结构，如表 4.11 所示。

第5章　新疆高速公路柔性基层沥青路面材料优化设计

在柔性基层沥青路面结构中，级配碎石层和沥青稳定碎石层一起用作基层来承受车辆荷载的作用，故级配碎石层也应具有一定的强度特性。级配碎石材料强度的形成主要依靠各粒径碎石形成的嵌挤作用，通过石-石接触进行力的传递。级配碎石的原材料性能对整个级配碎石结构层强度的发挥有着重要的影响。

级配碎石由于没有粘结料的存在，形成致密的骨架及骨架间细集料的填充对维持整个结构的稳定就至关重要，主要体现在级配碎石的级配设计上。级配设计的优劣将直接影响整个道路的使用性及耐久性。为了保证级配碎石具有较好的力学性能和长期性能，结合新疆气候特点，通过矿料级配设计研究，提出满足工程要求的、具有可操作性的、完善的级配碎石设计方法具有十分重要的理论价值和现实意义。

5.1　级配碎石的应用状况及强度形成机理

级配碎石是由粒径不同的散粒体石料构成的混合料，是一种具有级配特性的散粒体。要研究级配碎石的级配组成及受力特性，必须先弄清构成级配碎石的散粒体的组成结构及受力特性。

5.1.1　级配碎石的应用状况

级配碎石柔性基层作为一种散粒体被广泛应用于世界各国的路面结构的基层与底基层，特别是用于交通量大、重载的高速公路中。散粒体材料在道路工程中的应用主要有：当交通量较小、沥青面层较薄时，粒料基层主要作为道路结构的承重层而铺筑较厚；当交通量大或在重载交通中，沥青面层较厚，粒料类级配碎石主要有两类应用途径，一类是将级配碎石作为基层直接铺筑于面层下，此种基层一般铺筑较厚，另一类是先在沥青面层下铺筑一定厚度的沥青稳定碎石，然后将级配碎石作为底基层铺筑于沥青稳定碎石下层，这种结构的级配碎石层厚度较第一种要薄；还有一种组成结构是将级配碎石作为倒装层铺筑于沥青面层与半刚性基层之间，有效地减缓半刚性基层的反射裂缝。

新疆高速公路基层的主要结构为半刚性基层，底基层或垫层基本采用天然级配砂砾，因此将级配碎石柔性基层应用于高速公路具有十分重要的研究意义。

级配碎石在法国主要配合沥青稳定碎石应用于沥青混凝土路面的底基层，此外，为了有效缓解半刚性基层的反射裂缝，也应用于倒装结构中。法国在交通量大于 1500 次/天的道路上限制使用半刚性基层，在 2001 年柔性基层已经占沥青路面的 1/4，现在法国新建道路基层多为级配碎石柔性基层。法国交通部门的观测结果表明级配碎石基层在延长道路使用寿命、降低养护费用方面也卓有成效，使用级配碎石的路面磨耗层处理频率约为 9 年/次，而其他结构的平均修补年限仅为 5 年。

级配碎石结构层在南非应用十分普遍，约占道路比例的 65%。级配碎石在南非的应用形式主要有以下两种：级配碎石基层下卧级配砾石底基层，在南非被称为“万能结构”，适用于任何类别、任何等级的道路；级配碎石基层下卧水泥稳定碎石底基层，除不能应用于高速公路外，其他等级的道路都适用。

级配碎石在英国主要有以比较大的厚度直接铺筑于沥青面层下或者以较薄的厚度但上面铺筑一定厚度的沥青稳定碎石两种结构形式。英国的研究表明，当级配碎石层的厚度超过 45cm 后，继续增加级配碎石层厚度对道路承载能力的提高作用不大，反而造成材料的浪费。在其道路设计中，交通量大于 1000 万的就不再推荐级配碎石基层。因此，在英国粒料基层主要应用于中、轻交通等级的道路结构中。同时，英国以 CBR 为指标，加强对路基土、底基层和垫层的质量控制，使级配碎石具有良好的下卧层，有效提高了沥青路面的耐久性和使用性能。

日本是世界上高速公路密度最大的国家，级配碎石大多配合沥青稳定碎石以底基层的形式出现在道路结构中，且沥青层与级配碎石层的厚度比约为 1.1。直接以级配碎石作基层的多是低等级道路结构。

世界上第一条高速公路出现在德国，柔性基层在德国的道路中亦有广泛的应用，主要形式是全厚式沥青路面辅以一定厚度的级配碎石或级配砂砾，沥青面层厚度较大。级配碎石或级配砂砾厚度依据不同的交通量及变形模量选取。

级配碎石在美国的应用主要有以下几种形式：沥青稳定碎石下辅以粒料底基层，此种路面结构的沥青层厚度一般为 20～35cm，粒料基层厚 10～35cm，沥青层与基层的厚度比约为 1.5；全粒料基层路面，20cm 左右的沥青层下铺筑 20～80cm 厚的级配碎石，沥青层与级配碎石层的厚度比约为 0.47；级配碎石基层下铺筑半刚性底基层的倒装结构，此种结构的沥青层厚度为 18～30cm，级配碎石基层厚 15～30cm，半刚性基层厚 10～30cm，由上至下三种结构层的厚度比约为 4∶3∶3。

5.1.2　级配碎石强度形成机理

级配碎石是具有级配性质的粒料相互嵌挤，形成颗粒间咬合摩擦的松散结构。因为缺少粘结料，所以级配碎石的抗弯拉强度很低，其强度特性主要表现为抗压强度与抗剪强度。

1. 强度影响因素

抗压强度表示对级配碎石施加应力但未发生剪切破坏时的弹性变化。级配碎石的抗压强度主要受以下因素的影响：

1）颗粒粗糙度。表面粗糙、富有棱角且经轧制、破碎面多的集料会产生较高的抗压强度。

2）颗粒的大小和形状。颗粒状材料的抗压强度随最大粒径的增大而增大。这是因为，粒径大，颗粒之间的接触点就少，当荷载通过接触点进行力的传递时引起的变形就小，强度也就更高。

3）细料含量及塑性。具有黏塑性的细料有吸力，当吸力为粘结颗粒的主要力时黏性较高，细粒含量较多的级配碎石会具有较大的强度值。而当吸力小于其他力时，则会因湿润作用引起强度值的降低。

4）密度及含水率。级配碎石在最佳含水率时能够获得最大的压实密度，从而获得较大的刚度，能有效扩散来自路面的应力应变，保证下承层的稳定。

抗剪强度表征材料抵抗剪应力的能力。级配碎石的抗剪强度主要受以下因素的影响：

1）颗粒的形状及粗糙程度。表面粗糙、具有棱角的轧制石料在通常情况下具有更好的抗剪性能。

2）密度和含水率。级配碎石的抗剪强度随密度的增大及含水率的减小而增大，低含水率下水的增加会减小颗粒间的摩擦力而增大毛细引力，但随着含水率的增大，会在颗粒间产生较大的孔隙水压力，抗剪强度反而降低。

3）细料含量及塑性。级配碎石中细料过多会对骨架产生撑开效应，影响颗粒间的嵌挤摩擦，但细料含量过少又会降低级配碎石的密实程度。细料含量为8％～12％时级配碎石的抗剪性能比较好。塑性大的集料会降低级配碎石的抗剪强度。

4）颗粒大小。级配碎石通常在最大密度时具有最大的强度及最好的稳定性。

2. 强度形成机理

通过上述级配碎石的强度影响因素分析可知，影响级配碎石抗压强度及抗剪强度的因素大致相同，只是侧重点略有差异：抗压强度与碎石颗粒的强度及接触处压力的大小密切相关，抗剪强度主要与碎石颗粒间的嵌挤摩擦及密实程度有关，而级配碎石的强度主要取决于它的抗剪强度，与抗压强度的相关性较小。下面对级配碎石抗剪强度的形成机理进行重点分析。

级配碎石在使用过程中主要承受上部传来的车辆荷载，在荷载的作用下级配碎石将产生剪应力，其剪切强度可用摩尔-库仑定律进行分析。该定律指出，影响级配碎石抗剪强度的主要是内摩擦角和颗粒间的黏聚力。其强度公式为

$$\tau = c + \sigma\tan\varphi \tag{5.1}$$

式中，τ—— 抗剪强度，kPa；

σ—— 剪切滑动面上的正应力，kPa；

c——黏聚力，kPa；

φ—— 内摩擦角，rad。

级配碎石在垂直荷载和围压作用下阻止颗粒间的相互位移而具有抗剪强度，其抗剪强度主要来源有：其一是较大粒径的颗粒相互嵌挤摩擦形成的阻止相对位置移动的约束力 F_1，其二是较小粒径的颗粒在围压作用下相互挤密形成的摩阻力 F_2。F_1与碎石材料本身的强度、粗集料的骨架嵌挤、细集料的填充密实状况密切相关。通常情况下，粗集料嵌挤形成的骨架结构越好，细集料填充骨架越密实，F_1就越大。F_2的大小则主要取决于细集料的密实状况，级配碎石越密实，摩阻力 F_2就越大。F_1的值一般要比摩阻力 F_2的值大，两个力的大小及比例将直接影响到级配碎石的抗剪强度及变形。

级配碎石作为一种无粘结料的散粒体，即便在施工过程中为了成型的方便而加入一定量的水，水的毛细引力将碎石黏聚在一起，但该黏聚力对抗剪强度的贡献仍然很小。影响级配碎石抗剪强度的关键因素还是颗粒间嵌挤摩擦、抵抗剪切变形的内摩擦角。级配碎石在发挥抗剪性能的同时会因颗粒的破碎移动而引起碎石体的变形及体积的变化，这种散粒体特有的性质称为剪胀。在施加荷载过程中，碎石粒料为阻止产生应变而形成剪切应力，颗粒破碎产生相对位移，随着级配碎石塑性变形的累积，应变逐渐增加。

5.2　级配碎石基层的层位功能与适用性

通过前文对级配碎石组成结构的论述可以看出，各国在基层的选取上普遍偏重于柔性基层，即便在道路建设初期大量使用半刚性基层，也随着半刚性基层的开裂及道路大修而逐渐摒弃不用，在大交通量、重载交通上更是偏好柔性基层，这与级配碎石独特的功能特点优势是分不开的。

5.2.1　级配碎石的层位功能特点

级配碎石之所以适用于重载、交通量大的高等级公路道路基层，是因为其具有一些其他结构基层所不能比的功能。

（1）柔性基层沥青路面对重载交通适应性强

国外大多采用全厚式柔性基层沥青路面，级配碎石基层沥青路面在适应车辆超载、缓解应力疲劳方面效果显著。级配碎石基层之所以具有较强的荷载适应性，与其模量的非线性密切相关。

（2）有效分散应力，防止基层反射裂缝

半刚性基层由于含有一定量的水泥，易产生开裂，而半刚性基层一旦开裂，就会在开裂处产生应力集中，逐渐向上扩展至沥青路面表层。面层的开裂会使水很容易进入道路结构内部，在动水压力下产生一系列水损害。级配碎石由于不含粘结料，能够很好地分散应力，从根本上避免了基层反射裂缝的产生。

（3）温度敏感性低，隔温排水效果好

级配碎石是松散的粒状结构，其热传导系数低，温度敏感性差，具有很好的隔热保温效果。在半刚性基层沥青路面中，水通过毛细作用进入路基孔隙内部，遇冷时结冰，使基层产生冻胀破坏；春融阶段进入孔隙内的水经过多个冻融循环，使路基产生严重破坏，影响了道路的使用寿命；夏季降雨季节，水通过反射裂缝进入基层内，半刚性基层的排水效果差，水滞留在面层与半刚性基层的交界面，在车辆动载的作用下交界面处的粘结性变差，并产生剥落、唧浆等一系列病害。级配碎石基层即便在冬季水因毛细作用进入基层内，因具有较大的孔隙率且是松散结构，不会使基层产生冻胀，进入基层的水会迅速排出路基范围内，避免水在道路结构内的停留而引起水损害。但是并不建议将级配碎石基层用作排水基层，因为水在级配碎石内的停留会极大地降低强度而引起承载能力的下降，具体办法是在基层与上面层间设置粘结层，既保证了层间的粘结性，又很好地隔绝了水对级配碎石承载力的影响。

(4) 强度较低，抗疲劳性不足

级配碎石毕竟没有粘结料的粘结，而只是依靠粗颗粒间嵌挤形成骨架结构及颗粒间的摩擦来抵御外界荷载作用，在强度方面相较半刚性基层存在明显不足，在应对荷载作用的抗疲劳性能上略显不足。级配碎石的承载力与其围压成正相关，这就要求在级配碎石的施工中，为保证具有足够的承载力，应尽量将碎石基层压实，保证周围的颗粒给粒料一个侧向约束，同时修筑一定宽度的路肩，并对道路边坡进行硬化处理，保证侧向压力及整个级配碎石结构层的约束。

5.2.2 级配碎石材料的适用范围

1. 荷载适用范围

对于交通量不大、等级不高的道路，可选用较厚的级配碎石作基层，级配碎石的厚度为 20～40cm，沥青层厚度控制在 20cm 内。以级配碎石作为道路结构的承重层，分散道路顶面传来的车辆荷载，沥青层主要起传递荷载与作为表面功能层的作用。

对于交通量大、重载超载严重的高等级道路，级配碎石基层一般用作底基层。典型的路面结构形式是沥青混凝土面层＋沥青稳定碎石上基层＋级配碎石底基层，此时级配碎石不作为主要的承重层，而只是起传递荷载的作用。级配碎石一方面为面层与沥青稳定碎石基层提供了一个很好的支撑平台，另一方面其散粒结构又能很好地缓解路基的不均匀沉降造成的层底应力集中。此外，因其良好的孔隙特性能迅速排水，温度敏感性差则能起到很好的隔热保温作用。

2. 环境适用范围

我国幅员辽阔，气候环境多种多样，级配碎石基层以其优越的路用性能而适用于多种复杂的气候环境。

在夏季高温多雨的南方地区，由于级配碎石独特的孔隙特性，进入路面结构的水能够迅速排出路面范围，保证路基的干燥，防止因水的渗入而降低路基的承载力；水的迅速排出有效遏制在结构范围内因动水压力而引发的一系列水损害；同时，因级配碎石无粘结料，以松散形式形成结构层，其热传导系数较低，使上部结构具有很好的高温稳定性。

在冬季寒冷干燥、冻土较深的东北地区，较厚的级配碎石基层可作为防冻层有效遏制低温对路面结构的破坏，以其独特的孔隙特征有效缓解毛细水在道路结构内结冰而产生的冻胀；冰雪交融时节，道路结构经历多个冻融循环而引起路基承载力不足，造成路基的不均匀沉降，级配碎石的松散结构能够快速填充沉降空隙，有效缓解不均匀沉降对层顶的应力集中。

在新疆大温差环境范围内，由于级配碎石较低的温度敏感性，道路能够适应温度的变化，具有很好的温度稳定性；散粒体级配碎石不传递拉应力，有效阻止了基层反射裂缝，抑制基层裂缝处的应力集中，延长沥青面层的使用寿命。新疆地区冬季降雪量大，降雪覆盖深度大，级配碎石基层温度敏感性低，具有很好的保温效果，春季经历冻融循环时有效缓解了地基的不均匀沉降。

5.3 新疆自然环境特点与碎石供应现状

新疆地处亚欧大陆腹地，独特的地理位置及“三山夹两盆”的地貌特征形成了新疆独有的气候环境。新疆气候干燥少雨，远离海洋及众多高山大脉的环绕使得印度洋与北冰洋的水气很难输送到新疆，戈壁和沙漠广泛分布。高山与盆地的交错分布形成的山盆体系使得高山冰雪融水很容易汇集在一起，形成了众多的绿洲。荒漠、绿洲、山地构成了新疆完整的生态系统。

5.3.1 自然环境特点

相较于其他气候环境，荒漠地区具有结构简单、生产力低、稳定性差的特点。荒漠上植被种类少，物种的结构和功能都相对简单，自我修复调节能力差。荒漠在景观格局中处于基质地位，面积大、分布广。植被种类上，梭梭柴和白梭梭是准噶尔盆地古尔班通古特荒漠区分布面积最广泛的植物；蒿类植被主要分布在天山山麓的洪积冲积平原上；假木贼等半灌木植物主要沿准噶尔盆地山间谷地、河间地及山前冲积扇分布。

新疆气候干旱、降水稀少、蒸发强，年平均降水仅 147mm，蒸发量却达 2000mm 以上；全年的日照时间近 3000 小时，且昼夜温差大。同时，新疆物理风化作用强烈，常伴有强烈的风沙天气，地表水极度匮乏，土质盐碱化严重，植被生长条件恶劣。新疆的另一大自然环境特点是山系分布广泛，因迎风坡降水较丰富，植被的覆盖率较高，沿不同高度呈现出明显的植被过渡与垂直分布。水是荒漠系统的生命线，水分的缺乏使荒漠生态环境脆弱，生态系统的稳定性差。

5.3.2 碎石材料供应

砾石在新疆有着广泛的分布，但因砾石的表面光滑，砾石间接触时易产生侧滑，从而摩擦力降低，材料间的抗剪力主要来源于黏聚力及内摩阻力，因此也减少了砾石在道路中的应用。级配碎石作为一种没有黏聚剂的松散材料，其黏聚力很小，甚至可以忽略，抗剪力主要靠颗粒间的摩擦力构成。如果直接将砾石应用于柔性基层，将导致道路的抗剪力严重不足，从而使路基受损。因此，需首先进行级配碎石材料的级配优化设计，在设计方案经过路用性能试验检验后，再考虑用砾石代替部分碎石，在保证抗剪能力的基础上为新疆丰富的砾石材料用于柔性基层提供技术支持。

5.4 级配碎石原材料技术性能

对碎石原材料进行的物理力学性能测试主要包括砂当量、液塑限、压碎值及针片状颗粒含量测试，耐久性能测试主要有洛杉矶磨耗值、坚固性与抗风化性测试。通过对原材料各技术指标的测试，探究各指标对级配碎石性能的影响，基于对各指标定性与定量的分析，找出影响新疆级配碎石性能的关键性原材料技术指标，并对碎石材料技术性质指标提出合理的建议值。

5.4.1 原材料物理力学性能测试

砂当量测量是测量最大公称粒径不超过 4.75mm 的细集料中杂质或黏性土的含量，用于评定细集料的清洁程度。结合世界各国要求及我国道路工程中级配碎石砂当量的监测情况，提出级配碎石砂当量的技术要求≥45％是比较合理的。液塑限是标定级配碎石集料含水状态的物理量。新疆由于降水较少，对塑性指数的要求没有南方湿润地区严格，在考虑塑性指数及液限对碎石性能的影响上，建议级配碎石细集料的塑性指数小于 6，液限小于 25％。压碎值被看作衡量材料强度的关键指标。级配碎石由于没有粘结料，强度主要靠碎石本身的强度与材料间的嵌挤力形成，因此应着重作为衡量级配碎石材料性能的参考因素。建议级配碎石原材料的压碎值不大于 26％。针片状颗粒主要是指粗集料中的细长集料，此类集料在压实中极易被压断，不但改变了碎石本身的级配，而且使碎石的强度明显降低。参考其他道路结构设计的经验及为满足强度嵌挤性的要求，建议级配碎石针片状颗粒的含量不宜大于 15％。

研究团队对级配碎石来料分别进行了物理性能测试，其测试值与推荐值见表 5.1。

表 5.1 级配碎石集料的物理性能技术要求

技术指标	粗集料测试值			粗集料推荐值	细集料测试值	细集料推荐值
	5～10mm	10～20mm	20～30mm		0～5mm	
砂当量（≥,%）	—	—	—	—	68	45
液限（≤,%）	—	—	—	—	18.9	25
塑性指数（≤）	—	—	—	—	3.6	6
压碎值（≤,%）	15.5	14.8	17.6	26	—	—
针片状颗粒含量（≤,%）	11.2	7.6	4.8	15	—	—

5.4.2 原材料耐久性能测试

洛杉矶磨耗值是反映耐久性的常用测试指标，主要衡量粗集料抵抗摩擦、撞击的能力。为了使级配碎石获得更好的摩擦嵌挤能力，建议级配碎石的磨耗值不大于30%。坚固性是表征碎石经过多个饱和硫酸钠溶液浸泡与烘干的循环后，不发生强度显著降低的性能，是衡量集料安定性的主要指标。根据工程经验，建议5个饱和硫酸钠循环试验后的质量损失控制在12%以内。新疆地区温差变化大，风沙天气多，风化作用显著。参照《公路工程集料试验规程》（JTG E42—2005），拟通过采用坚固性试验与洛杉矶磨耗试验综合交替进行的方法模拟新疆的风化作用，通过集料的损失量反映石材的抗风化性能。因自然界中风化作用的盐以氯化盐与硫酸盐居多，因此坚固性作用的浸泡液选取饱和硫酸钠溶液与饱和氯化钙溶液，分别依不同顺序进行坚固性试验与洛杉矶磨耗试验，并提出集料的抗风化指标。

1. 风化模拟试验

按《公路工程集料试验规程》（JTG E42—2005）称取规定质量的各档集料，质量记为 m_0，并选取相应数量的钢球；将试样进行磨耗试验后过1.7mm方孔筛，将筛余质量烘干至恒重，记为 m_1，选取饱和的氯化钙和硫酸钠溶液作为坚固性试验的浸泡液，将磨耗试验后的试样经过5个浸泡与烘干的循环后放至清水中洗净并烘干，质量记为 m_2。改变磨耗试验与坚固性试验的试验顺序，重新进行集料风化的模拟试验，根据试验结果确定集料的风化系数 FI，计算公式为

$$FI=\frac{m_0-m_2}{m_0}\times 100\% \tag{5.2}$$

2. 试验结果分析

对所选用的两种风化模拟溶液进行三次平行试验，对风化系数 *FI* 进行统计，试验结果见表 5.2。

表 5.2 新疆集料风化系数测试结果 单位：%

试 样	氯化钙溶液		硫酸钠溶液	
	先①后②	先②后①	先①后②	先②后①
Ⅰ	27.3	21.1	36.8	29.5
Ⅱ	23.6	19.8	31.7	25.5

注：① 代表磨耗试验，②代表坚固性试验。Ⅰ代表 4.75～9.5mm 与 9.5～19mm 各 50%的混合试样，Ⅱ代表 9.5～19mm 与 19～31.5mm 各 50%的混合试样。

由不同条件下的风化系数统计可知，先进行磨耗试验后进行坚固性试验的风化系数要比先进行坚固性试验再进行磨耗试验的风化系数大，分析可知：磨耗试验对集料产生了击碎，颗粒变得更细小了，这就使得集料有更大的表面积去接触浸泡液，腐蚀作用相应也就更强烈。这与自然界中经历风化的石料情况不符，故风化试验参考先进行坚固性试验后进行磨耗试验的结果。以硫酸钠溶液为浸泡液的风化系数要大于以氯化钙为浸泡液的风化系数，两者相差约 7.1%；经硫酸钠溶液循环后的石料棱角变少，部分边角出现微裂纹并伴随脱落，而经氯化钙溶液循环后的石料有明显的化学侵蚀痕迹，硫酸钠的侵蚀性要大于氯化钙的侵蚀性；较大粒径集料的风化系数要小于较小粒径集料的风化系数。

3. 风化指标

风化模拟试验建立在坚固性试验与磨耗试验综合作用的基础上，由于两种试验对集料的破坏机理与破坏方式不同，故在取风化指标时考虑两种作用的叠加；又因为两种试验对集料的损伤有部分重叠，在进行两种作用叠加的同时要乘以一个折减系数。因此，选取新疆石料进行试验具有代表性，以先进行坚固性试验后进行磨耗试验作为模拟风化试验的基础，提出新疆级配碎石集料的抗风化指标，建议风化指数不大于 35%。

新疆级配碎石集料耐久性能测试的测试值与推荐值见表 5.3。

表 5.3　级配碎石集料的耐久性技术要求

技术指标	粗集料测试值			粗集料推荐值
	5～10mm	10～20mm	20～30mm	
洛杉矶磨耗值（≤,%）	21.3	17.9	19.1	30
坚固性（≤,%）	6.5	5.0	6.0	12
抗风化性（≤,%）	24.1			35

5.5　级配碎石材料级配优化设计

级配碎石由于没有粘结料，形成致密的骨架及骨架间细集料的填充对维持整个结构的稳定就至关重要，级配设计的优劣将直接影响整个道路的使用性及耐久性。目前我国尚没有一套系统、完整的级配碎石材料组成设计方法，其设计多是根据经验或参照《公路路面基层施工技术细则》(JTG/T F20—2015)，而该规范只是对集料的技术性能提出要求及给出级配的一个大致范围。

本节将基于振动压实成型模拟施工现场压实工艺，采用逐级填充下骨架密实型级配碎石的级配设计，提出控制级配碎石级配设计的指标，通过合理的级配优化形成完整的级配碎石级配设计方法，并在此基础上提出级配碎石级配设计的控制指标，依此指标设计出合适的级配，通过合理的级配优化形成系统、完整的级配设计方法，为柔性基层沥青路面特别是级配碎石在新疆高速公路的应用推广提供依据。

5.5.1　级配设计理论

目前，粒子干涉理论和最大密度曲线理论是主要的级配设计理论。粒子干涉理论认为矿料是逐级填充而达到最大密度的，小一级的矿料填充大一级矿料形成的骨架空隙，直至达到最致密状态，但颗粒粒径不能大于空隙间距，否则会因颗粒之间的相互干涉而发生撑开效应。最大密度曲线理论认为级配在按最大密度曲线组成时可使混合料的密度达到最大，但这是一种理想化的密度曲线模型，主要用于连续级配的级配组成设计。

1. 粒子干涉理论

魏矛斯（G. A. Wegmouth）研究认为：最大档集料产生的空隙应该由下一档集料来填充，两档集料产生的空隙再由次一档集料填充，且要保证填充颗粒的粒径小于颗粒间的空隙，这样才能达到最大密度而不发生粒子干涉现象。为了避免粒子干涉现象的发生，应定量分配各粒径的颗粒数量，并从临界干涉情况下找出大一级颗粒间的距离 t。

$$t=\left[\left(\frac{\psi_0}{\psi_a}\right)^{\frac{1}{3}}-1\right]D \tag{5.3}$$

临界干涉状态下 $t=d$，上式可表达为

$$t=\frac{\psi_0}{\left(\dfrac{d}{D}+1\right)^3} \tag{5.4}$$

以上式中，t——前粒级的间隙；

D——前粒级颗粒的粒径；

ψ_0——次粒级理论实积率；

ψ_a——次粒级实际实积率；

d——次粒级颗粒的粒径。

2. 最大密度曲线理论

(1) 富勒公式

富勒（W. B. Fuler）认为固体颗粒经粗细搭配，按照颗粒的大小有规则地排列到一起，就可得到密度大且空隙小的混合料。调配好的级配曲线大致呈抛物线分布时，混合料的密度比较大。由此理论可知：假设混合料的级配曲线为抛物线，其最大密度曲线可用颗粒粒径 d 与通过量 p 表示。

$$p^2=k\times d \tag{5.5}$$

式中，p——颗粒的通过量，%；

d——颗粒的粒径，mm；

k——常数。

当颗粒粒径 d 与最大粒径 D 相同时通过量 p 为 100%，其表达式为

$$k=100^2\times\frac{1}{d} \tag{5.6}$$

求颗粒通过量 p 时，得到理想情况下的最大密度曲线级配计算公式，通过上式转化为

$$p=100\left(\frac{d}{D}\right)^{0.5} \tag{5.7}$$

式中，D——最大粒径，mm；

其他符号意义同前。

(2) 泰波公式

泰波（A. N. Talbol）研究表明：富勒曲线只是理想化的级配曲线，公式中

指数不应仅仅固定在 0.5 这一个值上，而且曲线中的细集料用量明显偏低。其研究表明：沥青混合料指数为 0.45 时，密度达到最大值；而对于水泥混凝土，其指数为 0.25～0.45 时水泥混凝土的工作性最好。一般情况下应允许指数在一定范围内波动，可根据经验将其值控制在 0.3～0.7，表达式为

$$p=100\left(\frac{d}{D}\right)^{n} \tag{5.8}$$

式中，n——经验指数。

3. 强度形成机理

级配碎石的强度主要包括抗压强度、抗拉强度及抗剪强度，由于级配碎石不含粘结料，其抗拉强度很小，几乎可以忽略不计，抗剪强度才是影响级配碎石强度的主要因素。级配碎石的抗剪强度主要取决于集料强度及颗粒间嵌挤摩擦力的大小，抗压强度主要与颗粒本身的强度及接触处的压力密切相关。级配碎石的抗剪强度可进一步用摩尔-库仑定律来分析，其强度与碎石颗粒间的嵌挤力（与内摩擦角相关）及黏聚力相关。其表达式见式(5.1)。

级配碎石是一种松散的粒料体，在发挥抗剪性能的同时必然伴随着剪切变形及体积的变化。这种由变形引起的体积变化现象称为剪胀，剪胀是散粒体粒料所独有的特性，与级配碎石的物理力学性能密切相关。在级配碎石的剪切过程中，颗粒会随着应变的增加而产生相对位移，在施加轴向荷载直至级配碎石产生剪切破坏的过程中，颗粒将朝着能够承受更大剪切力的位置移动。在级配碎石的剪切破坏过程中会产生剪胀、颗粒的破碎及颗粒位置重排列等一系列变化。剪胀使结构朝更稳定的趋势变化，达到新的平衡状态。在颗粒发挥抗剪强度的过程中必然伴随着颗粒的破碎，原有的承载结构发生变化，使颗粒嵌挤摩擦接触点发生重分布，在施加荷载初期能促使结构达到更稳定的状态；但随着荷载的增加，破碎颗粒越来越多，最终会使颗粒间的嵌挤摩擦越来越弱，从而产生结构性破坏，级配碎石的内摩擦角大大降低。破碎的颗粒会在荷载作用下发生位置的移动而重排列，在剪切变形增长的过程中会发生颗粒的相对转动与滑动，抗剪强度逐渐达到最大值。

5.5.2 级配碎石设计指标的确定

由于级配碎石中不含胶结料，其黏聚力很小，甚至可以忽略不计，结构强度主要来源于集料本身的强度及颗粒之间相互嵌挤形成的内摩阻力。在进行级配碎石骨架设计时，首先要考虑的就是粗集料之间的相互嵌挤要具有足够的强度，良好的骨架能形成足够的嵌挤力。基于大量国内外研究资料的分析及比选，决定选

用强度指标兼顾体积特性两个指标，作为粗集料骨架设计的控制指标，即选择加州承载比（CBR值）和骨架间隙率（VCA）作为级配碎石粗集料骨架设计的控制指标。

在粗集料的骨架设计完成后还要进行细集料的空隙填充，以保证级配碎石具有良好的密实性。细集料的空隙填充拟采用紧装密度试验。在已经确定好比例的骨架中加入细集料并振实，确定粗细集料的填充比例，按照粗细集料的比例进行集料的筛分，初步拟定级配碎石的级配。

在初拟出级配碎石的级配后还要进行级配碎石的优化设计，优化出更适合新疆柔性基层的合理级配。通过变换 *I* 值、粗细集料比等试验条件，测定振动压实试件的最大干密度与最佳含水量、CBR值与抗压强度值，选定最佳级配，并以此作为级配优化的控制指标。

5.5.3 基于逐级填充试验的级配碎石的级配设计

1. 粗细料临界点划分

骨架密实型级配碎石的设计思路是进行不同档集料的逐级填充，以期达到密实级配。级配设计涉及粗集料骨架的设计与细集料骨架空隙的填充，这就涉及粗细集料临界点的划分。

与传统方法单纯地将2.36mm或4.75mm作为粗细集料划分的临界点不同，贝雷法在划分上着重考虑了公称最大粒径对集料排列可能形成孔隙的影响。贝雷法中粗集料是指那些在单位体积中放置时能产生空隙的颗粒，而细集料是指能填充粗集料间空隙的颗粒。贝雷法将粗细集料的临界点称为第一控制筛孔，取0.22倍混合料公称最大粒径作为粗细集料的分界点，公式为

$$PCS = NMPS \times 0.22 \tag{5.9}$$

式中，PCS——第一控制筛孔尺寸（Primary Control Sieve）；

NMPS——最大公称尺寸（Nominal Maximum Primary Sieve）。

各最大公称粒径下的粗细集料公界点见表5.4。

表5.4 各最大公称粒径下的粗细集料分界点 单位：mm

控制筛孔	公称最大粒径 *D*						
	37.5	26.5	19	16	13.2	9.5	4.75
0.22×NMPS	8.25	5.83	4.18	3.52	2.90	2.09	1.05
PCS	9.5	4.75	4.75	4.75	2.36	2.36	1.18

2. 粗集料的骨架嵌挤设计

将从试验路工程处运来、已经筛好装袋的集料进行归档，主要有以下四档：19～31.5mm、9.5～19mm、4.75～9.5mm 及 0～4.75mm。所铺筑级配碎石柔性基层路面的公称最大粒径是 26.5mm，根据上文介绍的贝雷法粗细集料临界点的确定标准可知 4.75mm 为该级配碎石路面粗细集料的分界点，故 4.75mm 以上档的集料被划分为粗集料，而 4.75mm 以下的集料被划分为细集料。所以，上述四档集料中有三档粗集料和一档细集料。在进行粗集料的骨架设计过程中需要经过两次嵌挤设计，具体做法为：首先进行 19～31.5mm 与 9.5～19mm 两档集料的骨架嵌挤，按照所选定的评价指标选取试验性能最佳的比例进行配比，再进行 4.75～9.5mm 与 9.5～31.5mm 两档集料的骨架嵌挤，从而完成粗集料的骨架嵌挤设计。细集料的填充主要靠紧装密度试验完成。

（1） Ⅰ级骨架嵌挤设计

1） 试验方法。将 19～31.5mm 与 9.5～19mm 的两档集料分别按照 80∶20、75∶25、70∶30、65∶35、60∶40 的比例配置在一起，通过重型击实与振动台振动成型两种成型方式进行试件的 CBR 值与骨架间隙率（VCA）测试。研究表明，此最大粒径为 31.5mm 的级配碎石由于颗粒粒径大，进行骨架嵌挤后的空隙较大，2.5mm 处的 CBR 值不能完全反映骨架的嵌挤情况，而 5mm 处的 CBR 值更典型。因此，选取 5mm 处的 CBR 值进行测试，并作为衡量骨架强度特性的参考指标。而对于骨架间隙率的测量，主要通过测量进行完 CBR 试验后集料的质量求出振压密度，并在前期测量不同掺加比例集料的毛体积密度，以不同掺加比例集料毛体积密度与对应振压密度的差值与毛体积密度的比值来表征。骨架间隙率（VCA）是衡量骨架体积特性的参考指标。

2） 结果分析。分别对经过重型击实及振动台振实的试件进行 CBR 试验，并对试验后的废料进行称量，通过计算统计两种成型方式下 CBR 值及骨架间隙率，见表 5.5。

表 5.5　Ⅰ级嵌挤后控制指标统计　　单位：%

Ⅰ级嵌挤集料比例	重型击实成型		振动台振动成型	
	CBR	VCA	CBR	VCA
80∶20	188	35.23	153	38.62
75∶25	221	34.52	159	36.65
70∶30	289	33.17	183	34.37

续表

Ⅰ级嵌挤集料比例	重型击实成型		振动台振动成型	
	CBR	VCA	CBR	VCA
65：35	302	32.86	172	35.62
60：40	235	34.93	153	37.83

图 5.1 和图 5.2 所示为集料Ⅰ级骨架嵌挤 CBR 和 VCA 变化曲线。

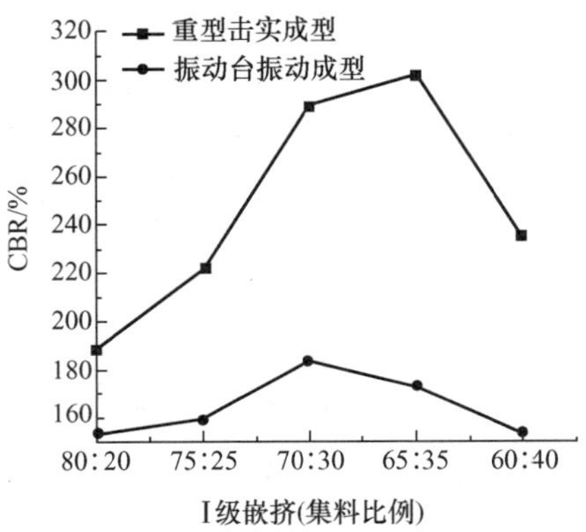

图 5.1　集料Ⅰ级骨架嵌挤 CBR 变化曲线

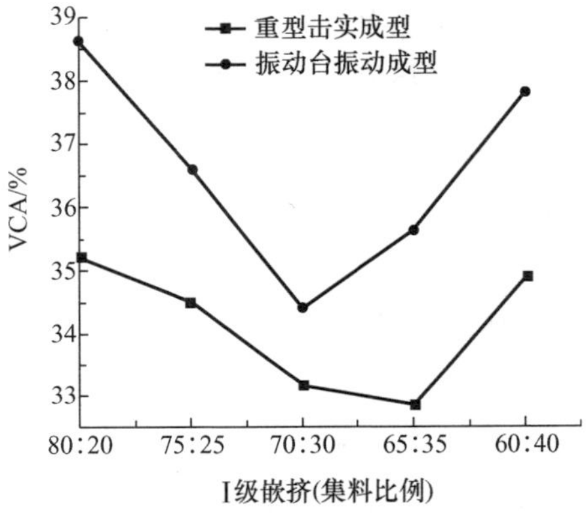

图 5.2　集料Ⅰ级骨架嵌挤 VCA 变化曲线

由表 5.5、图 5.1 及图 5.2 可知，随着 19～31.5mm 档集料的逐渐减少，嵌挤后骨架的 CBR 值呈现出先增大后减小的趋势。两种成型方式的变化趋势大体相似，只是出现峰值的集料比例略有不同。重型击实成型各处的 CBR 值明显大于振动台振动成型各处的 CBR 值，重型击实成型试件的 CBR 值最大达到 302，振动台振动成型试件的 CBR 值最大约为 183，重型击实比振动台振动的 CBR 最大值大约 65.6%，说明振动台振动的试件相对松散，对 CBR 值影响较大。随着 19～31.5mm 档集料比例的减小，粗集料的骨架间隙率出现了先减小再增大的趋势。重型击实方式成型试件的骨架间隙率最大值为 35.23%，最小值为 32.86%；振动台振动成型的试件骨架间隙率最大值为 38.62%，最小值为 34.37%，这也验证了振动台成型的试件是比较松散的。两种成型方式分别在 65：35 及 70：30 时 CBR 值达到最大，VCA 也最小，从而达到最佳掺配比例。

（2）Ⅱ级骨架嵌挤设计

1）试验方法。将两种成型方式确定的 19～31.5mm 与 9.5～19mm 的集料，重型击实方式按照 65：35 的比例，振动台振动成型方式按照 70：30 的比例，配成一档新的混合料，将这档集料与 4.75～9.5mm 的集料按照Ⅰ级骨架嵌挤的方法再进行Ⅱ级骨架嵌挤试验。研究资料表明，4.75～9.5mm 档集料对骨架的撑开作用明显，在骨架密实型级配碎石结构中的占比不宜过高。初步拟定 9.5～31.5mm 与 4.75～9.5mm 档集料的比例为 91∶9、88∶12、85∶15、82∶18 和 79∶21。成型试件并再次测量Ⅱ级骨架嵌挤试验的 CBR 值与 VCA。

2）结果分析。分别对经过重型击实及振动台振实成型的Ⅱ级骨架嵌挤试件进行 CBR 试验，并对试验后的废料进行称量，通过计算统计两种成型方式下的 CBR 值及 VCA，见表 5.6。

表 5.6　Ⅱ级嵌挤后控制指标统计　　单位：%

Ⅱ级嵌挤集料比例	重型击实成型		振动台振动成型	
	CBR	VCA	CBR	VCA
91∶9	365	31.06	233	33.98
88∶12	378	30.71	267	33.17
85∶15	399	30.36	226	33.74
82∶18	342	32.14	198	35.13
79∶21	283	33.53	186	35.25

图 5.3 和图 5.4 所示为集料Ⅱ级嵌挤 CBR 和 VCA 变化曲线。

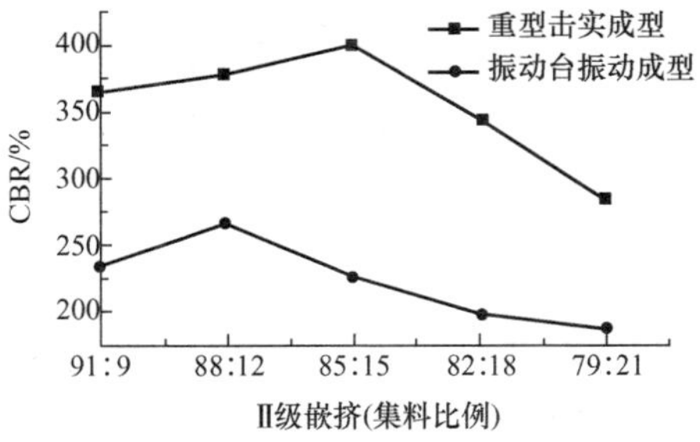

图 5.3　集料Ⅱ级嵌挤 CBR 变化曲线

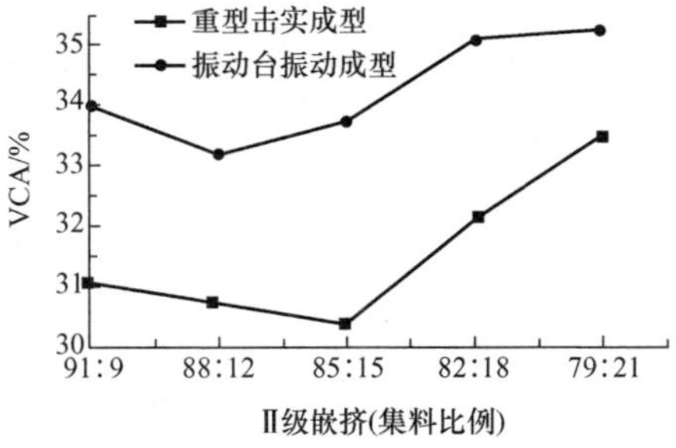

图 5.4　集料Ⅱ级嵌挤 VCA 变化曲线

由表 5.6 及图 5.3、图 5.4 可知，Ⅱ级嵌挤后 CBR 值与 VCA 的规律变化与Ⅰ级嵌挤后保持一致，但 CBR 值较Ⅰ级嵌挤后的 CBR 值有了显著的提高，其中重型击实成型 CBR 最大值达到 399，较之前提高了 32.1%，振动台振动成型 CBR 最大值达到 267，较之前提高了 45.9%，说明Ⅱ级嵌挤后的骨架嵌挤能力得到显著提高。骨架间隙率的降低不是很明显，采用重型击实方式Ⅱ级嵌挤的 VCA 较Ⅰ级嵌挤的最小值降低了 2.5 个百分点，采用振动台振动成型方式Ⅱ级嵌挤的 VCA 较Ⅰ级嵌挤只降低了 1.2 个百分点。两种成型方式分别在 85∶15 及

88∶12时达到最佳掺配比例。至此，粗集料的骨架设计完成。

3. 细集料的空隙填充设计

级配碎石结构主要由形成骨架的各档粗集料及填充在骨架空隙间的细集料构成。细集料的加入使整个结构成为一个连接起来的整体，可以很好地缓冲骨架结构的应力疲劳，提高整个结构层的承载能力，从而提高级配碎石的使用寿命。细集料的用量要控制恰当。若细集料的用量不足，则不能对骨架间的空隙起到很好的填充作用，一方面使得结构的孔隙率偏大，密实程度不够，另一方面，随着服役时间的延续，荷载的累积会对粗集料持续作用而产生压碎效应，破碎的粗集料填充原骨架间的空隙，引起结构承载能力的下降；而细集料的用量若过大，会破坏粗集料嵌挤骨架的完整性，对骨架产生撑开效应而影响结构的整体性。因此，有必要进行适合的细集料填充比例分析。

细集料的填充设计主要采用紧装密度试验确定，按两种成型方式确定的粗集料比例分别配置好粗集料，进行细集料紧装密度试验。取一份粗集料倒入试筒，再逐渐倒入细集料，在筒底放一根直径10mm的钢筋，将筒按住，左右交替颠击地面25下，然后装入第二层细集料，用相同的方法颠实，但第二次钢筋的放置方向与第一次垂直。分三层填充完后称量整个试件的质量及相应的细料用量，假定细料完全填充空隙，计算紧装密度。经称量计算，采用重型击实法确定的试件总重5595g，细料用量为1551g，紧装密度为1.979g/cm^3。假定空隙全部由细料填充，则集料粗细比为72∶28。同理，采用振动台振动成型法的紧装密度为1.833g/cm^3，粗细比为68∶32。至此，细集料的填充设计也完成。

4. 级配的确定

综上所述，采用重型击实成型方式确定的19～31.5mm、9.5～19mm、4.75～9.5mm、0～4.75mm集料比例为72×0.85×0.65∶72×0.85×0.35∶72×0.15∶28，各档集料比例为39.8∶21.4∶10.8∶28.0；采用振动台振动成型方式确定的19～31.5mm、9.5～19mm、4.75～9.5mm、0～4.75mm集料比例为68×0.88×0.7∶68×0.88×0.3∶68×0.12∶32.0，各档集料比例为41.9∶18.0∶8.2∶32.0。

按照上述比例对原材料进行筛分，得出两种成型方式下原材料的合成级配，并绘制级配曲线。参照《公路沥青路面设计规范》（JTG D50—2017）对骨架密实型级配碎石级配范围的要求，采用振动台振动与重型击实两种成型方式的Ⅱ级嵌挤合成级配与规范推荐的级配范围见表5.7。

表 5.7　Ⅰ级、Ⅱ级嵌挤级配

项　目	集料通过下列筛孔（mm）的百分率												
	31.5	26.5	19	16	13.2	9.5	4.75	2.36	1.18	0.6	0.3	0.15	0.075
上限	100	95	80	56	48	41	38	28	20	14	11	9	6
下限	100	85	66	44	37	31	28	18	12	8	5	3	0
重击	100	88.8	71.4	51.8	42.9	36.7	28.9	20.9	15.4	10.5	6.4	3.3	1.0
振动	100	88.2	69.8	51.3	43.5	38.7	32.2	23.9	17.6	12.0	7.3	3.8	1.1

5.5.4　骨架密实型级配碎石优化设计

通过上述级配设计确定的级配可知粗集料都在规定范围内，表明形成的嵌挤骨架良好，但细集料的填充性能欠佳，还需进行恰当的细料级配优化，确定出性能良好、适合新疆高速公路的柔性基层。通过振动台振动成型及重型击实成型确定的骨架嵌挤结构，骨架性能良好，具有很好的承载能力及抗变形能力，下面的级配优化要做的工作就是确定各档细集料的比例。选用 I 法确定不同粒径细集料的用量，取 $I=0.7\sim0.9$，得出不同的 I 值对应的细集料筛孔通过率，见表 5.8。

表 5.8　I 法确定的细集料筛孔通过率

I 值	集料通过下列筛孔的质量分数			
	4.75mm	2.36mm	0.6mm	0.075mm
0.70	100	69.8	34.5	11.8
0.75	100	74.8	42.4	17.9
0.80	100	79.8	51.4	26.3
0.85	100	84.9	61.6	37.8
0.90	100	89.9	73.1	53.3

分析可知，当 I 值大于 0.85 时将导致 0.075mm 以下孔径的细集料用量过大，在试验中选用 I 为 0.70、0.75、0.80 进行细集料的级配优化试验。根据确定的粗集料比、不同 I 值及粗细比例拟定级配，在振动压实成型仪上成型 ϕ15cm×15cm 的试件，并进行不同级配的物理力学特性试验，详见表 5.9。表 5.9 中，R_c 为抗压强度，w_{opt} 为最佳含水率，ρ_{max} 为最大干密度，CBR 为加州承载比。级配优化后的筛孔通过率统计见表 5.10。

选取综合性能佳的级配 2、5、10、13、14 作为性能测试的优选级配。优化后的级配，其抗压强度达到 3.0MPa，最大干密度达到 2.4g/cm^3，CBR 值达到 450%

以上。综合性能最佳是因为其既有粗集料形成稳定的嵌挤骨架，又有细集料填充在空隙间形成了相对致密的结构。在验证级配碎石的性能时采用优化后的级配。

表 5.9 级配优化的物理力学性能统计

级配			编号	物理力学性能			
粗级配	*I* 值	粗细比		R_c/MPa	w_{opt}/%	ρ_{max}/(g/cm³)	CBR/%
55∶30∶15	0.70	77∶23	1	1.67	3.8	2.383	383
		72∶28	2	2.97	3.8	2.394	469
		67∶33	3	2.23	4.0	2.402	425
	0.75	77∶23	4	2.30	3.8	2.390	469
		72∶28	5	3.43	4.0	2.397	536
		67∶33	6	2.50	4.2	2.400	503
	0.80	77∶23	7	3.08	4.0	2.397	436
		72∶28	8	2.88	4.2	2.405	497
		67∶33	9	1.98	4.4	2.414	397
61∶27∶12	0.70	73∶27	10	3.21	4.0	2.404	489
		68∶32	11	3.56	4.2	2.413	422
		63∶37	12	2.39	4.4	2.409	386
	0.75	73∶27	13	3.77	4.2	2.425	561
		68∶32	14	3.46	4.2	2.411	482
		63∶37	15	2.59	4.4	2.408	431
	0.80	73∶27	16	3.35	4.2	2.415	524
		68∶32	17	2.75	4.4	2.413	468
		63∶37	18	2.43	4.6	2.401	403

表 5.10 级配优化筛孔通过率统计

项　目	集料通过下列筛孔（mm）的质量分数												
	31.5	26.5	19	16	13.2	9.5	4.75	2.36	1.18	0.6	0.3	0.15	0.075
上限	100	95	80	56	48	41	38	28	20	14	11	9	6
下限	100	85	66	44	37	31	28	18	12	8	5	3	0
级配 1	100	92.3	67.6	55.2	46	37.5	25.6	16	11.8	7.9	5	3.6	2.8
级配 2	100	88.8	71.3	51.7	42.8	36.7	30	19.6	14.5	9.7	6.1	4.5	3.4
级配 3	100	93.3	71.7	60.9	52.9	45.5	35.2	23	17	11.4	7.2	5.3	4
级配 4	100	92.3	67.6	55.2	46	37.5	25.6	17.2	13.3	9.7	6.6	5.1	4
级配 5	100	88.8	71.3	51.7	42.8	36.7	30	20.9	16.2	11.9	8	6.2	4.9

续表

项　目	集料通过下列筛孔（mm）的质量分数												
	31.5	26.5	19	16	13.2	9.5	4.75	2.36	1.18	0.6	0.3	0.15	0.075
级配 6	100	93.3	71.7	60.9	52.9	45.5	35.2	24.7	19.2	14	9.4	7.3	5.8
级配 7	100	92.3	67.6	55.2	46	37.5	25.6	18.4	15	11.9	8.6	7	5.8
级配 8	100	88.8	71.3	51.7	42.8	36.7	30	22.3	18.2	14.4	10.5	8.5	7
级配 9	100	93.3	71.7	60.9	52.9	45.5	35.2	26.3	21.4	16.9	12.2	10	8.2
级配 10	100	91.9	66	53.7	45.5	38.3	29	18.8	13.9	9.3	5.9	4.3	3.3
级配 11	100	88.2	69.8	51.3	43.5	38.7	33.5	22.3	16.5	11.1	7	5.1	3.9
级配 12	100	93	70.6	60	53	46.7	38.7	25.9	19.1	12.8	8.1	5.9	4.5
级配 13	100	91.9	66	53.7	45.5	38.3	29	20.2	15.6	11.4	7.7	6	4.7
级配 14	100	88.2	69.8	51.3	43.5	38.7	33.5	23.9	18.5	13.5	9.1	7.1	5.6
级配 15	100	93	70.6	60	53	46.7	38.7	27.7	21.5	15.7	10.6	8.2	6.5
级配 16	100	91.9	66	53.7	45.5	38.3	29	21.5	17.6	13.9	10.1	8.2	6.8
级配 17	100	88.2	69.8	51.3	43.5	38.7	33.5	25.5	20.8	16.4	11.9	9.7	8
级配 18	100	93	70.6	60	53	46.7	38.7	29.5	24.1	19	13.8	11.2	9.2

5.6 级配碎石的物理力学性能

级配碎石柔性基层的强度与模量较水泥稳定碎石基层小，其强度主要来源于石料本身的强度及颗粒之间的相互嵌挤力，而缺乏粘结料粘结颗粒而形成的黏聚力。因此，级配碎石应用于柔性基层往往通过使用质量较高的集料、通过级配优化获取良好的级配、采取合理的施工控制措施来提高级配碎石的使用性能。

在前文中已经对获取高质量的集料及经优化设计出良好的级配进行了详细的介绍，但设计出的级配是否具有良好的路用性能还需经过试验的检测。抗压强度、CBR 值、回弹模量、剪切强度及永久变形是衡量级配碎石力学性能及耐久性的主要指标。对级配碎石主要从力学性能、抗变形性能及抗剪性能方面进行性能的验证。

5.6.1 力学性能

1. 抗压强度

选取级配 13 与级配 14 进行不同含水率及压实度条件下的抗压强度分析。含水率对级配碎石试件抗压强度的影响主要通过测试在最佳含水率、半佳含水率、零含水率下级配碎石试件的抗压强度来分析，压实度对抗压强度的影响主要通过测试不同压实度下级配碎石的抗压强度来分析。其主要数据见表 5.11 与表 5.12，表中 R_1 为最佳含水率下的抗压强度，$R_{1/2}$ 为半佳含水率下的抗压强度，R_0 为零含水率下的抗压强度，K 为压实度。

表 5.11　不同含水率下抗压强度统计数据

级配含水率		级配 13					级配 14				
		①	②	③	④	平均	①	②	③	④	平均
w	R_1	1.74	1.72	1.68	1.73	1.72	1.64	1.59	1.63	1.60	1.61
	$R_{1/2}$	2.40	2.45	2.42	2.43	2.42	2.23	2.26	2.19	2.22	2.22
	R_0	3.79	3.75	3.84	3.76	3.78	3.45	3.49	3.52	3.41	3.46
$R_{1/2}/R_1$		1.41					1.38				
R_0/R_1		2.19					2.15				

表 5.12　不同压实度下抗压强度统计数据

时间/s	指标	级配 13						级配 14					
		①	②	③	④	⑤	平均	①	②	③	④	⑤	平均
75	ρ	2.241	2.226	2.250	2.236	2.255	—	2.244	2.225	2.240	2.228	2.208	—
	K	92.4	91.8	92.8	92.2	93.0	92.4	93.1	92.3	92.9	92.4	91.6	92.5
	R	3.09	2.97	3.13	3.04	3.11	3.09	2.83	2.79	2.78	2.78	2.74	2.78
80	ρ	2.284	2.277	2.294	2.301	2.282	—	2.278	2.269	2.293	2.273	2.247	—
	K	94.2	93.9	94.6	94.9	94.1	94.3	94.5	94.1	95.1	94.3	93.2	94.2
	R	3.27	3.25	3.29	3.25	3.27	3.26	2.94	2.97	2.93	2.95	2.91	2.94
85	ρ	2.350	2.313	2.335	2.325	2.299	—	2.322	2.310	2.322	2.327	2.312	—
	K	96.9	95.4	96.3	95.9	94.8	95.8	96.3	95.8	96.3	96.5	95.9	96.2
	R	3.41	3.39	3.43	3.40	3.40	3.40	3.07	3.05	3.09	3.08	3.03	3.07
90	ρ	2.367	2.352	2.374	2.359	2.350	—	2.358	2.343	2.336	2.356	2.353	—
	K	97.6	97.0	97.9	97.3	96.9	97.3	97.8	97.2	96.9	97.7	97.6	97.4
	R	3.58	3.56	3.60	3.57	3.55	3.57	3.23	3.88	3.22	3.17	2.99	3.22
95	ρ	2.398	2.379	2.400	2.384	2.371	—	2.380	2.372	2.360	2.384	2.377	—
	K	98.9	98.1	99.0	98.3	97.8	98.4	98.7	98.4	97.9	98.9	98.6	98.5
	R	3.65	3.64	3.68	3.61	3.62	3.64	3.36	3.32	3.37	3.32	3.33	3.38
100	ρ	2.417	2.405	2.430	2.398	2.408	—	2.401	2.384	2.394	2.394	2.397	—
	K	99.7	99.2	100.2	98.9	99.3	99.5	99.6	98.9	99.3	99.3	99.4	99.3
	R	3.75	3.72	3.84	3.74	3.81	3.77	3.52	3.39	3.45	3.47	3.45	3.46

注：“时间”表示试验时采用振动方法压实级配碎石的时间，ρ 表示密度，R 表示抗压强度。

不同含水率下抗压强度的关系见图 5.5，压实度与抗压强度的关系见图 5.6。

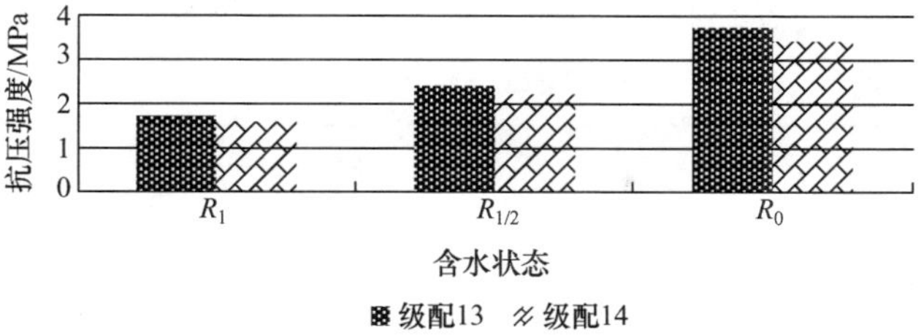

图 5.5　不同含水率下抗压强度的关系

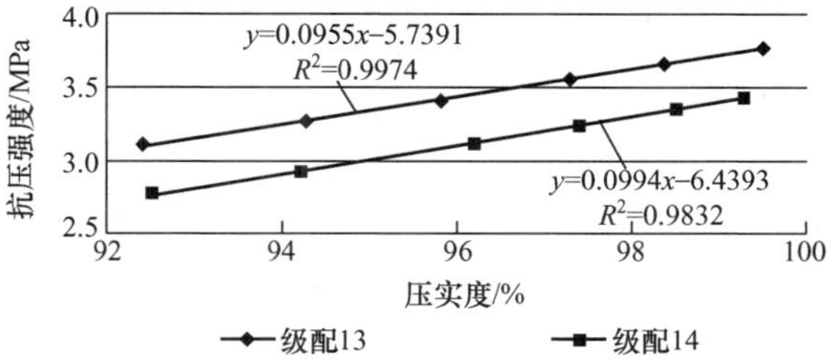

图 5.6　压实度与抗压强度的关系

由图 5.5 可知，含水率对级配碎石抗压强度的影响显著：最佳含水率下试件的无侧限抗压强度只有 1.66MPa；在最佳含水率一半的水平时无侧限抗压强度就能达到 2.32MPa，抗压强度提高了 39.8%；零含水率时抗压强度平均为 3.62MPa，比最佳含水率水平下提高了 118%。这说明水的存在既有其必要性，也应该克服其损害性：一方面，在振动成型阶段水的加入增加了集料颗粒间的润滑作用，降低了碎石颗粒间的摩擦力，在振动压实作用下颗粒更易相互嵌挤而形成稳定的骨架；另一方面，水的上述特性使成型试件的抗压强度大幅度降低，在实际工程中级配碎石基层施工完成后应经过一定时间段的封闭交通养护，待路基的含水率降低后再进行下一层位的施工，将水对抗压强度的影响降到最低。

由图 5.6 可知，抗压强度随压实度的增大而提高，当振动时间达到 100s 时，压实度能够达到 99.5%左右，此时再增加振动时间对压实度的影响不大，反而会随着振动时间的增加引起集料的离析。振动压实时间从 75s 增加至 100s，压实度提高了 7 个百分点，而抗压强度却平均提高了 23 个百分点，相当于压实度每提高一个百分点，抗压强度可提高 3.3 个百分点。

2. CBR

级配碎石的 CBR 主要通过不同含水及压实条件下的 CBR 值进行分析。含水条件对 CBR 的影响见表 5.13 及图 5.7，压实度对 CBR 的影响见表 5.14 及图 5.8。

表 5.13　不同浸水条件下试件 CBR 值统计

浸水条件	干燥	最佳含水率	浸水时间/h				
			12	24	48	72	96
级配 13 CBR 值/%	531	518	417	351	292	248	224
级配 14 CBR 值/%	460	447	378	326	272	234	202

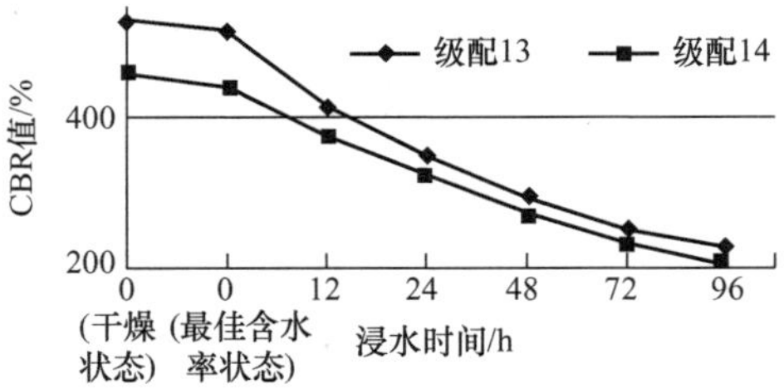

图 5.7　不同浸水状态下的 CBR 值

表 5.14　不同压实度下的 CBR 值统计

时间/s	75	80	85	90	95	100
压实度/%	92.4	94.3	96.0	97.3	98.5	99.4
级配 13 CBR 值/%	317	340	362	383	401	417
级配 14 CBR 值/%	293	313	332	349	364	378

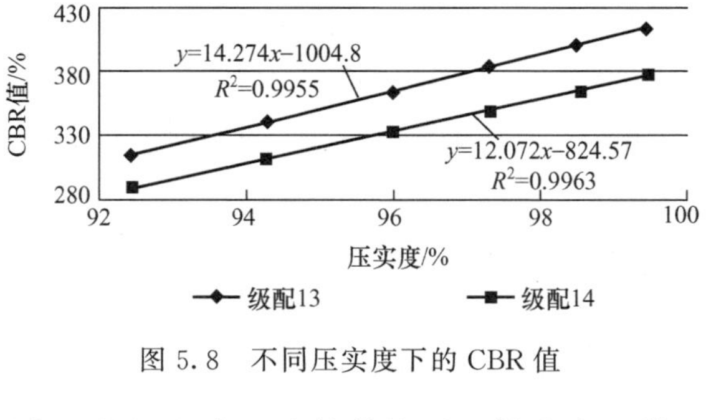

图 5.8　不同压实度下的 CBR 值

最佳含水率下成型的级配碎石试件养护到干燥状态，其 CBR 值提升不大，约为 2.7%。养护干燥的试件在浸水的最初 12h 内 CBR 值降低约 23%，最初的一昼夜降低约 35%，其后 CBR 值降速逐渐减缓，浸泡 4 昼夜后降低量相比干燥状态约为 59%。上述试验说明养护到干燥状态的 CBR 值提升不大，而一旦浸水后 CBR 值大幅降低，尤其是在浸水 12h 后衰减很快。因此，在进行压实度对

CBR 值的影响分析时模拟最不利条件，将浸水时间定为 12h。分析可知，CBR 值随压实度的增大而提高，压实度每提高 1%，CBR 值约提高 4.3%。在级配碎石的施工中，应进行相应的养护，保证具有足够的压实度。

3. 回弹模量

回弹模量是衡量级配碎石刚度特性的重要指标，是在荷载作用下应力与相应回弹变形的比值。参照《公路工程无机结合料稳定材料试验规程》（JTG E51—2009），采用顶面法对不同级配的振动压实试件进行无侧限抗压回弹模量试验，试验结果见表 5.15。

表 5.15　级配碎石级配与抗压回弹模量的关系

级配			回弹模量
粗级配	I 值	粗细比	E_c/MPa
55∶30∶15	0.70	77∶23	298
		72∶28	337
		67∶33	320
	0.75	77∶23	331
		72∶28	373
		67∶33	329
	0.80	77∶23	314
		72∶28	348
		67∶33	306
61∶27∶12	0.70	73∶27	336
		68∶32	317
		63∶37	309
	0.75	73∶27	392
		68∶32	357
		63∶37	321
	0.80	73∶27	367
		68∶32	323
		63∶37	311

回弹模量与 CBR 值的关系见图 5.9。通过与 CBR 值的对比可知，CBR 值较大的级配具有较高的抗压回弹模量。由抗压回弹模量的统计结果，发现只有一组

级配的抗压回弹模量的值小于300MPa，因此推荐骨架嵌挤型级配碎石的无侧限抗压回弹模量应不小于300MPa。

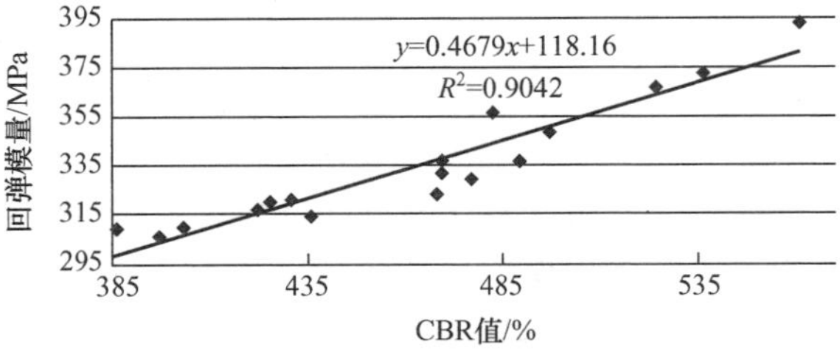

图5.9　回弹模量与CBR值的关系

5.6.2　抗剪切性能

抗剪性是影响级配碎石耐久性的重要因素，对级配碎石的抗剪试验参照《公路土工试验规程》（JTG E40—2007）的静三轴试验，采用MTS810万能试验机。

1. 试验设置

级配碎石的抗剪性能采用不固结不排水的试验方法，即在对试件施加围压与轴向压力的过程中不进行试件的排水。在围压和剪切速率的选择上，测定在不同围压下施加轴向应力至试件破坏的应力值，通常选取三组数据绘制抗剪强度的包络线，最终选取围压为50kPa、100kPa和150kPa，剪切速率设定为0.3mm/min。将准备好的试件置于试验台，将橡皮膜套在试件外并扎紧两端与底座。装好压力室罩并使硅油充满压力室；连接好位移及压力传感器，关闭排水阀并打开围压阀，使围压σ_3稳定30min；固定围压后持续施加轴向应力σ_1至试件破坏，记录位移及应力值；换下一个试件，变化围压值，重复上述步骤，继续进行抗剪性能试验。

2. 正应力与抗剪强度分析

记录三个不同的围压σ_3对应的轴向应力σ_1，以$\frac{\sigma_3+\sigma_1}{2}$为圆心、$\frac{\sigma_1-\sigma_3}{2}$为半径在$\tau-\sigma$坐标轴中绘制三个应力圆，作三个圆的公切线，即抗剪强度包络线，与纵轴τ的截距即级配碎石的黏聚力，斜率为内摩擦角φ的正切值。其抗剪强度包络图及单元体的受力如图5.10、图5.11所示。

依据摩尔-库仑定律，级配碎石中任意一点的应力状态满足公式(5.10)～公式(5.12)：

$$\sigma=\frac{\sigma_1+\sigma_3}{2}+\frac{\sigma_1-\sigma_3}{2}\cos 2\alpha \tag{5.10}$$

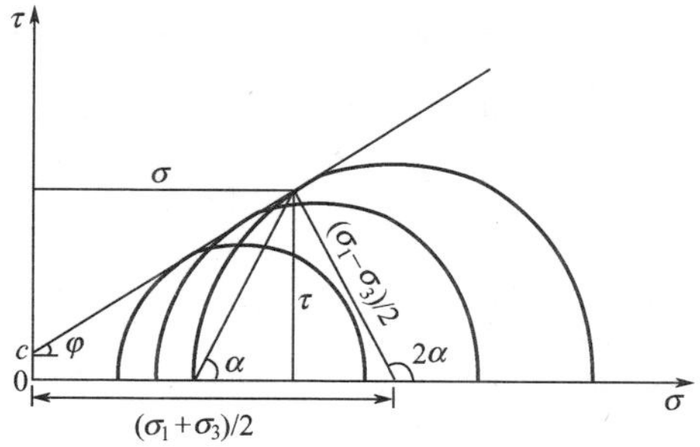

图 5.10　抗剪强度包络图

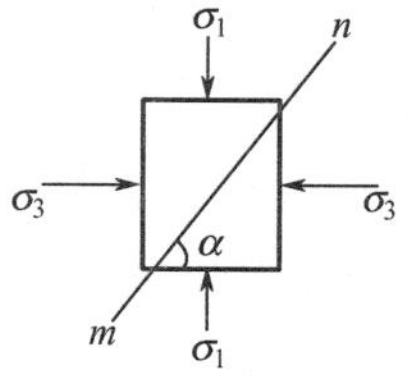

图 5.11　单元体抗剪破坏示意图

$$\tau=\frac{\sigma_1-\sigma_3}{2}\sin 2\alpha \tag{5.11}$$

$$\alpha=45^\circ+\frac{1}{2}\varphi \tag{5.12}$$

由此可以求出各级围压对应的正应力与抗剪强度，其数据见表 5.16。

表 5.16　各级围压下的正应力与抗剪强度

参数	级配 13			级配 14		
σ_1/kPa	774	1212	1649	712	1086	1461
σ_3/kPa	50	100	150	50	100	150
φ/(°)	52.64			49.83		
c/kPa	57.36			61.55		
σ/kPa	124	214	304	128	216	305
τ/kPa	220	338	456	213	318	423

由于级配碎石属于散粒体结构，其中并无粘结料，其黏聚力较小。随着围压的线性增长，级配碎石单元体间的正应力与抗剪强度也呈线性增长。级配 13 成型试件的内摩擦角要大于级配 14 的内摩擦角，但黏聚力小于级配 14。其原因可归结为级配 13 骨架嵌挤效果要优于级配 14，集料颗粒能够更紧密地“咬合”在一起，有效增大了颗粒间的摩擦力，需要更大的偏应力作用来使颗粒错动移位，反映在数值上也就是级配 13 具有更大的内摩擦角。而级配 14 的黏聚力更大是因为成型试件加入的水在一定程度上能增加集料间的粘结性，同时级配 14 的矿粉含量较大，细集料较多，石灰石矿粉在与水接触后生成的胶凝性物质也更多，能够黏附更多的粗集料，反映在数值上也就是级配 14 具有更大的黏聚力。

3. 应变分析

在级配碎石的静三轴试验中，随着轴向应力的逐渐施加，其应变也是增长的，当达到应力最大值至试件破坏时继续施压，此后应变仍是增加的，而应力却呈现衰减趋势，至最后达到一个相对稳定的应力值。级配 13、14 的偏应力 σ_f 与轴向应变 ε_r 的关系曲线如图 5.12、图 5.13 所示。

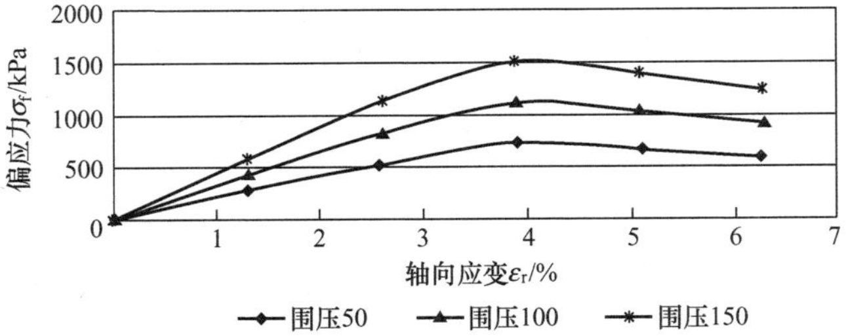

图 5.12　级配 13 的偏应力与轴向应变的关系

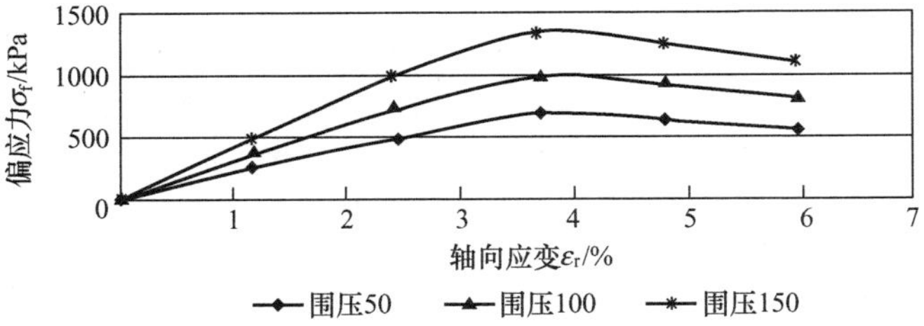

图 5.13　级配 14 的偏应力与轴向应变的关系

由图 5.12 及图 5.13 可知，在破坏应变之前应变的累积主要来源于级配碎石的压密，颗粒未发生明显的破碎，力学状态相对稳定；达到破坏应变后应变的增加主要因为应力的施加使碎石颗粒产生破碎，颗粒间产生了相对位置的移动及颗粒的重排列，试件产生较为严重的剪切破坏。发生剪切破坏时级配碎石的破坏应变为 3%～5%。级配 13 的抗剪性能比级配 14 优越，主要是因为其所形成的级配嵌挤效果更好、内摩擦角更大。

4. 抗剪新指标的提出

级配碎石某一平面的抗滑性同时受黏聚力与此平面法向压应力的影响，因此荷载最不利的作用面不是剪应力最大的面，而是可转化成换算应力对法线偏角正切值最大的作用面。建立破坏面上法向应力 σ 与抗剪强度 τ_f 之间的函数关系，即

$$\tau_f = f(\sigma) = c + \sigma \tan\varphi \tag{5.13}$$

将抗剪强度包络线与摩尔应力圆绘制于同一图中，如图 5.14 所示。

1）当最不利作用面处于状态Ⅰ时，此作用面受到的剪应力 τ 满足 $\tau<\tau_f$，最不利作用面不会出现滑动，是安全的。

2）当最不利作用面处于状态Ⅱ时，此作用面受到的剪应力满足 $\tau=\tau_f$，最不利作用面处于临界状态。

3）当最不利作用面处于状态Ⅲ时，此作用面受到的剪应力满足 $\tau>\tau_f$，最不利作用面已经发生剪切破坏。

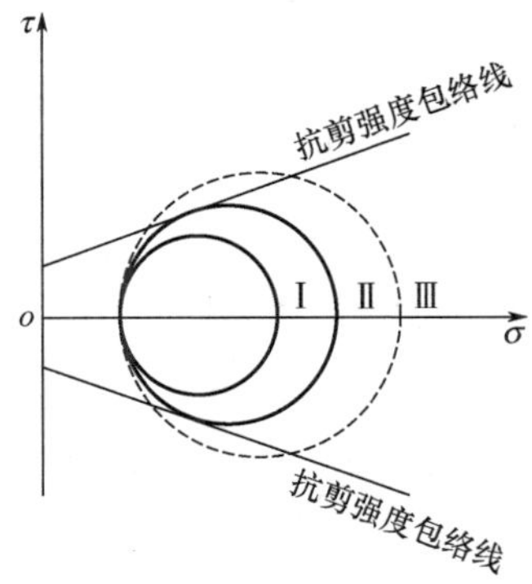

图 5.14　级配碎石不同受剪状态示意图

按照上述分析，当 $\tau\leqslant\tau_f=c+\sigma\tan\varphi$ 时，级配碎石的任意平面都不会发生剪切破坏，最不利荷载作用面是安全的。上述表达式可进一步转化为 $\left|\dfrac{\tau-c}{\sigma}\right|\leqslant\tan\varphi$，左侧可看作级配碎石基层内任一点受到的内力，而右侧是级配碎石内摩擦角的正切值。因此，为保证级配碎石基层不发生剪切破坏，级配碎石结构内任一点的剪应力与黏聚力的差值与正应力的比值应不大于碎石基层内摩擦角的正切值。

5. 级配碎石内摩擦角指标

级配碎石的内摩擦角反映了碎石基层的抗剪性能，其摩擦主要来源于克服颗粒表面粗糙不平的滑动摩擦及颗粒间联锁、嵌入和脱离咬合状态而产生的咬合摩擦。

级配碎石的内摩擦角受颗粒形状、级配、含水量、孔隙比等因素的影响。为了使级配碎石基层的内摩擦角增大、抗剪性能提高，在颗粒形状的选取上应尽量选择棱角分明、表面粗糙的集料，并控制好针片状集料的含量。在级配设计上，要尽量使粗集料形成摩擦良好的嵌挤型骨架，并有足够的细料填充在空隙内，形成密实级配。水对内摩擦角的影响表现在含水率增大时水能够在集料表面形成水膜，将集料相互隔开，同时水的润滑作用在很大程度上降低了颗粒间的摩擦力，随含水量的增加级配碎石的内摩擦角逐渐减小。因此，为了方便施工，可在集料中加入适量的水，但施工完成后应对基层进行养护，恢复水对内摩擦角的折减。内摩擦角随孔隙比的增大而减小。随着碎石孔隙比的增大，碎石颗粒间的孔隙变大，由于在剪切破坏中伴随颗粒间相对位置的移动，孔隙比的增大为这种错动提供了充足的空间。

6. 不同砾石掺配比例下的内摩擦角

级配碎石由于没有粘结料，黏聚力一般为 40～60kPa，对抗剪强度的影响有限，但碎石体的内摩擦角对其抗剪强度的影响较大，因此应选取内摩擦角作为级配碎石抗剪强度的设计指标。不同砾石掺配比例下的级配碎石内摩擦角测试结果见表 5.17 和图 5.15。

表 5.17 不同砾石掺配比例下的内摩擦角 单位：(°)

砾石掺配比例	10∶0	9∶1	8∶2	7∶3	6∶4
级配 13	52.64	46.79	41.81	37.69	33.87
级配 14	49.83	44.36	39.5	35.28	31.75

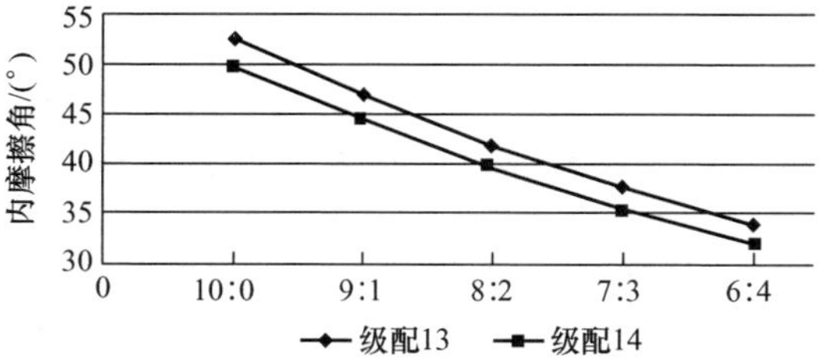

图 5.15 不同砾石掺配比例下内摩擦角的变化

由图 5.15 可知，级配碎石的内摩擦角随砾石掺配比例的增大而减小，且内摩擦角减小的幅度较大。这是由于砾石的存在极大地削弱了级配碎石颗粒间的摩擦力，骨架嵌挤作用严重降低。当砾石掺配比例达到 40%时，内摩擦角甚至降到近 30°，因此在级配碎石设计时应严格控制砾石的掺加量。根据试验结果，建议高速公路级配碎石的内摩擦角不小于 45°。

5.6.3 抗永久变形能力

在车辆荷载作用下，级配碎石基层会产生变形，变形的大部分会在车辆离开后很快恢复，这一部分变形称为弹性变形，而其中的小部分变形是不可恢复的，这一部分不可恢复的变形是塑性变形。塑性变形会随着荷载作用次数的增加而逐渐累积，但当荷载作用次数达到一定值时，整个级配碎石基层可看作一个弹性体，车辆荷载引起的变形会在车辆离开后全部恢复。这个不随荷载作用次数的增加而增加的变形就是级配碎石的永久变形。

对级配碎石永久变形的模拟，选取 300mm×300mm×100mm 的试模用于级配碎石的试件成型；在配好的集料中加入规定剂量的水，将集料充分拌和后按照从边缘向中间的顺序旋转地将混合料倒入试模中，使中部略高于四周；用小型击实锤由边缘至中间夯实一遍混合料；将盛有混合料的试模放到轮碾仪上，放下碾压轮并调整荷载，进行试压后调转试模方向，将试件高度碾压至与试模平齐，并记下碾压次数；碾压完成后用粉笔在试件表面标明碾压方向；将试件按要求的含水率成型后置于车辙仪上，使试验轮的行走方向与碾压方向一致，开启变形记录仪，加载一小时，进行级配碎石永久变形的模拟试验。

不同级配及不同含水率下级配碎石的永久变形如图 5.16、图 5.17 所示。

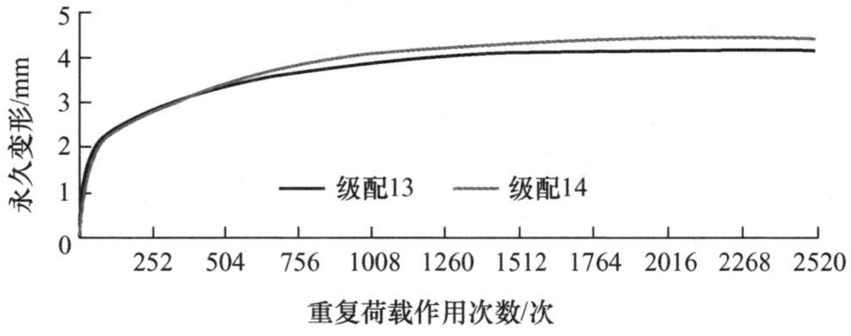

图 5.16　不同级配下级配碎石的永久变形

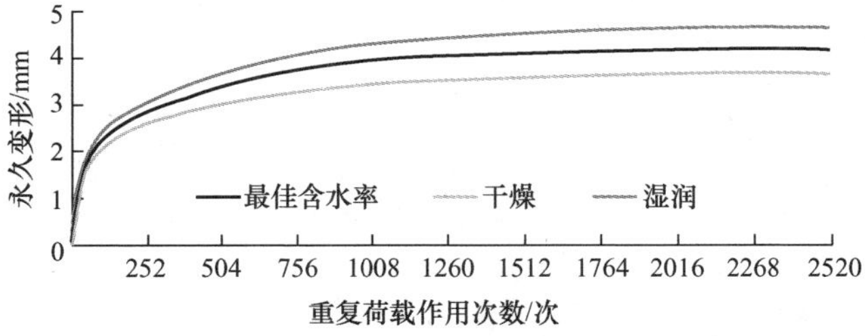

图 5.17　不同含水率下级配碎石的永久变形

由图 5.16、图 5.17 可以看出，级配碎石的永久变形都随着荷载作用次数的累积而不断增加，只是变化规律及最终变形有所差异。级配 14 的永久变形要大于级配 13，这是由于级配 13 的骨架嵌挤效果更好。水对级配碎石永久变形的影响主要表现为，在开始阶段随荷载作用次数的增加，变形重合度较高，加载后期含水率大的永久变形也大，这主要是由于水增大了颗粒间的润滑作用。

综合考虑级配和含水率对级配碎石永久变形的影响可知：

1）级配碎石的永久变形随荷载作用次数的增加而增加，并且随荷载作用次数的累积逐渐趋于稳定。

2）级配碎石的永久变形在重复荷载作用的最初 300 次已经完成了大部分，当荷载作用次数为 800 次时，其变形量可占到永久变形量的 80％以上。

3）观察变形累积曲线可以看出，在施加荷载的最初阶段变形增加非常快，而且近似成直线增长（Ⅰ阶段），随后变形呈曲线状缓慢增长（Ⅱ阶段），最后因外界条件的不同，永久变形或趋于稳定或导致破坏（Ⅲ阶段）。

分析三个阶段累积变形不同的变化规律可知，Ⅰ阶段处于级配碎石的压密阶段，随着荷载作用次数的增加，颗粒间的空隙被压缩，骨架嵌挤摩擦程度逐步提高，级配碎石的密实度进一步增加，表现在应变增长上为近似线性增长；在Ⅱ阶段，随着荷载作用次数的累积，碎石体已不能进一步被压密，再抵抗荷载时就伴随着碎石颗粒的破裂，破裂颗粒在荷载作用下产生相对位置的移动，促进变形的进一步增长；Ⅲ阶段中，当荷载水平较低时，随着荷载总作用次数的增加，碎石体既不能被进一步压密，也不再发生破碎颗粒的重新移动，施加荷载引起的变形在荷载释放后完全恢复，级配碎石层被看作弹性体，此时的永久变形相对稳定。当荷载水平较大时，随荷载作用次数的增加，不断发生颗粒的破碎和颗粒的相对移动。伴随着颗粒的破碎，级配碎石强度降低，当碎石体的强度不足以抵抗荷载作用时就发生级配碎石的破坏。

5.7 柔性基层材料设计指标及方法

本节在了解级配碎石组成设计原则的基础上对原材料的性能测试、级配设计、物理力学性能、抗剪性能及永久变形性能提出要求，确定各阶段的控制指标，综合各方面的要求，总结出适合新疆级配碎石材料的组成设计方法。

5.7.1 级配碎石材料设计指标及要求

1. 原材料技术要求

为了设计出性能优越的级配碎石结构层，首先应保证原材料的质量。下文主要从砂当量、液塑限、压碎值、针片状颗粒含量、磨耗值、坚固性等方面进行分析说明，并提出控制值，针对新疆部分地区如南疆风沙大、集料风化严重的问题提出碎石的抗风化指标。

（1）砂当量

结合世界各国的砂当量要求及我国部分工程中级配碎石砂当量的监测情况，为了保证细集料的清洁程度，建议新疆级配碎石的砂当量不小于45%。

（2）液塑限

新疆降水较少，对塑性指数的要求有所降低。考虑塑性指数及液限对级配碎石的影响，建议细集料的液限不大于25%，塑性指数小于6。

（3）压碎值

压碎值是衡量集料强度的重要指标，级配碎石由于没有结合料的胶结，其强度主要来源于颗粒间的嵌挤摩擦，应保证集料具有足够的强度。建议级配碎石原材料的压碎值不大于26%。

（4）针片状颗粒含量

参考其他道路结构设计经验及碎石嵌挤强度的要求，级配碎石的针片状颗粒含量宜控制在 15%以内。

(5) 磨耗值

磨耗值是集料耐久性的重要指标，表征集料抵抗摩擦撞击的能力，是衡量集料间嵌挤摩擦耐久性的主要参考指标。考虑各国对磨耗值的要求，建议级配碎石的磨耗值不大于 30%。

(6) 坚固性

坚固性是表征集料在经盐溶液及化学物质浸泡后不发生强度显著降低的性能，是耐久性的重要指标。通过实验室模拟，建议集料经 5 个饱和硫酸钠循环试验后的质量损失不大于 12%。

(7) 抗风化性

新疆温差大、风沙天气多，风化作用显著，以坚固性试验与磨耗试验模拟集料的风化作用。考虑到先进行磨耗值试验会产生大量的细粉，不能准确评定集料的抗风化性，故建议对集料进行 5 个饱和硫酸钠循环试验后再进行磨耗值试验，作为评定集料抗风化性能的指标。建议风化试验的质量损失不大于 35%。

综上，级配碎石集料的技术要求见表 5.18。

表 5.18　级配碎石集料的技术要求

技术指标	推荐值	规范要求
砂当量（≥,%）	45	—
液限（≤,%）	25	28
塑性指数（≤）	6	6
压碎值（≤,%）	26	26
针片状颗粒含量（≤,%）	15	20
洛杉矶磨耗值（≤,%）	30	—
坚固性（≤,%）	12	—
抗风化性（≤,%）	35	—

2. 级配设计指标及要求

采用逐级填充的骨架密实型级配碎石，分为粗集料的骨架设计、细集料的填充设计及级配优化设计。粗集料的骨架设计以 CBR 值与骨架间隙率（VCA）为控制指标，确定不同档粗集料的嵌挤比例；细集料的填充设计以紧装密度为控制指标，确定粗细集料的比例；取 CBR 值、抗压强度及最大干密度作为控制指标，通过选取不同的粗细比、I 值进行 18 种级配下各指标的测试，优选综合性能最佳的级配作为优化设计的结果。级配推荐见表 5.19。

表 5.19 骨架密实型级配碎石推荐级配

项目	集料通过下列筛孔（mm）的百分率												
	31.5	26.5	19	16	13.2	9.5	4.75	2.36	1.18	0.6	0.3	0.15	0.075
上限	100	95	80	56	48	41	38	28	20	14	11	9	6
下限	100	85	66	44	37	31	28	18	12	8	5	3	0
重击	100	88.8	71.3	51.7	42.8	36.7	28.7	16.2	11.1	6.4	2.8	1.3	0.5
振动	100	88.2	69.8	51.3	43.5	38.7	32.0	18.5	12.7	7.3	3.2	1.5	0.5
优化 1	100	91.9	66	53.7	45.5	38.3	29	20.2	15.6	11.4	7.7	6	4.7
优化 2	100	88.2	69.8	51.3	43.5	38.7	33.5	23.9	18.5	13.5	9.1	7.1	5.6

3. 力学指标及要求

抗压强度、CBR 值、回弹模量是常用的衡量级配碎石力学性能的主要指标，现对这三个指标进行试验，并对新疆级配碎石结构提出合理的力学性能要求。

对于抗压强度而言，通过对不同级配及固定级配在不同外界条件下的级配碎石抗压强度进行测试得出，其无侧限抗压强度不宜小于 2.5MPa。其中，水对抗压强度的影响较大，而压实度的影响则相对较小。这就要求在级配碎石基层施工中，在保证压实度的前提下，对施工完成的基层一定要进行养护，确保其强度的形成。

对于 CBR 值而言，通过对不同级配及固定级配在不同外界条件下的级配碎石 CBR 进行测试得出，其干燥状态的 CBR 值不宜小于 400%。考虑渗水可能对 CBR 造成的不利影响，建议将浸水 12h 的 CBR 值作为检验控制值。

对于回弹模量而言，通过对不同级配的级配碎石进行无侧限抗压回弹模量试验，建议骨架密实型级配碎石的无侧限抗压回弹模量不宜小于 300MPa。

4. 抗剪及变形性能指标和要求

根据库仑定律，级配碎石由于没有粘结料，碎石颗粒间的黏聚力有限，抗剪强度的提高主要从级配设计入手，提高碎石颗粒间的嵌挤摩擦，即增大碎石颗粒间的摩擦力。级配碎石任一作用面内不发生剪切破坏的条件是 $\tau \leqslant \tau_f = c + \sigma\tan\varphi$，考虑最不利荷载作用面 $\left|\frac{\tau - c}{\sigma}\right| \leqslant \tan\varphi$，即结构任一点剪应力与黏聚力的差值与正应力的比值应不大于碎石基层内摩擦角的正切值。因此，在级配碎石设计中可以将任意一点的内应力与内摩擦角的正切值做对比。级配碎石内摩擦角可以作为级配碎石抗剪强度设计的控制指标，并建议级配碎石的内摩擦角不小于 40°。

通过重复荷载作用下的车辙试验来模拟级配碎石的永久变形。在低荷载水平下，其永久变形逐渐趋于稳定；在荷载水平较高的情况下，其变形一直发展，直至结构层出现破坏；在中等荷载水平下，其变形值先是趋于稳定，后续变形的发展有赖于荷载的继续施加及荷载水平。综合考虑，建议级配碎石的永久变形应控制在 3%～5%范围内。

5.7.2　级配碎石材料设计方法

在明确级配碎石柔性基层各阶段控制指标的基础上，其组成设计步骤如下。

（1）原材料检验

进行级配碎石的组成设计，首先应对碎石进行工程处原材料的检验，具体检验指标包括砂当量、液塑限、压碎值、针片状颗粒含量、磨耗值、坚固性等。满足检验要求的集料方可进入级配设计阶段，不满足要求的要及时更换原材料。

（2）级配设计

级配设计阶段，首先应根据集料的公称最大粒径进行粗细集料的划分，再对粗集料进行骨架嵌挤设计。为了保证试验的合理性，骨架嵌挤应采用重型击实与振动台振动两种成型方式，依次测量不同比例成型试件的 CBR 值，并根据测试后的废料测定其骨架间隙率，选取 CBR 值大而骨架间隙率小的掺配比例分别作为Ⅰ级、Ⅱ级骨架嵌挤的集料比例。当两个指标出现矛盾时，以强度指标 CBR 为主，以体积指标骨架间隙率为辅。

粗集料的骨架嵌挤设计完成后再进行细集料的填充设计。在按比例配置好的粗集料中分层加入细集料，计算填充密度及细集料加入的量，依据粗细集料的质量确定粗细比，至此完成细集料的填充设计。按比例配置好混合料，筛分确定各档集料的通过率，完成级配的初步设计。以上确定粗细集料比例时只是确定了集料的大致比例，并不能使填充效果达到最佳，还需进行级配的优化设计。依据 I 法确定不同的 I 值及粗细比，通过最大干密度、CBR 值及抗压强度优选出最佳细集料用量，完成级配的优化设计。

（3）力学性能检验

按照设计级配成型试件，分别测试其抗压强度、CBR 值及回弹模量值，满足要求后方可进行下一阶段的检测，不满足要求则重新进行级配的优化设计。

（4）抗剪性能检验

对设计级配进行静三轴试验，求得其黏聚力及内摩擦角、最不利荷载作用面上的正应力与剪应力，验算其剪应力和黏聚力的差值与正应力的比值是否小于内摩擦角的正切值，不满足时应重新进行级配设计，并进行新级配力学性能的检验。

（5）永久变形性能检验

对设计级配进行重复荷载作用下的永久变形试验，确定其永久变形值。只有其永久变形控制在合理范围内才能确定此级配的合理性。各项检验都满足要求的级配方可应用于工程实践。若在荷载水平较低的情况下仍出现永久变形过大而引起结构层的破坏，也需重新进行级配设计，并完成前述相关的检验工作。

5.7.3 新疆级配碎石设计流程图

新疆级配碎石设计流程图见图 5.18。

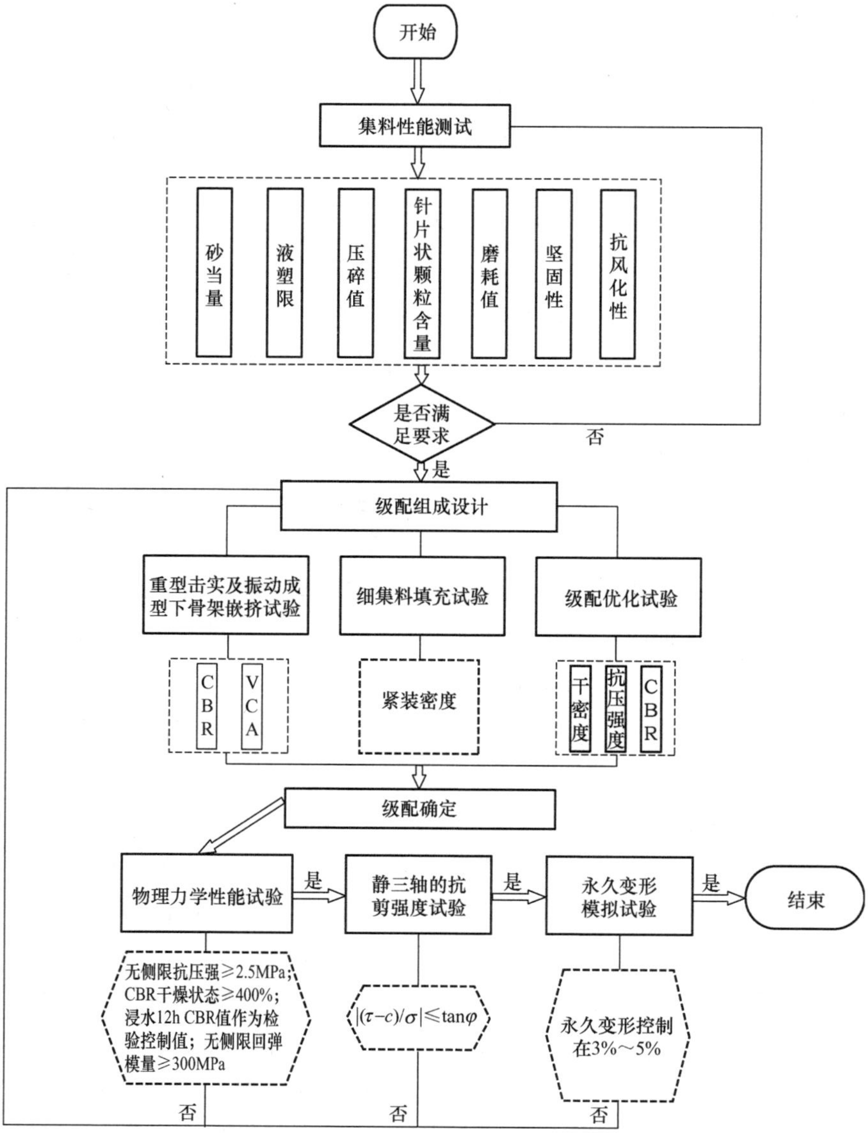

图 5.18 新疆级配碎石设计流程图

5.8 小　结

本章主要得出以下结论：

1）级配碎石在散粒体结构中属于聚粒体，松散的特点使其具有分散应力的力学特点。

2）抗剪性能是影响级配碎石强度的主要因素，提高级配碎石的强度应该着力提高其抗剪强度。

3）对于交通量小、轴载较小的低等级道路，通常以较厚的级配碎石直接用作基层，上面铺以较薄的沥青面层，级配碎石基层是道路的承重层；而在交通量大、重载超载严重的高等级道路中，级配碎石通常用作底基层，不作为承重层，只起传递荷载的作用。

4）级配碎石回弹模量的非线性使其具有很好的重载交通适应性；温度敏感性不高使其可作为隔热保温层，具有很好的温度稳定性，有效降低了冬季毛细作用对路基的冻胀；进入路基范围内的水能通过级配碎石特有的孔隙快速排出路面结构范围，避免了一系列的水损害及路基因浸水而引起的承载力降低。

5）级配碎石的松散结构能快速填充路基沉陷孔隙，因骨架的嵌挤作用，在基层上部并没有明显的凹陷，有效避免了层顶的应力集中，在防治基层反射裂缝方面具有得天独厚的优势。

6）级配碎石强度与半刚性基层相比明显较低，抗疲劳性不足，为保证级配碎石强度的最大化，要求在施工中尽可能压实。同时，为尽可能增大围压，保证级配碎石不发生侧移，可设置路肩及对斜坡进行硬化处理。

7）选取砂当量、液塑限、压碎值、针片状颗粒含量作为级配碎石原材料物理力学性能的控制指标，以磨耗值、坚固性作为原材料耐久性能的控制指标，并针对新疆风沙大、集料风化严重的特点提出适合的抗风化指标。

8）粗集料的二次骨架嵌挤以 CBR 值作为主要控制指标，VCA 作为辅助控制指标；细集料的填充以紧装密度为控制指标；依据 I 法进行级配优化设计，确定不同的 I 值及粗细集料比，通过最大干密度、CBR 值及抗压强度优选出最佳的细集料用量，完成级配的优化设计。

9）通过试验及综合分析，建议级配碎石的无侧限抗压强度不低于 2.5MPa；干燥状态下的 CBR 值不宜小于 400%，考虑水对级配碎石性能的影响，可将 12h 的浸水 CBR 值作为检验值；无侧限抗压回弹模量不宜小于 300MPa。

10）将级配碎石的内摩擦角作为级配碎石抗剪强度设计的主要控制指标，提出其变形经历的三个阶段，并将永久变形控制在一定范围内。

第6章　新疆级配碎石施工关键技术

级配碎石作为散体材料，在施工中容易出现变异性和施工后的变形，要铺筑出质量均匀且强度较高的级配碎石基层，其施工技术极为关键。本章结合吐鲁番—和田联络线 $G30_{12}$ 墨玉至和田段公路建设项目，对级配碎石基层的施工工艺进行深入总结，并提出多项技术指标，用来控制级配碎石的施工质量，旨在形成相应的施工技术指南，以指导级配碎石的推广应用。

6.1　依托工程概况

6.1.1　工程简介

吐鲁番—和田联络线 $G30_{12}$ 墨玉至和田段公路建设项目位于新疆和田地区的墨玉县、和田市、和田县及洛浦县境内。该项目位于喀喇昆仑山北麓、塔里木盆地南缘，地势南高北低，并由西向东倾斜，呈戈壁荒漠绿洲景观。项目所在地极端最高气温为37.5℃，极端最低气温为－23.5℃，年平均降雨量为50～80mm，属于夏热冬寒干旱区，昼夜温差较大。公路沿线的土质基本为砾类土、粉砂等，局部为黏土、粉土、泥岩、砂岩与片岩。该工程是新疆维吾尔自治区向东连接内陆省份的骨架公路，对于构建新疆骨架公路网、改善自治区交通运输环境、推动新疆尤其是南疆的经济社会发展有着重要的意义。

6.1.2　试验段路面结构

试验路依托 $G30_{12}$ 墨玉至和田段，经协商确定在L1K2＋740—L1K3＋740段铺筑试验段，其路面主要结构形式见图6.1。

1. 结构Ⅰ型

表面层采用4cm的SBS改性沥青混凝土（AC-13C），下面层铺设6cm中粒式沥青混凝土（AC-20C），其下铺设8cm沥青稳定碎石混合料（ATB-25）柔性基层，其下铺设18cm级配碎石层，其下铺筑15cm级配砂砾。

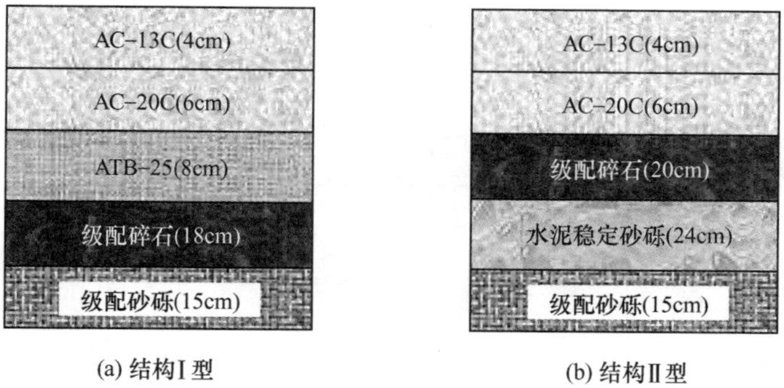

图 6.1　$G30_{12}$级配碎石试验段路面结构

2. 结构Ⅱ型

表面层采用 4cm 的 SBS 改性沥青混凝土（AC－13C），下面层铺设 6cm 中粒式沥青混凝土（AC－20C），其下铺设 20cm 级配碎石柔性基层，其下铺设 24cm 水泥稳定砂砾，其下铺筑 15cm 级配砂砾。

6.2　级配碎石生产配合比设计

6.2.1　生产配合比初选

依托工程采用布雅碎石料场生产的石料，石料粒径分为 0～5mm、5～10mm、10～20mm、20～30mm 四档，各档石料筛分结果见表 6.1。

表 6.1　布雅碎石筛分结果（通过百分率）

筛孔尺寸/mm	石料粒径/mm			
	0～5	5～10	10～20	20～30
26.5	100	100	100	92.3
19	100	100	82.4	15.1
16	100	100	42	3.8
13.2	100	99.8	13	1.5
9.5	100	95.8	2.9	0.4
4.75	99.6	11.7	0	0
2.36	76.4	0.7	0	0
1.18	58.2	0.2	0	0
0.6	39.7	0	0	0

续表

筛孔尺寸/mm	石料粒径/cm			
	0～5	5～10	10～20	20～30
0.3	23	0	0	0
0.15	11.8	0	0	0
0.075	10.3	0	0	0

根据优化的骨架密实型级配范围要求，初选四种不同级配，四种级配各档石料的掺配比例见表 6.2，各级配曲线如图 6.2 所示。

表 6.2　级配碎石各档石料掺配比例

规格/mm	掺配比例/%			
	级配 1	级配 2	级配 3	级配 4
0～5	31	33	29	33
5～10	8	8	5	8
10～20	36	31	36	27
20～30	25	28	30	32

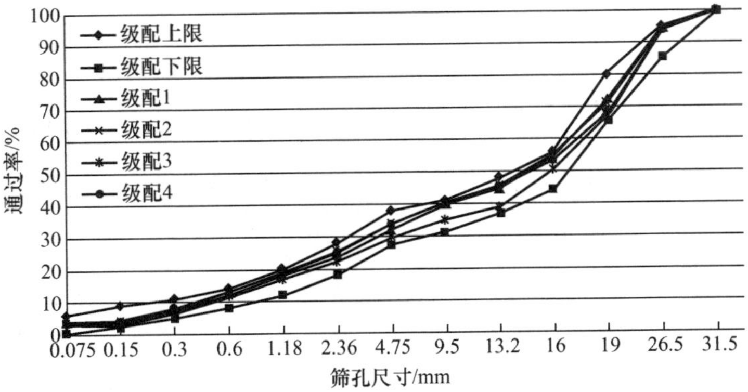

图 6.2　试验段初选级配曲线

6.2.2　生产配合比物理力学性能

采用重型击实试验测试四种级配在不同含水率下的干密度，如图 6.3 所示。各级配干密度随含水率的增大呈现先增后减的趋势，在最佳含水率下各级配达到最大干密度。测试各级配的 CBR 值和回弹模量，结果见表 6.3。

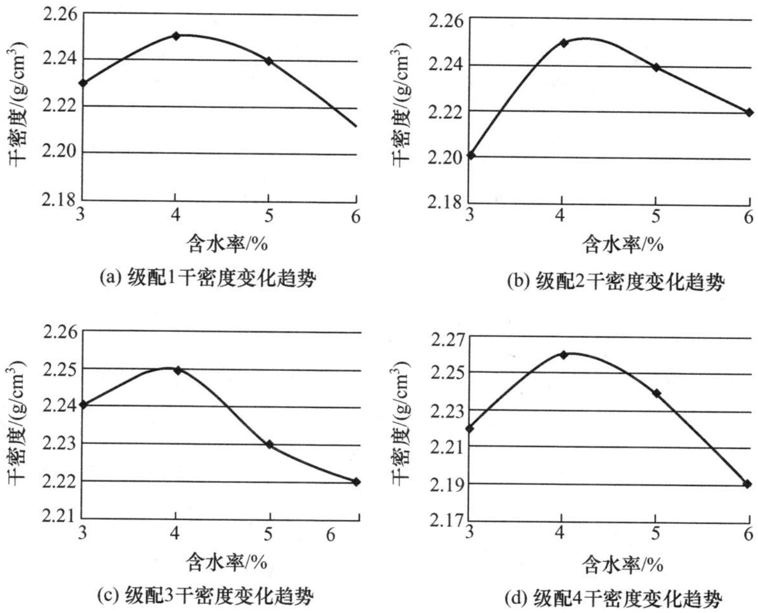

图 6.3　各级配干密度变化趋势

表 6.3　各级配物理力学性能

级配	最佳含水率/%	最大干密度/(g/cm³)	CBR/%	回弹模量/MPa
级配 1	4.1	2.247	162	323
级配 2	4.2	2.252	155	275
级配 3	4.0	2.250	169	350
级配 4	4.3	2.261	183	376

由表 6.3 可知，级配 4 CBR 值和回弹模量均大于其他三种级配，物理力学性能优异，因此选择级配 4 为本试验段最佳级配。

6.3　新疆级配碎石压实控制指标与碾压方案

6.3.1　散体材料压实理论

压实对级配碎石强度及承载能力的形成至关重要，搜集国内外相关资料，总结得出目前散粒体的压实理论有如下几种。

兰姆主要研究了水对颗粒间物理化学作用及排列上的影响。其研究认为，在低含水量时，由于电解质的浓度相对较大，颗粒间的吸引力大于排斥力，颗粒呈凝聚结构而不易于压实；含水量较高时，由于电解质浓度的稀释，颗粒间的排斥力大于吸引力，颗粒呈分散结构，相对易于压实。但上述理论仅适用于片状颗粒，因而存在一定的局限性。

普罗克特研究了水对压实效果的影响。其研究认为，含水量较低时颗粒上的覆盖水膜较薄，表面张力作用将碎石颗粒束缚，颗粒间的摩阻力较大而不易压实。含水量较高时，水膜的润滑作用使颗粒间的摩擦力减小，碎石变得易于压实，密度增大。随含水量的增大，密度达到最大后因自由水占据颗粒空隙而降低压实度，反而会降低级配碎石体的密度。

碎石的振动压实理论表明：当级配碎石自身的频率与振动压实机械的振动频率一致时，由于共振作用，级配碎石达到最佳振实效果，增大振幅则能提高压实效果。在压实过程中，颗粒排列逐渐稳定，相互靠近的颗粒由液相转为气相，密度逐渐增大，压实度逐渐提高。但随着外荷载的增大，颗粒破碎而使内摩擦角减小，颗粒将会重新排列，所以在压实过程中必须保持振动轮与碎石体的紧密接触，以保证压实效果。

6.3.2 施工压实控制指标

《公路沥青路面设计规范》（JTG D50—2017）规定以压实度作为级配碎石压实程度的控制指标，其含义为碎石材料压实后的现场干密度与室内标准击实试验所获得最大干密度的比值，其表达式为

$$K=\frac{\rho_{\mathrm{d}}}{\rho_{\max}} \tag{6.1}$$

式中，K——压实度，%；

ρ_{d}——现场干密度，g/cm^3；

$\rho_{\max}$——最大干密度，g/cm^3。

级配碎石的压实度检测方法有灌砂法与核子密度仪法。灌砂法可以精确地确定压实度，但操作较复杂，需经常测定标准砂密度与锥体的重量；核子密度仪法不对碎石体产生结构破坏，能快速地测定密度与含水量，具有操作方便、显示直观的优点，但需要与灌砂法对比标定后使用。

《公路路基路面现场测试规程》（JTG 3450—2019）对级配碎石的压实度作了相关规定：当级配碎石用作基层时，压实度≥98%；当级配碎石用作底基层时，压实度≥96%。其采用的干密度最大值依然是重型击实试验获得的最大干密度。

6.3.3 施工压实机械选择

任何层位的碾压都分为初压、复压和终压三部分。对级配碎石而言，初压能

够稳定级配碎石结构层，使其具有一定的密实度，并且使上层颗粒压实，避免表层颗粒压碎；复压是使整个结构层密实的关键步骤；终压主要起到收平、消除轮迹的作用。

具体到压实方式上，可分为静压、振压和胶轮碾压等多种方式。静压主要是依靠压路机的自重对碎石材料进行压实，但对于压实效果的提高有限，主要用来消除轮迹及进行细集料的压实。但是随着静力碾压荷载的增大，这种方式易压碎表面集料，因此用于级配碎石静压的压路机载重不宜过高。胶轮碾压主要用于表面材料的压实，在胶轮碾压过程中，垂直方向的作用力和水平方向的揉搓力促进了颗粒的横向移动和重排列，为振动压实创造了良好的条件。振动压实又分为低频强振与高频弱振。低频强振具有较强的穿透力，影响深度大，有利于中间到底部级配碎石的压实。高频弱振具有较大的能量，有利于表面到中间层级配碎石的压实。根据拟定的试验段路面结构（图 6.1），级配碎石层厚 18cm，为了能充分压实底部，宜用强振与弱振组合的方式振动压实。

因此，应根据压实阶段、压实方式和结构层厚度等综合选择压实机具，以确保级配碎石达到最佳的压实效果。在压实机械的配置上应至少有：12t 双钢轮压路机 1～2 台；18～20t 单钢轮振动压路机 1～2 台，单钢轮振动压路机应具备强振与弱振两挡振幅，振幅为 0.8～2.5mm，频率为 25～33Hz；20～30t 胶轮压路机 1 台，能通过调节配重来增减自重；小型振动平板或冲击夯 1 台。

6.3.4　施工碾压方案确定

级配碎石碾压的难点不在于达到规定的压实度，而在于形成骨架嵌挤结构的同时又不压碎过多的碎石颗粒。级配碎石的压实应根据其厚度、层位及级配类型采用不同的碾压方案，在碾压过程中应以振动压实与胶轮碾压为主，钢轮静压为辅，三种压实方式交叉作业，将各种压实方式的功效发挥到最大。根据级配碎石层的厚度，拟定的压实方案见表 6.4。

表 6.4　级配碎石施工碾压方案

方案	初压	复压	终压
1	双钢轮静碾 1 遍	单钢轮弱振 1 遍，强振 1 遍，弱振 2 遍	单钢轮静碾 1 遍，胶轮碾压 1 遍
2	双钢轮静碾 1 遍	单钢轮弱振 1 遍，强振 2 遍，弱振 1 遍	单钢轮静碾 1 遍，胶轮碾压 1 遍
3	双钢轮静碾 1 遍	单钢轮弱振 2 遍，强振 1 遍，弱振 1 遍	单钢轮碾压 1 遍，胶轮碾压 1 遍
4	双钢轮静碾 1 遍，胶轮碾压 1 遍	单钢轮弱振 1 遍，强振 1 遍，弱振 2 遍	单钢轮碾压 1 遍，胶轮碾压 1 遍

续表

方案	初压	复压	终压
5	双钢轮静碾 1 遍，胶轮碾压 1 遍	单钢轮弱振 1 遍，强振 1 遍，弱振 1 遍	单钢轮静碾 1 遍，胶轮碾压 1 遍
6	双钢轮静碾 1 遍，胶轮碾压 1 遍	单钢轮弱振 2 遍，强振 1 遍，弱振 1 遍	单钢轮静碾 1 遍，胶轮碾压 1 遍
7	双钢轮静碾 1 遍，胶轮碾压 1 遍	单钢轮弱振 4 遍	单钢轮静碾 1 遍，胶轮碾压 1 遍

表 6.4 中每种方案分别铺筑不少于 200m 的试验段并检测其压实度，选择压实度较高的作为其碾压方案。在碾压速度方面，初压速度宜控制在 1.5～1.7km/h，复压速度宜控制在 1.8～2.2km/h，终压速度宜控制在 1.8～2.2km/h。

6.4　新疆级配碎石柔性基层施工工艺

6.4.1　施工前的准备工作

1. 场地硬化

根据实际地面土质确定硬化厚度，特别是在施工高峰期时，要充分考虑到使用面积的大小，以满足集料堆放和车辆运输等要求。

2. 场地排水

考虑雨季天气的影响，为避免雨水等对原材料及成品料的污染，保证原料和成品料的质量，应做好料场四周的防排水措施，避免雨水等浸入施工场地，同时需配备 1 台应急抽水机。

3. 提前备料

采用修砌矮墙或以碎石填充的编织袋分隔等方法确保不同料仓的明显分离，细集料应备有防水塑料布等覆盖物，料场及拌和站场地必须禁止轮胎带泥土的车辆进入。

6.4.2　拌和技术要点

我国的《公路路面基层施工技术细则》(JTG/T F20—2015)中规定，级配碎石的拌和可用路拌法和厂拌法。高速公路和一级公路应集中采用厂拌法。与路拌法相比，厂拌法的拌和更加均匀，级配容易控制，施工质量能够得到足够的保障。级配碎石混合料的拌和质量将直接影响到施工的质量，级配准确、含水量合理及拌和均匀无离析是拌和过程中的主要控制项目。

为防止级配碎石离析，拌和机不同的料仓口须用隔板隔离，防止不同料仓发生串料。装载机应均匀铲料并严禁铲入泥土。拌和过程中应结合当地的天气对级配碎石的含水率进行灵活调整。为了使级配碎石在碾压时能接近最佳含水率，拌和过程中的加水量应适当高于最佳含水率。一般情况下，早晨、傍晚及阴天时的含水率宜比最佳含水率高 0.5%～1.0%；晴天的含水率宜比最佳含水率高 1.0%～1.5%；通风条件良好的情况下水分散失加快，宜在上述基础上适当增大含水率。本试验段于 9 月底施工，和田地区平均最高温度为 20～25℃，且风沙大，水分蒸发散失快，经试验确定级配碎石拌和含水率为 5.3%，比最佳含水率高 1.0%。

现拌的级配碎石水分一般集中在颗粒表面，经过一定时间后水分进入集料孔隙内，造成级配碎石含水率的降低而影响施工质量。为了避免此类现象，可在粒径大于 4.75mm 的粗集料上提前喷洒适量的水，使集料保持湿润状态，并闷料 12h，以便于级配碎石的压实成型。

6.4.3 运输技术要点

级配碎石在装卸料过程中会不可避免地产生离析，在装料时产生第一次离析，形成离析界面，在卸料时由于自卸汽车的后倾和集料的二次堆积而形成二次离析。因此，在装料时为将离析的影响降到最低，应按照“前、后、中”的顺序分三次向运料车内装料，并注意不要形成过高的堆积体（图 6.4）。

图 6.4 级配碎石装料

在级配碎石的运输过程中应注意控制车速，防止因车辆颠簸引起级配碎石离析。卸料时为降低堆料的高度，自卸车应边卸料边向前移动，同时将料堆卸成“品”字形，避免平行卸料引起离析带。采用摊铺机摊铺时应加快卸料的速度，减少第一次离析界面的滑动，并降低二次离析。

6.4.4 摊铺技术要点

级配碎石的摊铺有推土平地机摊铺与摊铺机摊铺两种作业方式。推土平地机摊铺具有费用低的优点，但在摊铺过程中易出现混合料离析、平整度差、厚度不均匀等现象，整平过程中的反复刮料使粗集料易刮起并集中在低洼地带。摊铺机摊铺具有工作效率高、技术指标易控制、避免集料离析等优点，但施工费用相对较高。随着施工工艺的革新，摊铺机摊铺逐渐得到推广并应用于级配碎石的摊铺施工中。

级配碎石摊铺机摊铺宜采用两台梯队作业的全幅摊铺方式，两台摊铺机间隔5～8m，摊铺料重叠0.5m同步推进；摊铺速度控制在1.5～2.5m/min，并根据摊铺的厚度灵活调整；松铺系数根据试铺段确定，一般为1.2～1.4；摊铺机的进料口闸门开度最大，使摊铺室壅料高度没过旋转叶片，叶片在工作时间内应保持低速转动；两台摊铺机联合作业时宜设置专门人员负责铲料，消除“窝料”现象，观察接缝处的离析现象并及时补救；摊铺机的布料器应有2/3埋在混合料内（图6.5）。

图6.5　级配碎石摊铺

在摊铺作业中，摊铺机前部料斗接受自卸汽车卸料时，为协调施工同步进行，需配备一名现场领工员指挥，另配备一名现场领工员负责摊铺层的碾压压实、纵横向接缝处理和检查，并对不符合要求的摊铺层进行处理。当自卸汽车洒落料堆积在摊铺机行进前方时，需人工及时清理。摊铺作业时，路基结构物边缘处的洒落料需人工清理（图 6.6）。

图 6.6　摊铺时配备工人

6.4.5　碾压技术要点

级配碎石碾压时的含水率非常重要，在接近最佳含水率时才能达到最佳的压实效果。级配碎石摊铺完成后应及时碾压，当水分蒸发、材料固结时应喷洒适量的雾化水，使其接近最佳含水率。当洒水量过大而使得含水率过高时，可采用翻晒或静置的方法使其接近最佳含水率。

摊铺机摊铺完成后，双钢轮压路机应紧跟着进行静压，静压后的碎石层能起到很好的锁水作用，有效减缓水分在松散状态下的散失。静压完成后应进行单钢轮振动压路机振动压实和胶轮压路机碾压，促进粗集料的骨架嵌挤及细集料的填充，充分形成强度。根据确定的碾压工序进行碾压，做到静压要充分，振压不起浪、不推移，压实至无轮迹为止（图 6.7、图 6.8）。碾压长度可按 50～80m 分段，各碾压段间需设置明显的分界标志。碾压过程中可采用核子密度仪检查压实度是否合格，碾压完成后用灌砂法检测压实度。直线和不设超高平曲线段应从路肩向中心碾压，超高平曲线段遵循由内向外碾压的顺序。碾压过程中应重叠 1/2 轮宽；碾压一般需 6～8 遍，路肩处多碾压 2 遍；当在碾压过程中需要临时停车时，要错开已经碾压好的路段，严禁在已完成碾压的路段上调头或急刹车，以免破坏表面层的级配。

6.4.6　接缝处置要点

摊铺级配碎石需连续不断地作业，当出现故障必须中断时，下次作业时需在接头处设置横缝；通过桥涵时在两端需设置横缝，且最好设置在桥头搭板的尾端。接缝的处置方法为：对平地机摊铺，前一段预留 5～8m 不碾压段，后一段

(a) 静力压实

(b) 振动压实

(c) 轮胎压实

(d) 压实机械合理组合

图 6.7　级配碎石碾压

图 6.8　碾压后的级配碎石

施工时与该预留段一起加水拌和后再一起碾压；当含水率低时应加水至最佳含水率后再碾压。

级配碎石应避免设置纵缝；使用两台摊铺机分幅平行摊铺时，两台机器宜相隔 5～8m；当仅有一台摊铺机时，可在摊铺一定长度后到另一摊铺带上进行摊铺，再一起压实。前一幅摊铺时后一幅应用模板支撑，模板高度应与级配碎石层的压实厚度相同，后一幅摊铺时方可拆除模板。

级配碎石碾压完成后进入养护阶段，养护期内应禁止车辆通行，避免对结构层的扰动；按时对碎石表面喷洒雾化水，保持表面的湿润；防止大雨冲淋对细粒料的冲刷。

6.5　新疆级配碎石施工现场的质量控制

级配碎石施工质量的控制包括四个部分：原材料质量检测，主要是砂当量与塑性指数的检测；级配碎石的含水率检测和级配控制，主要是 4.75mm 和 0.075mm 粒径颗粒的通过率；压实度及承载能力检测。

6.5.1　原材料的现场检测

原材料的质量控制是级配碎石施工质量控制的第一步，只有高质量的原材料才能铺筑出高质量的级配碎石基层。这一步的控制重点包括原材料的砂当量与塑性指数。《公路沥青路面施工技术规范》（JTG F40—2004）规定，级配碎石材料的砂当量应≥45，级配碎石原材料的塑性指数应≤6。连续 5 天对原材料进行随机取样，测试其砂当量与塑性指数的平均数和极差，只有平均值在控制范围内方可用此料进行施工。极差变化大时说明稳定性不足，需加强检测，以控制其稳定性。

6.5.2　施工现场含水率检测及级配控制

1. 含水率检测

级配碎石含水率的控制主要通过以下两方面实现：

1）级配碎石施工前应检测各档原材料的含水率，并根据测定结果调整级配碎石的拌和用水量。具体方法为：设四档集料的设计掺配比例分别为 A、B、C、D，施工前测定各规格集料含水率分别为 E、F、G、H，若 $A\times(1+E)+B\times(1+F)+C\times(1+G)+D\times(1+H)=Y$，则施工中调整后的掺配比例为 1 号∶2 号∶3 号∶4 号$=A\times(1+E)/Y : B\times(1+F)/Y : C\times(1+G)/Y : D\times(1+H)/Y$。级配碎石的最佳含水率除根据气候、天气等条件适当提高 1%～2%外，还应减去各档集料中的含水量，即 $A\times E+B\times F+C\times G+D\times H$。

2）施工过程中的含水率检测。级配碎石拌和后含水率的检测主要包括拌和站出料口检测、运输途中车辆检测和摊铺机料斗检测。级配碎石的含水率检测是极为重要的，控制含水率适宜是确保压实质量的关键要素。

试验段所用级配碎石在出料场、运输中与摊铺现场的含水率试验结果见表 6.5。

表 6.5 出料场与摊铺现场含水率检测对比 单位:%

试验编号	出料时	运输中	摊铺时	损失
1	5.2	5.0	4.5	0.7
2	5.0	4.8	4.4	0.6
3	5.2	4.9	4.5	0.7

选取级配碎石试样进行含水率测定及击实试验，其试验结果均与前期室内级配设计中的最佳含水率和最大干密度接近，满足本书推荐的含水率范围，且击实试验结果与最大干密度没有较大差异。

新疆气候干燥，风沙较大，水分损失较快，在级配碎石拌和时应适当增大用水量，以确保在最佳含水率下进行碾压。

2. 级配控制

级配是影响级配碎石强度及稳定性的重要条件，控制混合料的级配稳定是保证施工质量的重要因素。级配碎石的级配控制主要包括拌和站出料口的级配检测和摊铺过程中的级配检测。要保证各处的级配与设计级配相差不大，不可有明显的离析。级配控制主要通过以下几方面实现。

集料经专人检测方可进入料场，各档集料应分开堆放，以防止串料；每日施工前对各档集料进行筛分，根据筛分结果确定拌和站各档料的掺配比例；拌和站各料斗间用隔板隔开，谨防串料；按照前、中、后的顺序装料，并避免出现高的锥形料堆；运输车辆行驶中注意控制车速，避免颠簸引起的离析；卸料时呈“品”字形堆料，以免出现离析带；摊铺中注意取样筛分，若与设计级配有偏差应及时进行调整。通过检测施工过程中级配的变化，控制级配碎石的级配与原设计一致。

表 6.6 为级配碎石取样干筛级配与设计级配数据的对比。分析表 6.6 中的检测结果，比较施工中的生产级配与设计级配各筛孔的通过率，可以看出级配碎石生产级配曲线整体接近设计曲线，个别点稍有差异，大部分差异在 0～3%之间浮

表 6.6 级配碎石取样干筛级配与设计级配数据对比

筛孔尺寸/mm	0.075	0.15	0.3	0.6	1.18	2.36	4.75	9.5	13.2	16	19	26.5	31.5
设计通过率/%	3.4	3.9	7.6	13.1	19.2	25.3	33.8	40.6	45.0	53.6	68.1	94.0	100.0
摊铺通过率/%	4.3	6.7	8.7	11.5	17.2	23	34.1	38.4	45.6	52.7	70.4	93.5	100.0
差值/%	−0.9	−2.8	−1.1	1.6	2	2.3	−0.3	2.2	−0.6	0.9	−2.3	0.5	0

动。结果表明该生产级配在施工中均匀稳定，级配良好，各项指标均符合规范及设计要求。

通过级配碎石取样干筛级配试验能较直观、准确地分析级配碎石拌和后生产级配与设计级配的差异程度，为分析、判断级配碎石层的性能及制订施工质量控制方法提供了依据，且为评价拌和站的生产质量提供了可靠的方法。

6.5.3　压实度检测

级配碎石只有进行充分的压实才能保证结构的强度和稳定性，压实度是控制级配碎石基层施工质量的重要指标。在级配碎石级配和厚度一定的情况下，压实度与压实机具性能、碾压工艺及级配碎石含水率有关。

《公路路面基层施工技术细则》（JTG/T F20—2015）规定级配碎石基层的压实度不低于 98%，底基层压实度不低于 97%。本试验段采用挖坑灌砂法检测级配碎石层的压实度，分别在结构Ⅰ和结构Ⅱ的行车道上取点（图 6.9）。根据《公路路基路面现场测试规程》（JTG E60—2008），级配碎石灌砂法检测压实度的频率为 200m/次，检测结果见表 6.7。

图 6.9　灌砂法测试压实度

表 6.7　压实度检测结果

路面结构	现场检测干密度平均值/(g/cm³)	组数	压实度均值	标准差
结构Ⅰ	2.231	5	98.7%	0.532
结构Ⅱ	2.242	6	99.2%	0.607

6.5.4　承载能力检测

待级配碎石养生完成后需对其承载能力进行检测，主要检测项目是 CBR 值与回弹模量（图 6.10）。优质级配碎石层的 CBR 值和回弹模量较高，具有良好的荷载分布能力和较高的抗剪切能力，能有效缓解车辆荷载作用下的不均匀变形。《公路沥青路面设计规范》（JTG D50—2017）规定级配碎石基层的 CBR 值应不小于 160%，回弹模量应不小于 350MPa。根据《公路路基路面现场测试规程》（JTG E60—2008），级配碎石 CBR 值和回弹模量的检测频率为每车道 100m/次，检测结果见表 6.8。

图 6.10　现场检测回弹弯沉和 CBR 值

表 6.8　级配碎石 CBR 和回弹模量检测结果

路面结构	组数	CBR 平均值/%	标准差	回弹模量/MPa	标准差
结构Ⅰ	22	186.3	0.451	537.4	0.652
结构Ⅱ	24	190.5	0.558	517.3	0.480

综上所述，对试验段级配碎石基层压实度、回弹模量和 CBR 等指标的检测表明，级配碎石基层施工质量满足相应技术要求。在新疆麦盖提至喀什高速公路试验段也得到了同样的结论，即上述级配碎石基层施工质量控制技术可行。

6.6 小　　结

本章通过依托工程试验路的铺筑系统研究了级配碎石柔性基层施工质量控制技术，主要得出如下结论：

1）根据级配碎石的厚度、层位及级配类型选择碾压方案，钢轮、胶轮和振动碾压应合理组合、交叉作业，可将压实的功效发挥至最佳。

2）级配碎石拌和过程中应根据现场条件酌情加减水量，并对粗集料进行适当的闷料处理；运输过程中要谨防混合料的离析；摊铺要连续不断地进行，两台摊铺机要错开距离，并采用梯队式全幅摊铺，设专人检查摊铺效果，并做好补救工作；根据压实方案合理碾压，并做好压实度的检测工作。

3）为了保证级配碎石基层的施工质量，须对摊铺前、摊铺中及碾压后级配碎石的含水量和级配变化进行动态观测。

第7章　推广应用前景

工程上任何一项新技术、新材料、新结构、新工艺的大面积推广应用都离不开工程经济分析。工程经济分析虽然在各行业、各部门的项目评价方法上各有特点，但大体上都是以费用效益分析为基本理论。费用效益分析也称为经济效益分析，是从宏观角度来评价工程项目的经济效果。目前，国内外均倾向于采用寿命周期费用分析法来选择总投资或总费用最低的工程设计方案。

7.1　经济效益分析

高等级公路半刚性基层沥青路面的设计年限一般为15年左右，经济的繁荣带动了交通的迅猛发展，公路上的交通量及汽车的载重量不断增加，按现行路面设计体系和设计标准建设的路面常常达不到设计年限就出现了损坏，多数高速公路使用6～8年后即需要进行大、中修，实际使用寿命往往只有8～12年。项目的大修必然造成交通的拥挤或堵塞，延长驾车时间，增加燃油消耗。但对于不同的路面结构，很难直观地判断其优劣，必须借助于科学的分析工具——寿命周期费用分析法，以经济分析原理为基础来评价投资方案的长期经济效益，然后进行经济分析，才能从整个寿命周期角度选择出最经济合理的路面结构或改建方案。

7.1.1　寿命周期费用组成及分析方法

目前路面结构设计问题已越来越体现为一个技术-经济问题，在满足设计指标的前提下，路面设计方案的优劣很大程度上由经济因素决定。从管理部门的角度来考虑，在项目建成投入运营后还要经历多次的维修、罩面或改建，以维持其正常的使用功能，所花费的养护和改建费用是不可低估的。如果再从社会整体利益出发，考虑到用户（道路使用者）费用，如车辆运营费、延误费、行程时间费、交通事故费等，投入运营后的总费用比初期修建费用要高出很多。在选定路面结构方案时，不能只看其初期修建费的高低，还应考虑整个寿命周期内的总费用。

路面从开始设计到寿命期或分析期末，包含的寿命周期费用有设计费、初期修建费、养护费、改建费等管理部门费用和车辆运营费、延误费、行程时间费、交通事故费等用户费用。考虑到管理部门和社会关注的往往是路面使用性能的差异所带来的费用和效益上的差别，所以费用分析时应着重考虑受使用性能影响的费用，而不必考虑所有费用，这里的用户费用只包括车辆运营费（燃油消耗费、轮胎消耗费和保修材料消耗费）。在沥青路面结构设计中考虑的费用组成见图 7.1。

- 总费用
  - 总造价
    - 初期修建费
    - 养护费*
    - 改建费
    - 残值
  - 用户费用
    - 燃油消耗费*
    - 轮胎消耗费*
    - 保修材料消耗费*

图 7.1　沥青路面结构设计中考虑的费用组成

注：* 表示与使用性能指标直接相关的费用

为满足不同用户的需求，出现了两种不同的经济优化指标，即从管理部门角度考虑为道路的总造价（包括初期修建费、养护费、改建费、残值），从整个社会效益角度考虑为道路的总费用（包括初期修建费、养护费、改建费、用户费用、残值等）。

费用分析的方法有很多，如现值法、年费用法、收益率法、效益-费用比法等。根据分析的目的和道路工程的特点，普通沥青路面和柔性基层沥青路面的设计年限及服务年限不同，同一项目每一年的养护费用也不相同，因此采用现值法和年费用法相结合的方法。其中，现值法即把工程项目分析期内不同时间的费用和效益按某一预定的贴现率转换为当前的费用和效益，一般是以寿命开始时间（坐标中的零点时间）作为基准时间来计算现值；年费用法是将各方案在其寿命期内的现金流量按某一给定的标准折现率折算成等额年值，然后进行比较与分析。

寿命周期费用分析应当在项目开发周期内尽早进行，分析水平应当和投资的水平一致。该过程基本包括以下几步：

1）确定新建和罩面改建后的路面使用性能衰变模型。

2）交通组成资料调查及交通量预估。

3）为分析期制定养护和改建策略。

4）确定各种养护和改建策略的时机或预期寿命。

5）为施工、改建和养护评估管理费用。

6）建立各项用户费用（主要包括燃油消耗费、轮胎消耗费和保修材料消耗费）模型。

7）确定材料单价。

8）制定现金流量图。

9）计算费用现值。

7.1.2　经济效益分析影响因素

影响寿命周期内经济效益分析的因素有分析期、材料价格、折现率、交通量的预测、使用性能控制标准、不同养护和改建策略、评价指标的选取等。

1. 分析期

不同的结构方案具有不同的寿命期，在方案比选时，为了消除年限的影响，规定在一个相同的期限（分析期）内采用现值法进行寿命周期费用分析，其主要针对设计年限相同的相似方案；也可以以各个方案的不同年限作为各自的分析期，采用等额年值的方法进行寿命周期费用分析，如设计年限相差很多的普通沥青路面与柔性基层沥青路面方案的比选。选定的分析期长短对寿命周期费用分析的结果有一定的影响：若分析期过短，则有些重要影响因素可能被遗漏掉或表现不充分；若分析期过长，则模型预测的精度大大降低，而且有些影响费用的因素预估误差也较大。

2. 材料价格因素

寿命周期费用分析的目的是选择最经济的设计方案，其衡量指标是最低总造价（包括初期修建费、改建费、养护费、用户费用、残值等）。一方面，不同结构层材料价格的改变必然会影响到路面结构厚度优化结果，尤其是沥青混合料的价格，目前在迅速增长，在选择较厚的沥青层结构时必须对其经济性进行考虑。另一方面，在项目的经济分析评价中，人工、材料、机械设备等的价格也关系到费用的高低。

3. 折现率

折现率也称为贴现率。为了考虑资金的时间价值，在进行寿命周期费用分析时需要把不同时期发生的费用统一到某一基准年，以便在共同的基础上进行比较，折现率就是其中的纽带或桥梁。折现率是方案经济评价的一个重要参数，其选择对于比较方案在经济上的优劣次序有重要影响。一般情况是，折现率选取过低，有利于初期投资大的项目；而折现率选取过高，则有利于初期投资小的项目。一般规则是所选取的折现率不应低于资金的机会成本或最低回收率，在实际应用中一般多采用国家发展改革委员会、住房和城乡建设部定期公布的行业基准收益率。

4. 不同养护和改建策略

分析期内路面可能要经过多次的养护、罩面或改建，这些养护和改建措施的不同组合对路面性能产生不同的影响，进而影响寿命周期费用，因此要结合实际的路面状况确定养护和改建措施。也可以通过对不同措施的设计考虑及寿命周期费用分析确定最佳罩面厚度和时机，为养护规划提供依据。

5. 交通量的预测

由于其影响因素的复杂性、涉及范围的宏观性——与国民经济的发展和人民生活水平的提高都有直接的关系，很难准确预估交通量。并非所有道路建成后交通量都是逐年增长的，而且每年的增长率也会有较大不同。如何选取合理的增长率，并考虑重载车辆的比例大小，做法不一，而交通量的大小和交通组成对养护费用和用户费用的计算结果会有很大的影响。

6. 使用性能控制标准

寿命周期内的经济效益分析以性能期末的PCI值作为使用性能控制标准，根据道路等级的要求可以采用高（PCIt＝70）、中（PCIt＝65）、低（PCIt＝60）三级典型标准。对于同样的设计条件，若标准选取较高，则性能期短，在分析期内维修次数多，但由于使用性能较好，养护费用和用户费用较少，从而寿命周期内的总费用较少；若标准选取过低，则性能期长，在分析期内维修次数少，但由于使用性能相对较差，养护费用和用户费用较多，寿命周期内的总费用较多。

7. 经济优化标准

不同的评价主体立场不同，对经济的优化标准也就不同。公路管理部门关心的往往是公路的修建、养护和改建费用，所以选取最佳方案时以最低总造价作为评价指标较为合适；而国家建设部门则从社会的整体利益出发，除了上述费用外还要考虑用户费用，即选取最佳方案时以最低总费用作为评价指标较为合适。

7.1.3　不同路面结构费用对比分析

选取新疆麦盖提至喀什高速公路，针对多种不同路面结构进行费用分析。本章仅从管理部门的角度考虑道路的总造价（初期修建费、养护费、改建费），分析期即为各路面结构的设计年限，同时给出用户费用计算模型，为进一步的计算提供基础。

1. 不同路面结构全寿命周期费用计算

新疆麦盖提至喀什高速公路海拔在1155～1225m之间，公路自然区划为Ⅵ2区（绿洲-荒漠区），气候分区属暖温带荒漠、大陆性干旱气候区。项目区域的典型地貌为农田湿地、荒漠盐碱地和风积沙丘。沿线不良地质及特殊性岩土主要有软弱土、盐渍土、风积沙和砂土地震液化等。路面结构的设计年限为15年，交通量平均年增长率为5%。路面结构方案见表7.1。

表7.1 路面结构方案

路面类型	设计年限 T/a	结构方案
常用结构	15	6cmAC-16+黏层+7cmAC-20+黏层+8cmATB-25+黏层+透层+30cm水泥稳定砂砾
柔性基层沥青路面结构1	15	5cmSMA-16+黏层+6cmAC-20+黏层+10cmATB-30+黏层+透层+40cm级配碎石+15cm砂砾
柔性基层沥青路面结构2	15	4cmAC-13+黏层+6cmAC-20+黏层+14cmATB30+黏层+透层+25cm级配碎石+15cm砂砾
柔性基层沥青路面结构3	15	4cmAC-13+黏层+5cmAC-20+黏层+7cmAC-25+黏层+8cmATB-25+黏层+透层+25cm级配碎石+15cm砂砾

（1）各路面结构初期修建费用

根据材料定额计算得到不同路面结构每公里路面（全幅路面，路基宽23m）的初期修建费用。初期修建费用仅指与道路结构造价相关的建设费用，各材料单价及各路面结构的初期修建费用见表7.2和表7.3。

表7.2 各种材料的单价

路面结构类型	各结构层对应材料单价/(元/m^2)	总计/(元/m^2)
常用结构	60+1.5+70+1.5+60.8+3.3+1.2+25.4	223.7
结构1	60+1.5+60+1.5+72+3.3+1.2+40+12.7	252.2
结构2	44+1.5+60+1.5+100.8+3.3+1.2+25+12.7	250.0
结构3	44+1.5+50+1.5+53.2+1.5+60.8+3.3+1.2+25+12.7	254.7

表7.3 不同路面结构初期修建费用

路面结构	常用结构	结构1	结构2	结构3
初期修建费用/(万元/km)	514.5	580.1	575.0	585.8

从表 7.3 中可以看出，级配碎石基层的初期修建费用较常用结构费用要高，约高 13%。图 7.2 所示为不同路面结构初期修建费用。

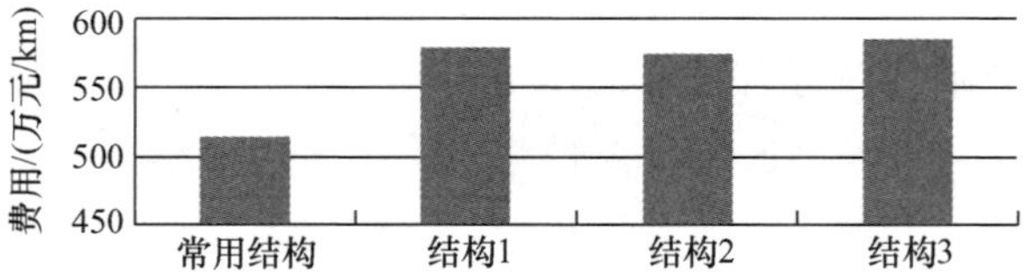

图 7.2　不同路面结构初期修建费用

(2) 各路面结构的养护费用和改建费用

在费用组成中，养护费用和改建费用在很大程度上影响寿命周期内路面结构的经济效益分析。

1) 养护费用。养护费用是每年都需要的费用，根据养护费用模型计算得到，并应考虑地区差异、养护材料价格、工价的增加。

养护费用模型为

$$MC_i = 0.34 + 3.44 \times 10^{-6} \times (100 - \mathrm{PCI}_i)\mathrm{AADT}_i \tag{7.1}$$

式中，MC_i——第 i 年养护费，元/m^2；

AADT_i——第 i 年平均日交通量，AADT_i = 初始年平均日交通量 $\times (1+\gamma)^{i-1}$，其中 γ 为交通量年平均增长率；

PCI_i——第 i 年路况指数，其计算公式为

$$\mathrm{PCI}_i = \mathrm{PCI}_0 \left\{ 1 - \exp\left[-\left(\frac{\alpha}{y} \right)^{\beta} \right] \right\} \tag{7.2}$$

式中，PCI_0——初始路面状况指数，取 100；

α，β——指数；

y——使用年数。

当 α、β 取不同的数值时，可以拟合各类路面的衰减模式，因此公式(7.2)适用性较强。当 $y=\alpha$ 时，不论 β 为何值，PCI 恒为 $0.632 \times \mathrm{PCI}_0$。$\alpha$ 值实际表征了 PCI 下降到 63.2%时的使用年数，称为寿命指数。β 对 PCI 曲线的凹凸形状影响很大，当 β 由小到大时，曲线由凹径直到凸，可见 β 是影响曲线形状的主要参数，称为形状指数。由 α、β 可唯一确定一个方程，即唯一确定一条衰变曲线。因此，根据设计参数确定出 α、β 值，就可以用式 (7.2) 来预测不同使用年份的 PCI 值。

在同济大学许志军回归的 α、β 的计算公式的基础上，由交通组成、设计年限、车道系数、交通量平均年增长率得出 α、β 两参数的具体计算，见表 7.4。

表 7.4　α、β 中的回归参数取值

参数			a	b	c	d
α	半刚性基层	λ	15.7238	0.5861	−0.2064	—
		η	119.66	−0.1124	−0.1053	
		ξ	1.5247	−0.1016	−0.0986	
	级配碎石基层	λ	15.3278	0.5752	−0.2292	
		η	154.8279	−0.1205	−0.1162	
		ξ	1.3573	−0.1123	−0.0884	
β	半刚性基层		0.6536	0.3349	−0.0255	−0.0981
	级配碎石基层		0.6681	0.3167	−0.0324	−0.1238

注：λ，η，ξ 为设计参数。

由此，得到各路面结构在分析期内每年的路况指数和养护费用，计算结果见表 7.5。

表 7.5　分析期内每年的路况指数和养护费用　　单位：美元/m²

使用年限 /a	交通量 $AADT_i$	常用结构		结构 1		结构 2		结构 3	
		PCI_i	MC_i	PCI_i	MC_i	PCI_i	MC_i	PCI_i	MC_i
1	3200	98.75	0.34	100.00	0.34	100.00	0.34	100.00	0.34
2	3461	92.64	0.43	99.78	0.34	99.92	0.34	99.95	0.34
3	3634	85.37	0.52	98.14	0.36	98.91	0.35	99.26	0.35
4	3828	78.68	0.62	94.88	0.41	96.44	0.39	97.16	0.38
5	4018	93.84	0.42	90.55	0.47	92.65	0.44	93.85	0.43
6	4216	88.15	0.51	85.71	0.55	88.27	0.51	89.69	0.49
7	4423	81.12	0.63	81.43	0.63	83.45	0.59	85.37	0.56
8	4644	74.73	0.74	76.13	0.72	79.25	0.67	80.36	0.65
9	4875	98.71	0.36	72.21	0.81	74.24	0.76	76.74	0.73
10	5112	92.68	0.47	68.24	0.90	70.65	0.86	72.26	0.82
11	5321	85.43	0.61	95.04	0.43	95.40	0.43	95.44	0.43
12	5648	78.67	0.75	94.78	0.44	94.97	0.44	94.36	0.44
13	5965	93.45	0.47	93.26	0.48	94.43	0.46	94.52	0.46
14	6234	88.34	0.60	90.14	0.55	91.51	0.52	92.33	0.50
15	6557	81.86	0.76	86.45	0.65	88.12	0.61	89.17	0.58

注：分析期取 30 年，折现率取 10%。

2）改建费用。改建费由于路面损坏情况和维修程度的不同而有很大区别，美国 AASHTO（美国国家公路与运输协会标准）《路面结构设计指南》中给出了不同路面损坏状况下的 PCI 值，以此确定路面的改建方案。

然而，我国高速公路建设起步晚、技术力量储备少、地域广阔导致气候和交通条件恶劣、车辆超载严重、缺乏优质的道路石油沥青材料、强基薄面的半刚性基层沥青路面广泛应用等，种种原因使半刚性基层沥青路面结构存在各种问题。虽然我国规范规定沥青路面的设计年限为 15 年，除了早期修建的京津唐、广深珠等几条高速公路只需要进行表面层的再生或加铺罩面外，大多数公路基本不到 8～10 年，甚至更短的年限内就会发生基层松散的结构性破坏，需要进行大修，而且不仅仅只对沥青面层进行维修，还必须同时维修基层和底基层。

沥青路面在使用 4 年、12 年后应进行一次中修，在使用 8 年时一般应进行一次大修。中修方案为 SMA 改性沥青上面层＋黏层，大修方案为维修整个路面结构层，包括基层，中修、大修的目的都是提高路面的平整度，改善抗滑性能。采用柔性基层沥青路面结构旨在保证寿命周期内不需要进行结构性大修，只需要进行表面维修，即不包括大修费用；但为了恢复表面功能、封堵反射裂缝、消除车辙、提高平整度、改善抗滑性能，可考虑在使用 10 年、30 年末进行一次改性沥青混凝土面层罩面，在使用 20 年末进行一次 5cm SMA 改性沥青混凝土＋黏层维修，具体见表 7.6。

表 7.6　不考虑折现率的各维修方案的费用　　单位：万元/km

路面结构类型	中修费用	大修费用
常用路面结构	141.5（4、12）	652.3（8）
结构 1	141.5（10、30）	0
结构 2	104.6（10、30）	0
结构 3	104.6（10、30）	0

注：括号内的数字为维修时间（年）。

2. 不同路面结构总造价比较分析

以上计算得出的费用是路面结构在分析期内的费用，为便于比较分析，需要把分析期内不同时间支出的费用按一定的贴现率转换为现值，计算公式为

$$\mathrm{PVC}=\sum_{t=0}^{n}C_t(P/F,i_0,t) \tag{7.3}$$

式中，PVC——费用现值；

C_t——第 t 年的全部支出；

n——分析年限；

i_0——标准折现率；

P/F——折现系数，即 $\frac{1}{(1+i_0)^t}$。

由于项目的分析期即设计使用寿命不同，又把每种结构各自寿命期内的费用按照同样的折现率折算成等额年值，计算公式为

$$\mathrm{EVC}=\mathrm{PVC}(A/P,i_0,n)=\mathrm{PVC}\cdot\frac{i_0(1+i_0)^n}{(1+i_0)^n-1} \tag{7.4}$$

按照国家发改委目前建议的贴现率 10%计算，考虑折现率的各项费用现值见表 7.7。

表 7.7　不同路面结构费用现值组成　单位：万元/km

费用类型	常用结构	结构 1	结构 2	结构 3
初期修建费	514.5	580.1	575.0	585.8
养护费现值	15.38	12.45	11.56	14.86
罩面或改建费现值	257.3	18.45	20.12	19.53
总费用现值	829.5	763.6	796.3	782.4
等额年值	103.2	94.8	90.6	97.5

由表 7.7 中的数据可以看出，柔性基层沥青路面结构的初期修建费用较普通路面高，但普通路面结构在寿命周期内的养护、罩面或改建费用较高。各路面结构在分析期内的等额年值比较见图 7.3。

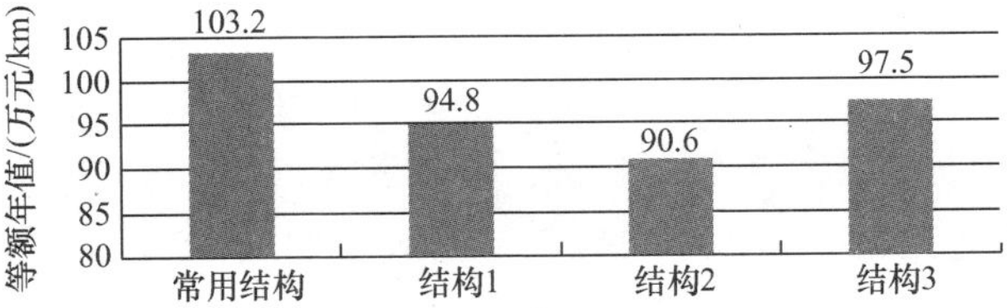

图 7.3　各路面结构等额年值比较

从图 7.3 中可以看出，在各路面结构的寿命期内，三种柔性基层沥青路面比普通路面结构每年每公里分别节约 8.4 万元、12.6 万元、5.7 万元，即每年每平方米分别节约 3.65 元、5.47 元和 2.48 元。新疆麦盖提至喀什高速公路全线总长 143km，若全线使用本书推荐的柔性基层沥青路面结构，则比普通路面结构每年

节省 1201.2 万元、1801.8 万元和 815.1 万元，15 年设计寿命期内节省 18018 万元、27027 万元和 12226 万元。

综上所述，在道路寿命周期内，从总造价方面考虑，柔性基层沥青路面结构较传统常用结构具有更好的经济效益。

7.2 社会环境效益分析

柔性基层沥青路面不仅可以降低使用期内总的费用，还可以带来以下社会效益：

1）可较长时间维持较高的服务水平。

2）可就近、就地取材，节约资源，保护生态环境。

3）可减少道路养护所引起的行车延误时间。

4）可减小、缓解公路营运养护部门的保通和养护压力等。

7.3 应用推广的前景

本书主要结合新疆气候和交通环境实际，对适用于新疆的柔性基层沥青路面结构进行了针对性研究，研究结论主要有：

1）柔性基层沥青路面水稳等性能良好，能够较好地解决半刚性基层温缩干缩裂缝问题。

2）沥青稳定粒料层具有良好的应力吸收能力，对于复合式路面结构，粒料层能够隔断半刚性底基层的反射裂缝，阻止其发展到面层。

3）柔性基层沥青路面柔韧性较好，路面结构内应力连续，受力均匀。

4）新疆石材储量较丰富，且材料性能优良，级配碎石能够适应铺筑基层的条件。

5）柔性基层沥青路面的破坏多是从路表发展的 Top - Down 开裂，定期进行表面养护即可满足要求，相比于半刚性基层沥青路面能够大幅度降低养护成本，较传统常用的半刚性沥青路面具有更好的经济效益。

6）柔性基层沥青路面结构对重载的适应性良好，在新疆的国省干道等重载交通占比较大的路段适宜采用柔性基层路面。

7）建议将柔性基层沥青路面引入新疆各气候分区的路面设计。

柔性基层沥青路面也是国外高等级公路的主要结构形式，具有良好的力学及路用性能。国外的使用经验表明，柔性基层沥青路面结构具有以下显著的特点：

1）由于具有较厚的沥青层，整个路面结构具有较高的抗车辙能力、抗弯拉强度和耐疲劳性，与半刚性基层相比不易产生收缩开裂。

2）柔性基层的力学特性与沥青面层相同，均属于柔性结构，因此在应力、应变传递方面比较协调；由于级配碎石为具有一定级配的颗粒状材料，所以结构排水畅通，路面结构不易遭受水损害。

3）柔性基层本身刚度较低，因此沥青面层将承受较多的荷载弯矩，在同样的交通荷载作用下沥青面层应采用较厚的结构层。

4）路面结构的破坏并不是由于基层发生疲劳破坏而引起的自下而上的损坏，主要是由于面层的抗剪强度不足及层间存在大量剪切应力所致，其破坏模式是自上而下的，这与国外的长寿命沥青路面的设计思想相吻合，即路面损坏仅限于路表，不发生结构性破坏。

5）修筑时间短，路面结构受水与冰冻影响较小，维修费用低，使用寿命大大延长，但建设阶段造价相对较高。

本书所论述的柔性基层沥青路面技术成果具有以下特点。

（1）系统性和整体性

传统的设计方法往往过于强调路面材料设计，忽视了对结构设计和材料参数的合理控制，导致沥青路面出现早期破坏。本书通过系统地研究柔性基层沥青路面结构和材料设计方法，根据新疆地区的气候分区特点选择不同的设计指标进行柔性基层路面结构设计，保证了柔性基层在使用过程中具有良好的路用性能和较长的使用寿命。

（2）科学性和适用性

根据新疆地区的气候区分，针对性地选用适合当地环境条件的柔性基层沥青路面结构，设计方法和控制指标充分考虑了温度因素，从而避免了沥青路面结构设计的盲目性和经验性，能够据此设计出适合新疆气候特点、经济耐久的路面结构。

（3）经济性和指导性

根据新疆交通气候环境论证提出了柔性基层沥青路面结构。在整个道路寿命周期内，柔性基层沥青路面较传统的半刚性基层路面具有更好的经济效益和社会环境效益，本书提出的典型柔性基层沥青路面结构和施工工艺及施工关键技术可较好地指导路面设计与施工。

本书内容涵盖了柔性路面结构设计指标、不同气候分区的路面结构优化、级配碎石优化设计等众多领域，形成了多项具有工程应用价值的技术成果，并提出了柔性基层沥青路面的施工工艺及施工关键技术，能够借此科学、定量地对柔性基层进行设计和施工，并对路面使用性能进行合理评价，根据交通气候环境论证提出的典型柔性基层沥青路面结构也更具适用性和经济性。

在新疆使用柔性基层沥青路面不仅能够为不同气候分区提供更加丰富的路面结构类型选择，而且能够为其他相似气候交通环境地区提供借鉴和参考，加之柔性基层沥青路面在我国部分省份也进行过一定规模的铺筑，并取得了较好的效果，其工程应用与推广前景值得期待。

参考文献

［1］中华人民共和国行业标准．公路沥青路面设计规范（JTG D50—2017）［S］．北京：人民交通出版社，2017.

［2］中华人民共和国行业标准．公路沥青路面施工技术规范（JTG F40—2004）［S］．北京：人民交通出版社，2004.

［3］中华人民共和国行业标准．公路沥青路面养护技术规范（JTG 5142—2019）［S］．北京：人民交通出版社，2019.

［4］中华人民共和国行业标准．公路养护技术规范（JTG H10—2009）［S］．北京：人民交通出版社，2009.

［5］中华人民共和国行业标准．公路路基设计规范（JTG D30—2015）［S］．北京：人民交通出版社，2015.

［6］中华人民共和国行业标准．公路路基施工技术规范（JTG/T 3610—2019）［S］．北京：人民交通出版社，2019.

［7］中华人民共和国行业标准．公路技术状况评定标准（JTG 5210—2018）［S］．北京：人民交通出版社，2018.

［8］中华人民共和国行业标准．公路工程质量检验评定标准（JTG F80/1—2017）［S］．北京：人民交通出版社，2017.

［9］中华人民共和国行业标准．公路工程沥青及沥青混合料试验规程（JTG E20—2011）［S］．北京：人民交通出版社，2011.

［10］新疆维吾尔自治区交通运输厅．新疆公路沥青路面设计指导手册［S］．乌鲁木齐，2013.

［11］沙庆林．高速公路沥青路面早期破坏现象及预防［M］．北京：人民交通出版社，2001.

［12］沈金安，李福普，陈景．高速公路沥青路面早期损坏分析与防治对策［M］．北京：人民交通出版社，2004.

［13］MYERS L A，ROQUE R，RUTH B E. Mechanisms of surface - initiated longitudinal wheel path crack in high-type bituminous pavements［J］．Proceedings of the Association of Asphalt Paving Technologists，1998（67）：401-432.

［14］KAI SU，YOSHITAKA HACHIYA，RYOTA MAEKAWA，et al. Analysis of shear stress in asphalt pavements under actual measured tire-pavement contact pressure［C］．6th ICPT，Sapporo，Japan，2008.

［15］谢水友．轮胎接地压力对沥青路面结构的影响研究［D］．西安：长安大学，2003.

［16］黄志义，潘伟兵，徐兴，等．路面接触非线性特性研究［J］．公路交通科技，2005，22（5）：1-9.

［17］FENG WANG. Mechanistic -empirical study of effects of truck tire pressure on asphalt pavement performance［D］．Austin ：The University of Texas，2005.

[18] HASAN OZAR，IMAD L AL-QADI，CARLOS ADUARTE. A three-dimensional generalised finite element analysis for the near-surface cracking problem in flexible pavements [J]. International Journal of Pavement Engineering，2011，12（4）：407-419.

[19] MDE BEER，C FISHER. Contact stresses of pneumatic tires measured with the Vehicle-Road Surface Pressure Transducer Array（VRSPTA）system for the University of California at Berkeley（UCB）and the Nevada Automotive Test Center（NATC）[R]. TRB66，1997.

[20] 胡小弟，孙立军．实测重型货车轮载作用下沥青路面力学响应 [J]. 同济大学学报（自然科学版），2006，34（1）：64-68.

[21] 韩昭．新疆地区高等级公路沥青路面车辙成因分析研究 [D]. 西安：长安大学，2010.

[22] 闫正．季冻区柔性基层沥青路面 Top-Down 裂缝开裂机理及防治措施研究 [D]. 西安：长安大学，2013.

[23] 曹玉华．季冻区高等级公路柔性基层沥青路面合理结构及使用性能研究 [D]. 西安：长安大学，2015.

[24] 严二虎．沥青路面柔性基层材料设计方法与应用技术研究 [D]. 南京：东南大学，2004.

[25] 毛成，邱延峻．结构层模量对路面结构力学响应的三维数值分析 [J]. 交通运输工程学报，2003，3（1）：35-39.

[26] 王凯，毛世怀．正交设计法在柔性路面优化中的应用 [J]. 公路，1991（7）：16-21.

[27] 盛安连，伍石生．高等级公路沥青面层厚度优化设计 [J]. 公路，1997（5）：24-27，46.

[28] 严作人．层状路面体系的温度场分析 [J]. 同济大学学报，1984（3）：76-85.

[29] 周继业．沥青路面低温开裂的分析研究 [J]. 华东公路，1982（3）：11.

[30] 崔玉珊，张肖宁．沥青混合料低温收缩性能的试验研究 [J]. 石油沥青，1989（4）：36-40.

[31] 郝培文，刘中林．沥青混合料低温约束温度应力试验研究 [J]. 石油沥青，2002，16（1）：9-11.

[32] 高峰．沥青混合料低温性能试验研究 [D]. 吉林：吉林大学，2007.

[33] FARSHAD AMINI. Potential applications of paving fabrics to reduce reflective cracking [D]. Mississippi：Jackson State University，2005.

[34] ALEKSANDER SZWED，INEZ KAMIЙSKA. Mitigation of low-temperature cracking in asphalt pavement by selection of material stiffness [J]. Procedia Engineering，2015（111）：748-755.

[35] JENNY LIU，SHENG ZHAO，LIN LI，et al. Low temperature cracking analysis of asphalt binders and mixtures [J]. Cold Regions Science and Technology，2017（141）：78-85.

[36] ARISTIDES G KARLAFTIS，ATEF BADR. Predicting asphalt pavement crack initiation following rehabilitation treatments [J]. Transportation Research Part C：Emerging Technologies，2015（55）：510-517.

[37] YI LI, LIPING LIU, LIJUN SUN. Temperature predictions for asphalt pavement with thick asphalt layer [J]. Construction and Building Materials, 2018 (160): 802-809.

[38] 马宝富．新疆大温差地区高速公路沥青路面结构适应性研究 [D]．西安：长安大学，2015.

[39] 孔晨光．乌鲁木齐市城市道路沥青路面结构设计参数与设计方法的研究 [D]．济南：山东建筑大学，2013.

[40] 邹琅．不同柔性基层沥青路面抗高温车辙性能分析 [J]．科技信息，2012 (13)：387-388.

[41] 康振辉．沥青路面结构类型和沥青面层厚度对车辙的影响 [J]．交通标准化，2011 (9)：64.

[42] 张小宁，孙立军．沥青路面面层和基层结构模量的反算 [J]．同济大学学报（自然科学版），2004，32 (10)：1386-1389.

[43] 邵显智，邵敏华，毕玉峰，等．沥青混合料泊松比的测试方法 [J]．同济大学学报（自然科学版），2006，34 (11)：1470-1474.

[44] 羊明．沥青混合料动态模量研究 [D]．西安：长安大学，2007.

[45] 谢海巍，陈晓光，任瑞波，等．新疆地区沥青混合料动态模量设计参数研究 [J]．公路交通科技，2013 (4)：103-105.

[46] 黄斌．沥青稳定碎石动态模量研究 [D]．长沙：长沙理工大学，2008.

[47] 胡卫国．沥青路面基层层间界面抗剪研究 [D]．长沙：长沙理工大学，2007.

[48] 黄拓．沥青混合料抗剪性能试验方法研究 [D]．长沙：长沙理工大学，2009.

[49] 庄传仪．基于加速加载响应的柔性基层沥青路面设计指标与参数研究 [D]．西安：长安大学，2012.

[50] 申爱琴，蒋庆华．沥青混合料低温抗力性能评价及影响因素 [J]．长安大学学报（自然科学版），2004，24 (5)：1-6.

[51] 齐琳．采用间断拉伸试验评价沥青混合料低温性能研究 [D]．西安：长安大学，2006.

[52] 姚跃凯．新疆地区沥青路面使用性能衰变规律研究 [D]．西安：长安大学，2010.

[53] 柳音．级配碎石柔性基层性能试验研究 [D]．重庆：重庆交通大学，2008.

[54] 严二虎，沈金安，李福普．沥青路面级配碎石基层的设计与施工工艺 [J]．公路交通科技（自然科学版），2004 (3)：1-3.

[55] 赵金成．季冻区柔性基层沥青路面级配碎石材料优化设计研究 [D]．西安：长安大学，2012.

[56] 蒋应军，李頔，等．级配碎石力学性能影响因素的试验研究 [J]．交通科学与工程，2010 (1)：6-13.

[57] 钟梦武，吴善周，吴超凡，等．高速公路倒装结构级配碎石防裂基层的级配与回弹模量试验研究 [J]．公路工程，2007 (5)：19-23.

[58] 王磊．级配碎石基层抗剪强度设计标准的研究 [D]．哈尔滨：哈尔滨工业大学，2007.

[59] 马骉，王秉刚．基于抗变形能力的级配碎石组成设计方法 [J]．长安大学学报（自然科

学版)，2007 (5)：1-5.

[60] TONG LI，RONALD L BAUS. Nonlinear parameters for granular base materials from plate tests [J]. Journal of Geotechnical and Geoenvironmental Engineering，2005 (7)：907-913.

[61] 袁俊，黄晓明．级配碎石回弹变形特性 [J]. 长安大学学报（自然科学版)，2007 (6)：29-33.

[62] 徐寅善．级配碎石剪切强度数值试验方法及其应用 [D]. 西安：长安大学，2012.

[63] 龚璐．级配碎石基层级配设计及应用研究 [D]. 长沙：长沙理工大学，2008.

[64] 马骉，莫石秀，王秉纲．基于剪切性能的级配碎石关键筛孔合理范围确定 [J]. 交通运输工程学报，2005，12 (4)：27-31.

[65] 涂帅．基于颗粒间相互作用的高性能级配碎石基层结构与性能研究 [D]. 西安：长安大学，2013 .

[66] 李頔．级配碎石材料力学特性和设计方法研究 [D]. 西安：长安大学，2013.

[67] 张维全，魏星，周适，等．级配碎石室内大型剪切试验性能研究 [J]. 中外公路，2009，29 (2)：218-220.

[68] 胡力群，沙爱民．骨架密实结构组成配比计算方法及其应用 [J]. 长安大学学报（自然科学版)，2010，30 (5)：22-26.

[69] 金刚．级配碎石三轴试验研究 [D]. 大连：大连理工大学，2007.

[70] 李东起．级配碎石基层材料的研究 [D]. 长春：吉林大学，2007.

[71] 袁宏伟．沥青路面典型基层材料和结构性能试验与工程对比研究 [D]. 西安：长安大学，2010.

[72] 谢海巍．新疆公路沥青路面典型结构形式研究 [D]. 西安：长安大学，2011.

[73] 孙建．沥青混合料动态模量研究 [D]. 西安：长安大学，2007.

[74] 严二虎．沥青路面级配碎石基层的设计与施工工艺 [J]. 公路交通科技，2004，21 (3)：9-13.

[75] 马骉，莫石秀，王秉纲．级配碎石抗剪切性能试验研究 [J]. 公路交通科技，2005 ，22 (12)：39-41.

[76] 李丽民，何兆益．级配碎石柔性基层设计与施工 [J]. 路基工程，2007 (5)：141-144.

[77] 何兆益，黄卫，邓学钧．不同成型条件下级配碎石力学特性研究 [J]. 东南大学学报（自然科学版)，1997 ，27 (1)：133-135.

[78] 王哲人，曹建新，王龙，等．级配碎石混合料的动力变形特性 [J]. 中国公路学报，2003，16 (1)：22-26.

[79] 孙耀东，冯建栋，王哲人．碎石混合料成型方法对其力学性质的影响 [J]. 东北林业大学学报，2005 ，33 (4)：118-119.

[80] 孙耀东，冯建栋，王哲人．碎石基层混合料中粗集料性质的研究 [J]. 华东公路，2006 (1)：66-67.

[81] 孙耀东，李毅，王哲人．碎石基层混合料中细集料级配的研究［J］．公路，2003（3）：104-106.

[82] 李海远，郑传超．级配碎石垫层沥青路面非线性分析及模量研究［J］．重庆交通大学学报（自然科学版），2005，24（5）：29-33.

[83] 任瑞波，蒋洪胜，王哲人．具有碎石基层的半刚性沥青路面碎石层的应力状态变化规律的研究［J］．公路交通科技，2005，22（8）：12-14.

[84] 陈国兵．级配碎石材料永久变形预估模型仿真研究［D］．西安：长安大学，2009.